Desarrollo de VIDEOJUEGOS

Un Enfoque Práctico

Volumen 1
Arquitectura del Motor

David Vallejo
Cleto Martín

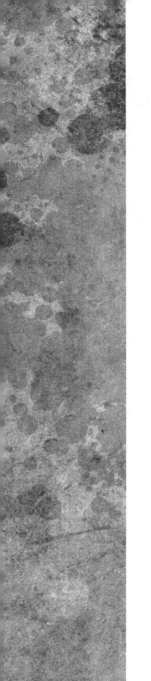

Título:	Desarrollo de Videojuegos: Un Enfoque Práctico
Subtítulo:	Volumen 1. Arquitectura del Motor
Edición:	Septiembre 2015
Autores:	David Vallejo Fernández, Cleto Martín Angelina
ISBN:	978-1517309558
Edita:	David Vallejo, Carlos González y David Villa
Portada:	(Ilustración) Víctor Barba Pizarro
Diseño:	Carlos González Morcillo y Víctor Barba Pizarro

Printed by CreateSpace, an Amazon.com company
Available from Amazon.com and other online stores

Este libro fue compuesto con LaTeX a partir de una plantilla de David Villa
Alises y Carlos González Morcillo. Maquetación final de Carlos Guijarro
Fernández-Arroyo y David Vallejo Fernández.

esi Escuela Superior de Informática

tsi Departamento de Tecnologías y Sistemas de Información

Paseo de la Universidad
13071, Ciudad Real
Email: esi@uclm.es

Prefacio

Desde su primera edición en 2010, el material docente y el código fuente de los ejemplos del Curso de Experto en Desarrollo de Videojuegos, impartido en la Escuela Superior de Informática de Ciudad Real de la Universidad de Castilla-La Mancha, se ha convertido en un referente internacional en la formación de desarrolladores de videojuegos.

Puedes obtener más información sobre el curso, así como los resultados de los trabajos creados por los alumnos de las ediciones anteriores en www.cedv.es. La versión electrónica de este libro (y del resto de libros de la colección) puede descargarse desde la web anterior. El libro «físico» puede adquirirse desde Amazon.es y Amazon.com

Sobre este libro...

Este libro forma parte de una colección de 4 volúmenes, con un perfil técnico, dedicados al Desarrollo de Videojuegos:

1. Arquitectura del Motor. Estudia los aspectos esenciales del diseño de un motor de videojuegos, así como las técnicas básicas de programación y patrones de diseño.

2. Programación Gráfica. El segundo libro se centra en algoritmos y técnicas de representación gráfica, así como en optimizaciones y simulación física.

3. Técnicas Avanzadas. En este volumen se recogen aspectos avanzados, como estructuras de datos específicas y técnicas de validación.

4. Desarrollo de Componentes. El último libro está dedicado a los componentes específicos del motor, como la Inteligencia Artificial, Networking o el Sonido y Multimedia.

Requisitos previos

Este libro tiene un público objetivo con un perfil principalmente técnico. Al igual que el curso, está orientado a la capacitación de profesionales de la programación de videojuegos. De esta forma, este libro no está orientado para un público de perfil artístico (modeladores, animadores, músicos, etc.) en el ámbito de los videojuegos.

Se asume que el lector es capaz de desarrollar programas de nivel medio en C++. Aunque se describen algunos aspectos clave de C++ a modo de resumen, es recomendable refrescar los conceptos básicos con alguno de los libros recogidos en la bibliografía del curso. De igual modo, se asume que el lector tiene conocimientos de estructuras de datos y algoritmia. El libro está orientado principalmente para titulados o estudiantes de últimos cursos de Ingeniería en Informática.

Programas y código fuente

El código de los ejemplos puede descargarse en la siguiente página web: http://www.cedv.es. Salvo que se especifique explícitamente otra licencia, todos los ejemplos del libro se distribuyen bajo GPLv3.

Agradecimientos

Los autores del libro quieren agradecer en primer lugar a los alumnos de las cuatro ediciones del Curso de Experto en Desarrollo de Videojuegos por su participación en el mismo y el excelente ambiente en las clases, las cuestiones planteadas y la pasión demostrada en el desarrollo de todos los trabajos.

Los autores también agradecen el soporte del personal de administración y servicios de la Escuela Superior de Informática de Ciudad Real, a la propia Escuela y el Departamento de Tecnologías y Sistema de Información de la Universidad de Castilla-La Mancha.

De igual modo, se quiere reflejar especialmente el agradecimiento a las empresas que ofertarán prácticas en la 3a edición del curso: Devilish Games (Alicante), Dolores Entertainment (Barcelona), from the bench (Alicante), Iberlynx Mobile Solutions (Ciudad Real), Kitmaker (Palma), playspace (Palma), totemcat - Materia Works (Madrid) y Zuinqstudio (Sevilla). Este agradecimiento se extiende a los portales y blogs del mundo de los videojuegos que han facilitado la difusión de este material, destacando a Meristation, Eurogamer, Genbeta Dev, Vidaextra y HardGame2.

Finalmente, los autores desean agradecer su participación a las entidades colaboradoras del curso: Indra Software Labs, la asociación de desarrolladores de videojuegos Stratos y Libro Virtual.

Autores de la Colección

David Vallejo (2009, Doctor Europeo en Informática, Universidad de Castilla-La Mancha) es Profesor Ayudante Doctor e imparte docencia en la Escuela de Informática de Ciudad Real (UCLM) en asignaturas relacionadas con Informática Gráfica, Programación y Sistemas Operativos desde 2007. Actualmente, su actividad investigadora gira en torno a la Vigilancia Inteligente, los Sistemas Multi-Agente y el Rendering Distribuido.

Carlos González (2007, Doctor Europeo en Informática, Universidad de Castilla-La Mancha) es Profesor Titular de Universidad e imparte docencia en la Escuela de Informática de Ciudad Real (UCLM) en asignaturas relacionadas con Informática Gráfica, Síntesis de Imagen Realista y Sistemas Operativos desde 2002. Actualmente, su actividad investigadora gira en torno a los Sistemas Multi-Agente, el Rendering Distribuido y la Realidad Aumentada.

David Villa (2009, Doctor Ingeniero Informático, Universidad de Castilla-La Mancha) es Profesor Ayudante Doctor e imparte docencia en la Escuela de Informática de Ciudad Real (UCLM) en materias relacionadas con las redes de computadores y sistemas distribuidos desde el 2002. Sus intereses profesionales se centran en los sistemas empotrados en red, los sistemas ubicuos y las redes heterogéneas y virtuales. Es experto en métodos de desarrollo ágiles y en los lenguajes C++ y Python. Colabora con el proyecto Debian como maintainer de paquetes oficiales.

Francisco Jurado (2010, Doctor Europeo en Informática, Universidad de Castilla-La Mancha) es Profesor Ayudante Doctor en la Universidad Autónoma de Madrid. Su actividad investigadora actual gira en torno a la aplicación de técnicas de Ingeniería del Software e Inteligencia Artificial al ámbito del eLearning, los Sistemas Tutores, los Sistemas Adaptativos y los Entornos Colaborativos.

Francisco Moya (2003, Doctor Ingeniero en Telecomunicación, Universidad Politécnica de Madrid). Desde 1999 trabaja como profesor de la Escuela Superior de Informática de la Universidad de Castilla la Mancha, desde 2008 como Profesor Contratado Doctor. Sus actuales líneas de investigación incluyen los sistemas distribuidos heterogéneos, la automatización del diseño electrónico y sus aplicaciones en la construcción de servicios a gran escala y en el diseño de sistemas en chip. Desde 2007 es también Debian Developer.

Javier Albusac (2009, Doctor Europeo en Informática, Universidad de Castilla-La Mancha) es Profesor Ayudante Doctor e imparte docencia en la Escuela de Ingeniería Minera e Industrial de Almadén (EIMIA) en las asignaturas de Informática, Ofimática Aplicada a la Ingeniería y Sistemas de Comunicación en Edificios desde 2007. Actualmente, su actividad investigadora gira en torno a la Vigilancia Inteligente, Robótica Móvil y Aprendizaje Automático.

Cleto Martín (2011, Ingeniero Informática y Máster de Investigación en Tecnologías Informáticas Avanzadas, Universidad de Castilla-La Mancha) trabaja como Infrastructure Engineer en IBM (Bristol, UK) y ha sido mantenedor de paquetes de aplicaciones para Canonical Ltd. y continua contribuyendo al proyecto Debian. Es un gran entusiasta de los sistemas basados en GNU/Linux, así como el desarrollo de aplicaciones basadas en redes de computadores y sistemas distribuidos.

Sergio Pérez (2011, Ingeniero en Informática, Universidad de Castilla-La Mancha) trabaja como ingeniero consultor diseñando software de redes para Ericsson R&D. Sus intereses principales son GNU/Linux, las redes, los videojuegos y la realidad aumentada.

Félix J. Villanueva (2009, Doctor en Ingeniería Informática, Universidad de Castilla-La Mancha) es contratado doctor e imparte docencia en el área de tecnología y arquitectura de computadores. Las asignaturas que imparte se centran en el campo de las redes de computadores con una experiencia docente de más de diez años. Sus principales campos de investigación en la actualidad son redes inalámbricas de sensores, entornos inteligentes y sistemas empotrados.

César Mora (2013, Master en Computer Science por la Universidad de Minnesota, 2011 Ingeniero en Informática, Universidad de Casilla-La Mancha). Sus temas de interés están relacionados con la Informática Gráfica, la Visión Artificial y la Realidad Aumentada.

José Jesús Castro (2001, Doctor en Informática, Universidad de Granada) es Profesor Titular de Universidad en el área de Lenguajes y Sistemas Informáticos, desde 1999 imparte docencia en la Escuela Superior de Informática de la UCLM. Sus temas de investigación están relacionados con el uso y desarrollo de métodos de IA para la resolución de problemas reales, donde cuenta con una amplia experiencia en proyectos de investigación, siendo autor de numerosas publicaciones.

Miguel Ángel Redondo (2002, Doctor en Ingeniería Informática, Universidad de Castilla – La Mancha) es Profesor Titular de Universidad en la Escuela Superior de Informática de la UCLM en Ciudad Real, impartiendo docencia en asignaturas relacionadas con Interacción Persona-Computador y Sistemas Operativos. Su actividad investigadora se centra en la innovación y aplicación de técnicas de Ingeniería del Software al desarrollo de sistemas avanzados de Interacción Persona-Computador y al desarrollo de sistemas de e-Learning.

Luis Jiménez (1997, Doctor en Informática, Universidad de Granada) es Titular de Universidad e imparte docencia en la Escuela de Informática de Ciudad Real (UCLM) en asignaturas relacionadas la Inteligencia Artificial y Softcomputing desde 1995. Actualmente, su actividad investigadora gira en torno a los Sistemas Inteligentes aplicados mediante Sistemas Multi-Agente, técnicas de softcomputing e inteligencia artificial distribuida.

Jorge López (2011, Ingeniero en Informática por la UCLM y Máster en Diseño y Desarrollo de videojuegos por la UCM). Especializado en desarrollo 3D con C++ y OpenGL, y en el engine Unity 3D. Actualmente trabaja como programador en Totemcat – Materia Works.

Miguel García es desarrollador independiente de Videojuegos en plataformas iOS, Android, Mac OS X, GNU/Linux y MS Windows y socio fundador de Atomic Flavor. Actualmente dirige el estudio de desarrollo de videojuegos independientes Quaternion Studio.

Manuel Palomo (2011, Doctor por la Universidad de Cádiz) es Profesor Contratado Doctor e imparte docencia en la Escuela Superior de Ingeniería de la Universidad de Cádiz en asignaturas relacionadas con el Diseño de Videojuegos, Recuperación de la Información y Sistemas Informáticos Abiertos. Actualmente su actividad investigadora se centra en las tecnologías del aprendizaje, principalmente videojuegos educativos y los sistemas colaborativos de desarrollo y documentación.

Guillermo Simmross (2003, Ingeniero Técnico de Telecomunicación, 2005 Ingeniero en Electrónica y 2008, Máster Dirección de Proyectos, Universidad de Valladolid) es Compositor y diseñador de sonido freelance e imparte docencia en colaboración con la Universidad Camilo José Cela sobre Composición de Música para Videojuegos. Actualmente trabaja como responsable de producto en Optimyth Software.

José Luis González (2010, Doctor en Informática, Universidad de Granada). Especialista en calidad y experiencia de usuario en sistemas interactivos y videojuegos, temas donde imparte su docencia e investiga. Ha colaborado con distintas compañías del sector, como Nintendo o MercurySteam. Es autor de distintos libros sobre la jugabilidad y el diseño y evaluación de la experiencia del jugador.

Resumen

El objetivo de este módulo, titulado «Arquitectura del Motor» dentro del *Curso de Experto en Desarrollo de Videojuegos*, es introducir los conceptos básicos relativos a las estructuras y principios de diseño y desarrollo comúnmente empleados en la creación de videojuegos. Para ello, uno de los principales objetivos es proporcionar una visión general de la arquitectura general de un motor de juegos.

Dentro del contexto de esta arquitectura general se hace especial hincapié en aspectos como los subsistemas de bajo nivel, el bucle de juego, la gestión básica de recursos, como el sonido, y la gestión de la concurrencia. Para llevar a cabo una discusión práctica de todos estos elementos se hace uso del motor de renderizado Ogre3D.

Por otra parte, en este primer módulo también se estudian los fundamentos del lenguaje de programación C++ como herramienta fundamental para el desarrollo de videojuegos profesionales. Este estudio se complementa con una discusión en profundidad de una gran variedad de patrones de diseño y de la biblioteca STL. Además, también se realiza un recorrido por herramientas que son esenciales en el desarrollo de proyectos software complejos, como por ejemplo los sistemas de control de versiones, o procesos como la compilación o la depuración.

Índice general

Listado de acrónimos

API	Application Program Interface
ARM	Advanced RISC Machine
BSD	Berkeley Software Distribution
BSP	Binary Space Partitioning
CORBA	Common Object Request Broker Architecture
CPU	Central Processing Unit
CVS	Concurrent Versions System
DOD	Diamond Of Death
DOM	Document Object Model
DVD	Digital Video Disc
E/S	Entrada/Salida
EASTL	Electronic Arts Standard Template Library
EA	Electronic Arts
FIFO	First In, First Out
FPS	First Person Shooter
GCC	GNU Compiler Collection
GDB	GNU Debugger
GIMP	GNU Image Manipulation Program
GLUT	OpenGL Utility Toolkit
GNU	GNU is Not Unix
GPL	General Public License
GPU	Graphic Processing Unit
GTK	GIMP ToolKit
GUI	Graphical User Interface
HTML	HyperText Markup Language
I/O	Input/Output
IA	Inteligencia Artificial
IBM	International Business Machines

IGC	In-Game Cinematics
ICE	Internet Communication Engine
KISS	Keep it simple, Stupid!
LIFO	Last In, First Out
MMOG	Massively Multiplayer Online Game
MVC	Model View Controller
NPC	Non-Player Character
ODE	Open Dynamics Engine
ODT	OpenDocument Text
OGRE	Object-Oriented Graphics Rendering Engine
PDA	Personal Digital Assistant
PDF	Portable Document Format
PHP	Personal Home Page
POO	Programación Orientada a Objetos
POSIX	Portable Operating System Interface X
PPC	PowerPC
RPG	Role-Playing Games
RST	reStructuredText
RTS	Real-Time Strategy
SAX	Simple API for XML
SDK	Software Development Kit
SDL	Simple Directmedia Layer
SGBD	Sistema de Gestión de Base de Datos
STL	Standard Template Library
TCP	Transport Control Protocol
VCS	Version Control System
XML	eXtensible Markup Language
YAML	YAML Ain't Markup Language

## Capítulo 1

Introducción

David Vallejo Fernández

A ctualmente, la industria del videojuego goza de una muy buena salud a nivel mundial, rivalizando en presupuesto con las industrias cinematográfica y musical. En este capítulo se discute, desde una perspectiva general, el **desarrollo de videojuegos**, haciendo especial hincapié en su evolución y en los distintos elementos involucrados en este complejo proceso de desarrollo. En la segunda parte del capítulo se introduce el concepto de **arquitectura del motor**, como eje fundamental para el diseño y desarrollo de videojuegos comerciales.

1.1. El desarrollo de videojuegos

1.1.1. La industria del videojuego. Presente y futuro

Lejos han quedado los días desde el desarrollo de los primeros videojuegos, caracterizados principalmente por su simplicidad y por el hecho de estar desarrollados completamente sobre hardware.

Debido a los distintos avances en el campo de la informática, no sólo a nivel de desarrollo software y capacidad hardware sino también en la aplicación de métodos, técnicas y algoritmos, la industria del videojuego ha evolucionado hasta llegar a cotas inimaginables, tanto a nivel de jugabilidad como de calidad gráfica.

El primer videojuego

El videojuego *Pong* se considera como uno de los primeros videojuegos de la historia. Desarrollado por Atari en 1975, el juego iba incluido en la consola *Atari Pong*. Se calcula que se vendieron unas 50.000 unidades.

La **evolución** de la industria de los videojuegos ha estado ligada a una serie de hitos, determinados particularmente por juegos que han marcado un antes y un después, o por fenómenos sociales que han afectado de manera directa a dicha industria. Juegos como *Doom*, *Quake*, *Final Fantasy*, *Zelda*, *Tekken*, *Gran Turismo*, *Metal Gear*, *The Sims* o *World of Warcraft*, entre otros, han marcado tendencia y han contribuido de manera significativa al desarrollo de videojuegos en distintos géneros.

Por otra parte, y de manera complementaria a la aparición de estas obras de arte, la propia evolución de la informática ha posibilitado la vertiginosa evolución del desarrollo de videojuegos. Algunos **hitos clave** son por ejemplo el uso de la tecnología poligonal en 3D [1] en las consolas de sobremesa, el *boom* de los ordenadores personales como plataforma multi-propósito, la expansión de Internet, los avances en el desarrollo de microprocesadores, el uso de *shaders* programables [11], el desarrollo de motores de juegos o, más recientemente, la eclosión de las redes sociales y el uso masivo de dispositivos móviles.

Por todo ello, los videojuegos se pueden encontrar en ordenadores personales, consolas de juego de sobremesa, consolas portátiles, dispositivos móviles como por ejemplo los *smartphones*, o incluso en las redes sociales como medio de soporte para el entretenimiento de cualquier tipo de usuario. Esta diversidad también está especialmente ligada a distintos tipos o géneros de videojuegos, como se introducirá más adelante en esta misma sección.

La **expansión del videojuego** es tan relevante que actualmente se trata de una industria multimillonaria capaz de rivalizar con las industrias cinematográfica y musical. Un ejemplo representativo es el valor total del mercado del videojuego en Europa, tanto a nivel hardware como software, el cual alcanzó la nada desdeñable cifra de casi 11.000 millones de euros, con países como Reino Unido, Francia o Alemania a la cabeza. En este contexto, España representa el cuarto consumidor a nivel europeo y también ocupa una posición destacada dentro del *ranking* mundial.

Figura 1.1: El desarrollo y la innovación en hardware también supone un pilar fundamental en la industria del videojuego.

A pesar de la vertiginosa evolución de la industria del videojuego, hoy en día existe un gran número de **retos** que el desarrollador de videojuegos ha de afrontar a la hora de producir un videojuego. En realidad, existen retos que perdurarán eternamente y que no están ligados a la propia evolución del hardware que permite la ejecución de los videojuegos. El más evidente de ellos es la necesidad imperiosa de ofrecer una experiencia de entretenimiento al usuario basada en la diversión, ya sea a través de nuevas formas de interacción, como por ejemplo la realidad aumentada o la tecnología de visualización 3D, a través de una mejora evidente en la calidad de los títulos, o mediante innovación en aspectos vinculados a la jugabilidad.

No obstante, actualmente la evolución de los videojuegos está estrechamente ligada a la **evolución del hardware** que permite la ejecución de los mismos. Esta evolución atiende, principalmente, a dos factores: i) la potencia de dicho hardware y ii) las capacidades interactivas del mismo. En el primer caso, una mayor potencia hardware implica que el desarrollador disfrute de mayores posibilidades a la hora de, por ejemplo, mejorar la calidad gráfica de un título o de incrementar la IA (Inteligencia Artificial) de los enemigos. Este factor está vinculado al **multiprocesamiento**. En el segundo caso, una mayor riqueza en términos de interactividad puede contribuir a que el usuario de videojuegos viva una experiencia más inmersiva (por ejemplo, mediante realidad aumentada) o, simplemente, más natural (por ejemplo, mediante la pantalla táctil de un *smartphone*).

Finalmente, resulta especialmente importante destacar la existencia de **motores de juego** (*game engines*), como por ejemplo *Quake*[1] o *Unreal*[2], *middlewares* para el tratamiento de aspectos específicos de un juego, como por ejemplo la biblioteca *Havok*[3] para el tratamiento de la física, o motores de renderizado, como por ejemplo *Ogre 3D* [7]. Este tipo de herramientas, junto con técnicas específicas de desarrollo y optimización, metodologías de desarrollo, o patrones de diseño, entre otros, conforman un aspecto esencial a la hora de desarrollar un videojuego. Al igual que ocurre en otros aspectos relacionados con la Ingeniería del Software, desde un punto de vista general resulta aconsejable el uso de todos estos elementos para agilizar el proceso de desarrollo y reducir errores potenciales. En otras palabras, no es necesario, ni productivo, reinventar la rueda cada vez que se afronta un nuevo proyecto.

1.1.2. Estructura típica de un equipo de desarrollo

El desarrollo de videojuegos comerciales es un proceso complejo debido a los distintos requisitos que ha de satisfacer y a la integración de distintas disciplinas que intervienen en dicho proceso. Desde un punto de vista general, un videojuego es una **aplicación gráfica en tiempo real** en la que existe una interacción explícita mediante el usuario y el propio videojuego. En este contexto, el concepto de tiempo real se refiere a la necesidad de generar una determinada tasa de *frames* o imágenes por segundo, típicamente 30 ó 60, para que el usuario tenga una sensación continua de realidad. Por otra parte, la interacción se refiere a la forma de comunicación existente entre el usuario y el videojuego. Normalmente, esta interacción se realiza mediante *joysticks* o mandos, pero también es posible llevarla a cabo con otros dispositivos como por ejemplo teclados, ratones, cascos o incluso mediante el propio cuerpo a través de técnicas de visión por computador o de interacción táctil.

Tiempo real

En el ámbito del desarrollo de videojuegos, el concepto de tiempo real es muy importante para dotar de realismo a los juegos, pero no es tan estricto como el concepto de tiempo real manejado en los sistemas críticos.

A continuación se describe la estructura típica de un equipo de desarrollo atendiendo a los distintos roles que juegan los componentes de dicho equipo [5]. En muchos casos, y en función del número de componentes del equipo, hay personas especializadas en diversas disciplinas de manera simultánea.

Los **ingenieros** son los responsables de diseñar e implementar el software que permite la ejecución del juego, así como las herramientas que dan soporte a dicha ejecución. Normalmente, los ingenieros se suelen clasificar en dos grandes grupos:

- Los **programadores del núcleo** del juego, es decir, las personas responsables de desarrollar tanto el motor de juego como el juego propiamente dicho.

- Los **programadores de herramientas**, es decir, las personas responsables de desarrollar las herramientas que permiten que el resto del equipo de desarrollo pueda trabajar de manera eficiente.

---

[1] http://www.idsoftware.com/games/quake/quake/
[2] http://www.unrealengine.com/
[3] http://www.havok.com

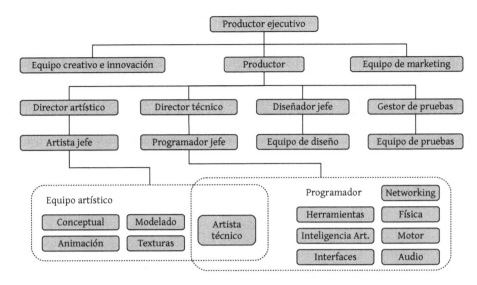

Figura 1.2: Visión conceptual de un equipo de desarrollo de videojuegos, considerando especialmente la parte de programación.

De manera independiente a los dos grupos mencionados, los ingenieros se pueden especializar en una o en varias disciplinas. Por ejemplo, resulta bastante común encontrar perfiles de ingenieros especializados en programación gráfica o en *scripting* e IA. Sin embargo, tal y como se sugirió anteriormente, el concepto de *ingeniero transversal* es bastante común, particularmente en equipos de desarrollo que tienen un número reducido de componentes o con un presupuesto que no les permite la contratación de personas especializadas en una única disciplina.

General vs. Específico

En función del tamaño de una empresa de desarrollo de videojuegos, el nivel de especialización de sus empleados es mayor o menor. Sin embargo, las ofertas de trabajo suelen incluir diversas disciplinas de trabajo para facilitar su integración.

En el mundo del desarrollo de videojuegos, es bastante probable encontrar ingenieros *senior* responsables de supervisar el desarrollo desde un punto de vista técnico, de manera independiente al diseño y generación de código. No obstante, este tipo de roles suelen estar asociados a la supervisión técnica, la gestión del proyecto e incluso a la toma de decisiones vinculadas a la dirección del proyecto.

Así mismo, algunas compañías también pueden tener directores técnicos, responsables de la supervisión de uno o varios proyectos, e incluso un director ejecutivo, encargado de ser el director técnico del estudio completo y de mantener, normalmente, un rol ejecutivo en la compañía o empresa.

Los **artistas** son los responsables de la creación de todo el contenido audio-visual del videojuego, como por ejemplo los escenarios, los personajes, las animaciones de dichos personajes, etc. Al igual que ocurre en el caso de los ingenieros, los artistas también se pueden especializar en diversas cuestiones, destacando las siguientes:

- Artistas de concepto, responsables de crear bocetos que permitan al resto del equipo hacerse una idea inicial del aspecto final del videojuego. Su trabajo resulta especialmente importante en las primeras fases de un proyecto.

- Modeladores, responsables de generar el contenido 3D del videojuego, como por ejemplo los escenarios o los propios personajes que forman parte del mismo.

- Artistas de texturizado, responsables de crear las texturas o imágenes bidimensionales que formarán parte del contenido visual del juego. Las texturas se aplican sobre la geometría de los modelos con el objetivo de dotarlos de mayor realismo.

- Artistas de iluminación, responsables de gestionar las fuentes de luz del videojuego, así como sus principales propiedades, tanto estáticas como dinámicas.

- Animadores, responsables de dotar de movimientos a los personajes y objetos dinámicos del videojuego. Un ejemplo típico de animación podría ser el movimiento de brazos de un determinado carácter.

- Actores de captura de movimiento, responsables de obtener datos de movimiento reales para que los animadores puedan integrarlos a la hora de animar los personajes.

- Diseñadores de sonido, responsables de integrar los efectos de sonido del videojuego.

- Otros actores, responsables de diversas tareas como por ejemplo los encargados de dotar de voz a los personajes.

Al igual que suele ocurrir con los ingenieros, existe el rol de artista *senior* cuyas responsabilidades también incluyen la supervisión de los numerosos aspectos vinculados al componente artístico.

Los **diseñadores de juego** son los responsables de diseñar el contenido del juego, destacando la evolución del mismo desde el principio hasta el final, la secuencia de capítulos, las reglas del juego, los objetivos principales y secundarios, etc. Evidentemente, todos los aspectos de diseño están estrechamente ligados al propio género del mismo. Por ejemplo, en un juego de conducción es tarea de los diseñadores definir el comportamiento de los coches adversarios ante, por ejemplo, el adelantamiento de un rival.

Scripting e IA

El uso de lenguajes de alto nivel es bastante común en el desarrollo de videojuegos y permite diferenciar claramente la lógica de la aplicación y la propia implementación. Una parte significativa de las desarrolladoras utiliza su propio lenguaje de *scripting*, aunque existen lenguajes ampliamente utilizados, como son *Lua* o *Python*.

Los diseñadores suelen trabajar directamente con los ingenieros para afrontar diversos retos, como por ejemplo el comportamiento de los enemigos en una aventura. De hecho, es bastante común que los propios diseñadores programen, junto con los ingenieros, dichos aspectos haciendo uso de lenguajes de *scripting* de alto nivel, como por ejemplo *Lua*[4] o *Python*[5].

Como ocurre con las otras disciplinas previamente comentadas, en algunos estudios los diseñadores de juego también juegan roles de gestión y supervisión técnica.

Finalmente, en el desarrollo de videojuegos también están presentes roles vinculados a la producción, especialmente en estudios de mayor capacidad, asociados a la planificación del proyecto y a la gestión de recursos humanos. En algunas ocasiones, los productores también asumen roles relacionados con el diseño del juego. Así mismo, los responsables de *marketing*, de administración y de soporte juegan un papel relevante. También resulta importante resaltar la figura de publicador como entidad responsable del *marketing* y distribución del videojuego desarrollado por un determinado estudio. Mientras algunos estudios tienen contratos permanentes con un determinado publicador, otros prefieren mantener una relación temporal y asociarse con el publicador que le ofrezca mejores condiciones para gestionar el lanzamiento de un título.

---

[4]http://www.lua.org
[5]http://www.python.org

1.1.3. El concepto de juego

Dentro del mundo del entretenimiento electrónico, un **juego** normalmente se suele asociar a la evolución, entendida desde un punto de vista general, de uno o varios personajes principales o entidades que pretenden alcanzar una serie de objetivos en un mundo acotado, los cuales están controlados por el propio usuario. Así, entre estos elementos podemos encontrar desde superhéroes hasta coches de competición pasando por equipos completos de fútbol. El mundo en el que conviven dichos personajes suele estar compuesto, normalmente, por una serie de escenarios virtuales recreados en tres dimensiones y tiene asociado una serie de reglas que determinan la interacción con el mismo.

De este modo, existe una **interacción** explícita entre el jugador o usuario de videojuegos y el propio videojuego, el cual plantea una serie de retos al usuario con el objetivo final de garantizar la diversión y el entretenimiento. Además de ofrecer este componente emocional, los videojuegos también suelen tener un componente cognitivo asociado, obligando a los jugadores a aprender técnicas y a dominar el comportamiento del personaje que manejan para resolver los retos o puzzles que los videojuegos plantean.

Caída de frames

Si el núcleo de ejecución de un juego no es capaz de mantener los *fps* a un nivel constante, el juego sufrirá una caída de frames en un momento determinado. Este hecho se denomina comúnmente como *ralentización*.

Desde una perspectiva más formal, la mayoría de videojuegos suponen un ejemplo representativo de lo que se define como aplicaciones gráficas o **renderizado en tiempo real** [1], las cuales se definen a su vez como la rama más interactiva de la Informática Gráfica. Desde un punto de vista abstracto, una aplicación gráfica en tiempo real se basa en un bucle donde en cada iteración se realizan los siguientes pasos:

- El usuario visualiza una imagen renderizada por la aplicación en la pantalla o dispositivo de visualización.

- El usuario actúa en función de lo que haya visualizado, interactuando directamente con la aplicación, por ejemplo mediante un teclado.

- En función de la acción realizada por el usuario, la aplicación gráfica genera una salida u otra, es decir, existe una retroalimentación que afecta a la propia aplicación.

En el caso de los videojuegos, este ciclo de visualización, actuación y renderizado ha de ejecutarse con una frecuencia lo suficientemente elevada como para que el usuario se sienta inmerso en el videojuego, y no lo perciba simplemente como una sucesión de imágenes estáticas. En este contexto, el **frame rate** se define como el número de imágenes por segundo, comúnmente *fps*, que la aplicación gráfica es capaz de generar. A mayor *frame rate*, mayor sensación de realismo en el videojuego. Actualmente, una tasa de 30 *fps* se considera más que aceptable para la mayoría de juegos. No obstante, algunos juegos ofrecen tasas que doblan dicha medida.

 Generalmente, el desarrollador de videojuegos ha de buscar un compromiso entre los *fps* y el grado de realismo del videojuego. Por ejemplo, el uso de modelos con una alta complejidad computacional, es decir, con un mayor número de polígonos, o la integración de comportamientos inteligentes por parte de los enemigos en un juego, o NPC (Non-Player Character), disminuirá los *fps*.

En otras palabras, los juegos son aplicaciones interactivas que están marcadas por el tiempo, es decir, cada uno de los ciclos de ejecución tiene un *deadline* que ha de cumplirse para no perder realismo.

Aunque el **componente gráfico** representa gran parte de la complejidad computacional de los videojuegos, no es el único. En cada ciclo de ejecución, el videojuego ha de tener en cuenta la evolución del mundo en el que se desarrolla el mismo. Dicha evolución dependerá del estado de dicho mundo en un momento determinado y de cómo las distintas entidades dinámicas interactúan con él. Obviamente, recrear el mundo real con un nivel de exactitud elevado no resulta manejable ni práctico, por lo que normalmente dicho mundo se aproxima y se simplifica, utilizando modelos matemáticos para tratar con su complejidad. En este contexto, destaca por ejemplo la simulación física de los propios elementos que forman parte del mundo.

Por otra parte, un juego también está ligado al comportamiento del personaje principal y del resto de entidades que existen dentro del mundo virtual. En el ámbito académico, estas entidades se suelen definir como **agentes** (*agents*) y se encuadran dentro de la denominada *simulación basada en agentes* [10]. Básicamente, este tipo de aproximaciones tiene como objetivo dotar a los NPC con cierta inteligencia para incrementar el grado de realismo de un juego estableciendo, incluso, mecanismos de cooperación y coordinación entre los mismos. Respecto al personaje principal, un videojuego ha de contemplar las distintas acciones realizadas por el mismo, considerando la posibilidad de decisiones impredecibles a priori y las consecuencias que podrían desencadenar.

Figura 1.3: El motor de juego representa el núcleo de un videojuego y determina el comportamiento de los distintos módulos que lo componen.

En resumen, y desde un punto de vista general, el desarrollo de un juego implica considerar un gran número de factores que, inevitablemente, incrementan la complejidad del mismo y, al mismo tiempo, garantizar una tasa de *fps* adecuada para que la inmersión del usuario no se vea afectada.

1.1.4. Motor de juego

Al igual que ocurre en otras disciplinas en el campo de la informática, el desarrollo de videojuegos se ha beneficiado de la aparición de herramientas que facilitan dicho desarrollo, automatizando determinadas tareas y ocultando la complejidad inherente a muchos procesos de bajo nivel. Si, por ejemplo, los SGBD han facilitado enormemente la gestión de persistencia de innumerables aplicaciones informáticas, los motores de juegos hacen la vida más sencilla a los desarrolladores de videojuegos.

Según [5], el término *motor de juego* surgió a mediados de los años 90 con la aparición del famosísimo juego de acción en primera persona *Doom*, desarrollado por la compañía *id Software* bajo la dirección de *John Carmack*[6]. Esta afirmación se sustenta sobre el hecho de que *Doom* fue diseñado con una **arquitectura orientada a la reutilización** mediante una separación adecuada

Figura 1.4: John Carmack, uno de los desarrolladores de juegos más importantes, en el *Game Developer Conference* del año 2010.

en distintos módulos de los componentes fundamentales, como por ejemplo el sistema de renderizado gráfico, el sistema de detección de colisiones o el sistema de audio, y los elementos más *artísticos*, como por ejemplo los escenarios virtuales o las reglas que gobernaban al propio juego.

---

[6]http://en.wikipedia.org/wiki/John_D._Carmack

Este planteamiento facilitaba enormemente la reutilización de software y el concepto de motor de juego se hizo más popular a medida que otros desarrolladores comenzaron a utilizar diversos módulos o juegos previamente licenciados para generar los suyos propios. En otras palabras, era posible diseñar un juego del mismo tipo sin apenas modificar el núcleo o *motor* del juego, sino que el esfuerzo se podía dirigir directamente a la parte artística y a las reglas del mismo.

Este enfoque ha ido evolucionando y se ha expandido, desde la generación de **mods** por desarrolladores independientes o *amateurs* hasta la creación de una gran variedad de herramientas, bibliotecas e incluso lenguajes que facilitan el desarrollo de videojuegos. A día de hoy, una gran parte de compañías de desarrollo de videojuego utilizan motores o herramientas pertenecientes a terceras partes, debido a que les resulta más rentable económicamente y obtienen, generalmente, resultados espectaculares. Por otra parte, esta evolución también ha permitido que los desarrolladores de un juego se planteen licenciar parte de su propio motor de juego, decisión que también forma parte de su política de trabajo.

Obviamente, la separación entre motor de juego y juego nunca es total y, por una circunstancia u otra, siempre existen dependencias directas que no permiten la reusabilidad completa del motor para crear otro juego. La dependencia más evidente es el genero al que está vinculado el motor de juego. Por ejemplo, un motor de juegos diseñado para construir juegos de acción en primera persona, conocidos tradicionalmente como *shooters* o *shoot'em all*, será difícilmente reutilizable para desarrollar un juego de conducción.

Una forma posible para diferenciar un motor de juego y el software que representa a un juego está asociada al concepto de **arquitectura dirigida por datos** (*data-driven architecture*). Básicamente, cuando un juego contiene parte de su lógica o funcionamiento en el propio código (*hard-coded logic*), entonces no resulta práctico reutilizarla para otro juego, ya que implicaría modificar el código fuente sustancialmente. Sin embargo, si dicha lógica o comportamiento no está definido a nivel de código, sino por ejemplo mediante una serie de reglas definidas a través de un lenguaje de *script*, entonces la reutilización sí es posible y, por lo tanto, beneficiosa, ya que optimiza el tiempo de desarrollo.

Game engine *tuning*

Los motores de juegos se suelen adaptar para cubrir las necesidades específicas de un título y para obtener un mejor rendimiento.

Como conclusión final, resulta relevante destacar la evolución relativa a la generalidad de los motores de juego, ya que poco a poco están haciendo posible su utilización para diversos tipos de juegos. Sin embargo, el compromiso entre generalidad y optimalidad aún está presente. En otras palabras, a la hora de desarrollar un juego utilizando un determinado motor es bastante común personalizar dicho motor para adaptarlo a las necesidades concretas del juego a desarrollar.

1.1.5. Géneros de juegos

Los motores de juegos suelen estar, generalmente, ligados a un tipo o género particular de juegos. Por ejemplo, un motor de juegos diseñado con la idea de desarrollar juegos de conducción diferirá en gran parte con respecto a un motor orientado a juegos de acción en tercera persona. No obstante, y tal y como se discutirá en la sección 1.2, existen ciertos módulos, sobre todo relativos al procesamiento de más bajo nivel, que son transversales a cualquier tipo de juego, es decir, que se pueden reutilizar en gran medida de manera independiente al género al que pertenezca el motor. Un ejemplo representativo podría ser el módulo de tratamiento de eventos de usuario, es decir, el módulo responsable de recoger y gestionar la interacción del usuario a través de dispositivos como el teclado, el ratón, el joystick o la pantalla táctil. Otros ejemplo podría ser el módulo de tratamiento del audio o el módulo de renderizado de texto.

A continuación, se realizará una descripción de los distintos géneros de juegos más populares atendiendo a las características que diferencian unos de otros en base al motor que les da soporte. Esta descripción resulta útil para que el desarrollador identifique los aspectos críticos de cada juego y utilice las técnicas de desarrollo adecuadas para obtener un buen resultado.

Mercado de *shooters*

Los FPS (First Person Shooter) gozan actualmente de un buen momento y, como consecuencia de ello, el número de títulos disponibles es muy elevado, ofreciendo una gran variedad al usuario final.

Probablemente, el género de juegos más popular ha sido y es el de los los denominados FPS, abreviado tradicionalmente como *shooters*, representado por juegos como *Quake*, *Half-Life*, *Call of Duty* o *Gears of War*, entre muchos otros. En este género, el usuario normalmente controla a un personaje con una vista en primera persona a lo largo de escenarios que tradicionalmente han sido interiores, como los típicos pasillos, pero que han ido evolucionando a escenarios exteriores de gran complejidad.

Figura 1.5: Captura de pantalla del juego *Tremulous®*, licenciado bajo GPL y desarrollado sobre el motor de *Quake III*.

Los FPS representan juegos con un desarrollo complejo, ya que uno de los retos principales que han de afrontar es la inmersión del usuario en un mundo hiperrealista que ofrezca un alto nivel de detalle, al mismo tiempo que se garantice una alta reacción de respuesta a las acciones del usuario. Este género de juegos se centra en la aplicación de las siguientes tecnologías [5]:

- Renderizado eficiente de grandes escenarios virtuales 3D.

- Mecanismo de respuesta eficiente para controlar y apuntar con el personaje.

- Detalle de animación elevado en relación a las armas y los brazos del personaje virtual.

- Uso de una gran variedad de arsenal.

- Sensación de que el personaje *flota* sobre el escenario, debido al movimiento del mismo y al modelo de colisiones.

- NPC con un nivel de IA considerable y dotados de buenas animaciones.

- Inclusión de opciones multijugador a baja escala, típicamente entre 32 y 64 jugadores.

Normalmente, la tecnología de renderizado de los FPS está especialmente optimizada atendiendo, entre otros factores, al tipo de escenario en el que se desarrolla el juego. Por ejemplo, es muy común utilizar estructuras de datos auxiliares para disponer de más información del entorno y, consecuentemente, optimizar el cálculo de diversas tareas. Un ejemplo muy representativo en los escenarios interiores son los árboles BSP (Binary Space Partitioning) (árboles de partición binaria del espacio) [1], que se utilizan para realizar una división del espacio físico en dos partes, de manera recursiva, para optimizar, por ejemplo, aspectos como el cálculo de la posición de un jugador. Otro ejemplo representativo en el caso de los escenarios exteriores es el denominado *occlusion culling* [1], que se utiliza para optimizar el proceso de renderizado descartando aquellos objetos 3D que no se ven desde el punto de vista de la cámara, reduciendo así la carga computacional de dicho proceso.

En el **ámbito comercial**, la familia de motores *Quake*, creados por *Id Software*, se ha utilizado para desarrollar un gran número de juegos, como la saga *Medal of Honor*, e incluso motores de juegos. Hoy es posible descargar el código fuente de *Quake*, *Quake II* y *Quake III* [7] y estudiar su arquitectura para hacerse una idea bastante aproximada de cómo se construyen los motores de juegos actuales.

Otra familia de motores ampliamente conocida es la de *Unreal*, juego desarrollado en 1998 por *Epic Games*. Actualmente, la tecnología *Unreal Engine* se utiliza en multitud de juegos, algunos de ellos tan famosos como *Gears of War*.

Más recientemente, la compañía *Crytek* ha permitido la descarga del CryENGINE 3 SDK (Software Development Kit)[8] para propósitos no comerciales, sino principalmente académicos y con el objetivo de crear una comunidad de desarrollo. Este kit de desarrollo para aplicaciones gráficas en tiempo real es exactamente el mismo que el utilizado por la propia compañía para desarrollar juegos comerciales, como por ejemplo *Crysis 2*.

Super Mario Bros

El popular juego de Mario, diseñado en 1985 por Shigeru Miyamoto, ha vendido aproximadamente 40 millones de juegos a nivel mundial. Según el libro de los *Record Guinness*, es una de los juegos más vendidos junto a Tetris y a la saga de Pokemon.

Otro de los géneros más relevantes son los denominados *juegos en tercera persona*, donde el usuario tiene el control de un personaje cuyas acciones se pueden apreciar por completo desde el punto de vista de la cámara virtual. Aunque existe un gran parecido entre este género y el de los FPS, los juegos en tercera persona hacen especial hincapié en la animación del personaje, destacando sus movimientos y habilidades, además de prestar mucha atención al detalle gráfico de la totalidad de su cuerpo. Ejemplos representativos de este género son *Resident Evil*, *Metal Gear*, *Gears of War* o *Uncharted*, entre otros.

---

[7]http://www.idsoftware.com/business/techdownloads
[8]http://mycryengine.com/

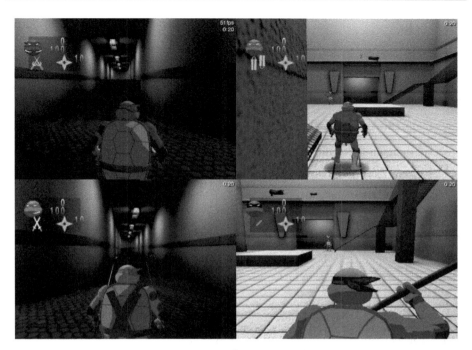

Figura 1.6: Captura de pantalla del juego *Turtlearena*®, licenciado bajo GPL y desarrollado sobre el motor de *Quake III*.

Dentro de este género resulta importante destacar los juegos de plataformas, en los que el personaje principal ha de ir avanzado de un lugar a otro del escenario hasta alcanzar un objetivo. Ejemplos representativos son las sagas de *Super Mario*, *Sonic* o *Donkey Kong*. En el caso particular de los juegos de plataformas, el avatar del personaje tiene normalmente un efecto de *dibujo animado*, es decir, no suele necesitar un renderizado altamente realista y, por lo tanto, complejo. En cualquier caso, la parte dedicada a la animación del personaje ha de estar especialmente cuidada para incrementar la sensación de realismo a la hora de controlarlo.

En los juegos en tercera persona, los desarrolladores han de prestar especial atención a la aplicación de las siguientes tecnologías [5]:

- Uso de plataformas móviles, equipos de escalado, cuerdas y otros modos de movimiento avanzados.

- Inclusión de puzzles en el desarrollo del juego.

- Uso de cámaras de seguimiento en tercera persona centradas en el personaje y que posibiliten que el propio usuario las maneje a su antojo para facilitar el control del personaje virtual.

- Uso de un complejo sistema de colisiones asociado a la cámara para garantizar que la visión no se vea dificultada por la geometría del entorno o los distintos objetos dinámicos que se mueven por el mismo.

Gráficos 3D

Virtua Fighter, lanzado en 1993 por Sega y desarrollado por Yu Suzuki, se considera como el primer juego de lucha arcade en soportar gráficos tridimensionales.

Otro género importante está representado por los **juegos de lucha**, en los que, normalmente, dos jugadores compiten para ganar un determinado número de combates minando la vida o *stamina* del jugador contrario. Ejemplos representativos de juegos de lucha son *Virtua Fighter*, *Street Fighter*, *Tekken*, o *Soul Calibur*, entre otros. Actualmente, los juegos de lucha se desarrollan normalmente en escenarios tridimensionales donde los luchadores tienen una gran libertad de movimiento. Sin embargo, últimamente se han desarrollado diversos juegos en los que tanto el escenario como los personajes son en 3D, pero donde el movimiento de los mismos está limitado a dos dimensiones, enfoque comúnmente conocido como juegos de lucha de *scroll lateral*.

Debido a que en los juegos de lucha la acción se centra generalmente en dos personajes, éstos han de tener una gran calidad gráfica y han de contar con una gran variedad de movimientos y animaciones para dotar al juego del mayor realismo posible. Así mismo, el escenario de lucha suele estar bastante acotado y, por lo tanto, es posible simplificar su tratamiento y, en general, no es necesario utilizar técnicas de optimización como las comentadas en el género de los FPS. Por otra parte, el tratamiento de sonido no resulta tan complejo como lo puede ser en otros géneros de acción.

Los juegos del género de la lucha han de prestar atención a la detección y gestión de colisiones entre los propios luchadores, o entre las armas que utilicen, para dar una sensación de mayor realismo. Además, el módulo responsable del tratamiento de la entrada al usuario ha de ser lo suficientemente sofisticado para gestionar de manera adecuada las distintas combinaciones de botones necesarias para realizar complejos movimientos. Por ejemplo, juegos como *Street Fighter IV* incorporan un sistema de *timing* entre los distintos movimientos de un *combo*. El objetivo perseguido consiste en que dominar completamente a un personaje no sea una tarea sencilla y requiera que el usuario de videojuegos dedique tiempo al entrenaiento del mismo.

Los juegos de lucha, en general, han estado ligados a la evolución de técnicas complejas de síntesis de imagen aplicadas sobre los propios personajes con el objetivo de mejorar al máximo su calidad y, de este modo, incrementar su realismo. Un ejemplo representativo es el uso de *shaders* [11] sobre la armadura o la propia piel de los personajes que permitan implementar técnicas como el *bump mapping* [1], planteada para dotar a estos elementos de un aspecto más rugoso.

Simuladores F1

Los simuladores de juegos de conducción no sólo se utilizan para el entretenimiento doméstico sino también para que, por ejemplo, los pilotos de Fórmula-1 conozcan todos los entresijos de los circuitos y puedan conocerlos al detalle antes de embarcarse en los entrenamientos reales.

Otro género representativo en el mundo de los videojuegos es la **conducción**, en el que el usuario controla a un vehículo que normalmente rivaliza con más adversarios virtuales o reales para llegar a la meta en primera posición. En este género se suele distinguir entre *simuladores*, como por ejemplo *Gran Turismo*, y *arcade*, como por ejemplo *Ridge Racer* o *Wipe Out*.

Mientras los simuladores tienen como objetivo principal representar con fidelidad el comportamiento del vehículo y su interacción con el escenario, los juegos arcade se centran más en la jugabilidad para que cualquier tipo de usuario no tenga problemas de conducción.

Los juegos de conducción se caracterizan por la necesidad de dedicar un esfuerzo considerable en alcanzar una calidad gráfica elevada en aquellos elementos cercanos a la cámara, especialmente el propio vehículo. Además, este tipo de juegos, aunque suelen ser muy lineales, mantienen una velocidad de desplazamiento muy elevada, directamente ligada a la del propio vehículo.

Figura 1.7: Captura de pantalla del juego de conducción *Tux Racing*, licenciado bajo GPL por Jasmin Patry.

Al igual que ocurre en el resto de géneros previamente comentados, existen diversas técnicas que pueden contribuir a mejorar la eficiencia de este tipo de juegos. Por ejemplo, suele ser bastante común utilizar estructuras de datos auxiliares para dividir el escenario en distintos tramos, con el objetivo de optimizar el proceso de renderizado o incluso facilitar el cálculo de rutas óptimas utilizando técnicas de IA [12]. También se suelen usar imágenes para renderizar elementos lejanos, como por ejemplo árboles, vallas publicitarias u otro tipo de elementos.

Del mismo modo, y al igual que ocurre con los juegos en tercera persona, la cámara tiene un papel relevante en el seguimiento del juego. En este contexto, el usuario normalmente tiene la posibilidad de elegir el tipo de cámara más adecuado, como por ejemplo una cámara en primera persona, una en la que se visualicen los controles del propio vehículo o una en tercera persona.

Otro género tradicional son los juegos de **estrategia**, normalmente clasificados en tiempo real o RTS (Real-Time Strategy) y por turnos (*turn-based strategy*). Ejemplos representativos de este género son *Warcraft*, *Command & Conquer*, *Comandos*, *Age of Empires* o *Starcraft*, entre otros. Este tipo de juegos se caracterizan por mantener una cámara con una perspectiva isométrica, normalmente fija, de manera que el jugador tiene una visión más o menos completa del escenario, ya sea 2D o 3D. Así mismo, es bastante común encontrar un gran número de unidades virtuales desplegadas en el mapa, siendo responsabilidad del jugador su control, desplazamiento y acción.

Teniendo en cuenta las características generales de este género, es posible plantear diversas optimizaciones. Por ejemplo, una de las aproximaciones más comunes en este tipo de juegos consiste en dividir el escenario en una rejilla o *grid*, con el objetivo de facilitar no sólo el emplazamiento de unidades o edificios, sino también la planificación de movimiento de un lugar del mapa a otro. Por otra parte, las unidades se suelen renderizar con una resolución baja, es decir, con un bajo número de polígonos, con el objetivo de posibilitar el despliegue de un gran número de unidades de manera simultánea.

Figura 1.8: Captura de pantalla del juego de estrategia en tiempo real *0 A.D.*, licenciado bajo GPL por *Wildfiregames*.

Finalmente, en los últimos años ha aparecido un género de juegos cuya principal característica es la posibilidad de jugar con un gran número de jugadores reales al mismo tiempo, del orden de cientos o incluso miles de jugadores. Los juegos que se encuadran bajo este género se denominan comúnmente MMOG (Massively Multiplayer Online Game). El ejemplo más representativo de este género es el juego *World of Warcarft*. Debido a la necesidad de soportar un gran número de jugadores en línea, los desarrolladores de este tipo de juegos han de realizar un gran esfuerzo en la parte relativa al *networking*, ya que han de proporcionar un servicio de calidad sobre el que construir su modelo de negocio, el cual suele estar basado en suscripciones mensuales o anuales por parte de los usuarios.

Al igual que ocurre en los juegos de estrategia, los MMOG suelen utilizar personajes virtuales en baja resolución para permitir la aparición de un gran número de ellos en pantalla de manera simultánea.

Además de los distintos géneros mencionados en esta sección, existen algunos más como por ejemplo los juegos deportivos, los juegos de rol o RPG (Role-Playing Games) o los juegos de puzzles.

Antes de pasar a la siguiente sección en la que se discutirá la arquitectura general de un motor de juego, resulta interesante destacar la existencia de algunas **herramientas libres** que se pueden utilizar para la construcción de un motor de juegos. Una de las más populares, y que se utilizará en el presente curso, es OGRE 3D[9]. Básicamente, OGRE es un motor de renderizado 3D bien estructurado y con una curva de aprendizaje adecuada. Aunque OGRE no se puede definir como un motor de juegos completo, sí que proporciona un gran número de módulos que permiten integrar funcionalidades no triviales, como iluminación avanzada o sistemas de animación de caracteres.

1.2.   Arquitectura del motor. Visión general

En esta sección se plantea una visión general de la arquitectura de un motor de juegos [5], de manera independiente al género de los mismos, prestando especial importancia a los módulos más relevantes desde el punto de vista del desarrollo de videojuegos.

Como ocurre con la gran mayoría de sistemas software que tienen una complejidad elevada, los motores de juegos se basan en una **arquitectura estructurada en capas**. De este modo, las capas de nivel superior dependen de las capas de nivel inferior, pero no de manera inversa. Este planteamiento permite ir añadiendo capas de manera progresiva y, lo que es más importante, permite modificar determinados aspectos de una capa en concreto sin que el resto de capas inferiores se vean afectadas por dicho cambio.

A continuación, se describen los principales módulos que forman parte de la arquitectura que se expone en la figura 1.9.

1.2.1.   Hardware, *drivers* y sistema operativo

La capa relativa al **hardware** está vinculada a la plataforma en la que se ejecutará el motor de juego. Por ejemplo, un tipo de plataforma específica podría ser una consola de juegos de sobremesa. Muchos de los principios de diseño y desarrollo son comunes a cualquier videojuego, de manera independiente a la plataforma de despliegue final. Sin embargo, en la práctica los desarrolladores de videojuegos siempre llevan a cabo optimizaciones en el motor de juegos para mejorar la eficiencia del mismo, considerando aquellas cuestiones que son específicas de una determinada plataforma.

La capa de ***drivers*** soporta aquellos componentes software de bajo nivel que permiten la correcta gestión de determinados dispositivos, como por ejemplo las tarjetas de aceleración gráfica o las tarjetas de sonido.

La arquitectura *Cell*

En arquitecturas más novedosas, como por ejemplo la arquitectura *Cell* usada en *Playstation 3* y desarrollada por *Sony*, *Toshiba* e IBM, las optimizaciones aplicadas suelen ser más dependientes de la plataforma final.

La capa del **sistema operativo** representa la capa de comunicación entre los procesos que se ejecutan en el mismo y los recursos hardware asociados a la plataforma en cuestión. Tradicionalmente, en el mundo de los videojuegos los sistemas operativos se compilan con el propio juego para producir un ejecutable. Sin embargo, las consolas de última

---

[9]http://www.ogre3d.org/

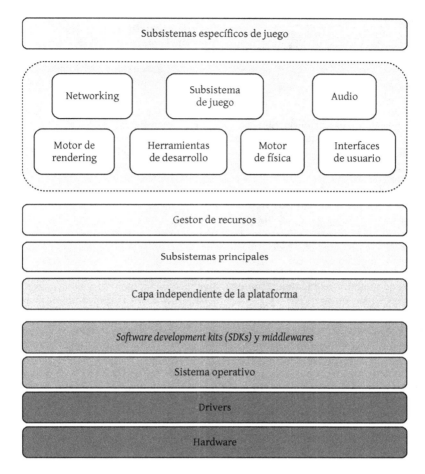

Figura 1.9: Visión conceptual de la arquitectura general de un motor de juegos. Esquema adaptado de la arquitectura propuesta en [5].

generación, como por ejemplo *Sony Playstation 3*®️ o *Microsoft XBox 360*®️, incluyen un sistema operativo capaz de controlar ciertos recursos e incluso interrumpir a un juego en ejecución, reduciendo la separación entre consolas de sobremesa y ordenadores personales.

1.2.2. SDKs y *middlewares*

Al igual que ocurre en otros proyectos software, el desarrollo de un motor de juegos se suele apoyar en bibliotecas existentes y SDK para proporcionar una determinada funcionalidad. No obstante, y aunque generalmente este software está bastante optimizado, algunos desarrolladores prefieren personalizarlo para adaptarlo a sus necesidades particulares, especialmente en consolas de sobremesa y portátiles.

APIs gráficas

OpenGL y Direct3D son los dos ejemplos más representativos de API (Application Program Interface)s gráficas que se utilizan en el ámbito comercial. La principal diferencia entre ambas es la estandarización, factor que tiene sus ventajas y desventajas.

Un ejemplo representativo de biblioteca para el manejo de **estructuras de datos** es STL (Standard Template Library) [10]. STL es una biblioteca de plantillas estándar para C++, el cual representa a su vez el lenguaje más extendido actualmente para el desarrollo de videojuegos, debido principalmente a su portabilidad y eficiencia.

En el ámbito de los **gráficos 3D**, existe un gran número de bibliotecas de desarrollo que solventan determinados aspectos que son comunes a la mayoría de los juegos, como el renderizado de modelos tridimensionales. Los ejemplos más representativos en este contexto son las APIs gráficas *OpenGL*[11] y *Direct3D*, mantenidas por el grupo *Khronos* y *Microsoft*, respectivamente. Este tipo de bibliotecas tienen como principal objetivo ocultar los diferentes aspectos de las tarjetas gráficas, presentando una interfaz común. Mientras *OpenGL* es multiplataforma, *Direct3D* está totalmente ligado a sistemas *Windows*.

Otro ejemplo representativo de SDKs vinculados al desarrollo de videojuegos son aquellos que dan soporte a la detección y tratamiento de **colisiones** y a la gestión de la **física** de las distintas entidades que forman parte de un videojuego. Por ejemplo, en el ámbito comercial la compañía *Havok*[12] proporciona diversas herramientas, entre las que destaca *Havok Physics*. Dicha herramienta representa la alternativa comercial más utilizada en el ámbito de la detección de colisiones en tiempo real y en las simulaciones físicas. Según sus autores, *Havok Physics* se ha utilizado en el desarrollo de más de 200 títulos comerciales.

Por otra parte, en el campo del *Open Source*, ODE (Open Dynamics Engine) 3D[13] representa una de las alternativas más populares para simular dinámicas de cuerpo rígido [1].

Recientemente, la rama de la **Inteligencia Artificial** en los videojuegos también se ha visto beneficiada con herramientas que posibilitan la integración directa de bloques de bajo nivel para tratar con problemas clásicos como la búsqueda óptima de caminos entre dos puntos o la acción de evitar obstáculos.

1.2.3. Capa independiente de la plataforma

Abstracción funcional

Aunque en teoría las herramientas multiplataforma deberían abstraer de los aspectos subyacentes a las mismas, como por ejemplo el sistema operativo, en la práctica suele ser necesario realizar algunos ajustes en función de la plataforma existente en capas de nivel inferior.

Gran parte de los juegos se desarrollan teniendo en cuenta su potencial lanzamiento en diversas plataformas. Por ejemplo, un título se puede desarrollar para diversas consolas de sobremesa y para PC al mismo tiempo. En este contexto, es bastante común encontrar una capa software que aisle al resto de capas superiores de cualquier aspecto que sea dependiente de la plataforma. Dicha capa se suele denominar *capa independiente de la plataforma*.

Aunque sería bastante lógico suponer que la capa inmediatamente inferior, es decir, la capa de SDK*s y middleware*, ya posibilita la independencia respecto a las plataformas subyacentes debido al uso de módulos estandarizados, como por ejemplo bibliotecas asociadas a C/C++, la realidad es que existen diferencias incluso en bibliotecas estandarizadas para distintas plataformas.

---

[10]http://www.sgi.com/tech/stl/
[11]http://http://www.opengl.org/
[12]http://www.havok.com
[13]http://www.ode.org

Algunos ejemplos representativos de módulos incluidos en esta capa son las bibliotecas de manejo de hijos o los *wrappers* o envolturas sobre alguno de los módulos de la capa superior, como el módulo de detección de colisiones o el responsable de la parte gráfica.

1.2.4. Subsistemas principales

La capa de subsistemas principales está vinculada a todas aquellas utilidades o bibliotecas de utilidades que dan soporte al motor de juegos. Algunas de ellas son específicas del ámbito de los videojuegos pero otras son comunes a cualquier tipo de proyecto software que tenga una complejidad significativa.

A continuación se enumeran algunos de los subsistemas más relevantes:

- **Biblioteca matemática**, responsable de proporcionar al desarrollador diversas utilidades que faciliten el tratamiento de operaciones relativas a vectores, matrices, cuaterniones u operaciones vinculadas a líneas, rayos, esferas y otras figuras geométricas. Las bibliotecas matemáticas son esenciales en el desarrollo de un motor de juegos, ya que éstos tienen una naturaleza inherentemente matemática.

- **Estructuras de datos y algoritmos**, responsable de proporcionar una implementación más personalizada y optimizada de diversas estructuras de datos, como por ejemplo listas enlazadas o árboles binarios, y algoritmos, como por ejemplo búsqueda u ordenación, que la encontrada en bibliotecas como STL. Este subsistema resulta especialmente importante cuando la memoria de la plataforma o plataformas sobre las que se ejecutará el motor está limitada (como suele ocurrir en consolas de sobremesa).

- **Gestión de memoria**, responsable de garantizar la asignación y liberación de memoria de una manera eficiente.

- **Depuración y *logging***, responsable de proporcionar herramientas para facilitar la depuración y el volcado de *logs* para su posterior análisis.

1.2.5. Gestor de recursos

Esta capa es la responsable de proporcionar una interfaz unificada para acceder a las distintas entidades software que conforman el motor de juegos, como por ejemplo la escena o los propios objetos 3D. En este contexto, existen dos aproximaciones principales respecto a dicho acceso: i) plantear el gestor de recursos mediante un enfoque centralizado y consistente y ii) dejar en manos del programador dicha interacción mediante el uso de archivos en disco.

La figura 1.10 muestra una visión general de un gestor de recursos, representando una interfaz común para la gestión de diversas entidades como por ejemplo el mundo en el que se desarrolla el juego, los objetos 3D, las texturas o los materiales.

En el caso particular de *Ogre 3D* [7], el gestor de recursos está representado por la clase denominada *Ogre::ResourceManager*, tal y como se puede apreciar en la figura 1.11. Dicha clase mantiene diversas especializaciones, las cuales están ligadas a las distintas entidades que a su vez gestionan distintos aspectos en un juego, como por ejemplo las texturas (clase *Ogre::TextureManager*), los modelos 3D (clase *Ogre::MeshManager*) o las fuentes de texto (clase *Ogre::FontManager*). En

Ogre 3D

El motor de *rendering* Ogre 3D está escrito en C++ y permite que el desarrollador se abstraiga de un gran número de aspectos relativos al desarrollo de aplicaciones gráficas. Sin embargo, es necesario estudiar su funcionamiento y cómo utilizarlo de manera adecuada.

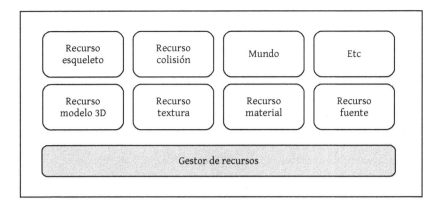

Figura 1.10: Visión conceptual del gestor de recursos y sus entidades asociadas. Esquema adaptado de la arquitectura propuesta en [5].

el caso particular de Ogre 3D, la clase *Ogre::ResourceManager* hereda de dos clases, *ResourceAlloc* y *Ogre::ScriptLoader*, con el objetivo de unificar completamente las diversas gestiones. Por ejemplo, la clase *Ogre::ScriptLoader* posibilita la carga de algunos recursos, como los materiales, mediante *scripts* y, por ello, *Ogre::ResourceManager* hereda de dicha clase.

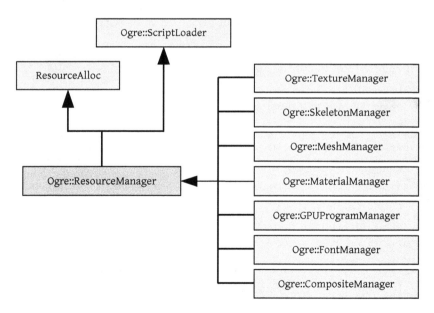

Figura 1.11: Diagrama de clases asociado al gestor de recursos de *Ogre 3D*, representado por la clase *Ogre::ResourceManager*.

1.2.6. Motor de *rendering*

Debido a que el componente gráfico es una parte fundamental de cualquier juego, junto con la necesidad de mejorarlo continuamente, el motor de renderizado es una de las partes más complejas de cualquier motor de juego.

Al igual que ocurre con la propia arquitectura de un motor de juegos, el enfoque más utilizado para diseñar el motor de renderizado consiste en utilizar una arquitectura multicapa, como se puede apreciar en la figura 1.12.

A continuación se describen los principales módulos que forman parte de cada una de las capas de este componente.

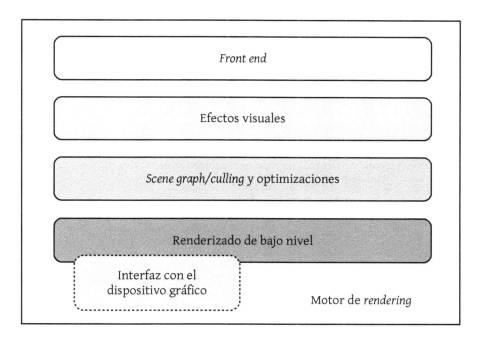

Figura 1.12: Visión conceptual de la arquitectura general de un motor de rendering. Esquema simplificado de la arquitectura discutida en [5].

La capa de **renderizado de bajo nivel** aglutina las distintas utilidades de renderizado del motor, es decir, la funcionalidad asociada a la representación gráfica de las distintas entidades que participan en un determinado entorno, como por ejemplo cámaras, primitivas de *rendering*, materiales, texturas, etc. El objetivo principal de esta capa reside precisamente en renderizar las distintas primitivas geométricas tan rápido como sea posible, sin tener en cuenta posibles optimizaciones ni considerar, por ejemplo, qué partes de las escenas son visibles desde el punto de vista de la cámara.

Esta capa también es responsable de gestionar la interacción con las APIs de programación gráficas, como *OpenGL* o *Direct3D*, simplemente para poder acceder a los distintos dispositivos gráficos que estén disponibles. Típicamente, este módulo se denomina *interfaz de dispositivo gráfico* (*graphics device interface*).

Shaders

Un *shader* se puede definir como un conjunto de instrucciones software que permiten aplicar efectos de renderizado a primitivas geométricas. Al ejecutarse en las unidades de procesamiento gráfico (*Graphic Processing Units - GPUs*), el rendimiento de la aplicación gráfica mejora considerablemente.

Así mismo, en la capa de renderizado de bajo nivel existen otros componentes encargados de procesar el dibujado de distintas primitivas geométricas, así como de la gestión de la cámara y los diferentes modos de proyección. En otras palabras, esta capa proporciona una serie de abstracciones para manejar tanto las primitivas geométricas como las cámaras virtuales y las propiedades vinculadas a las mismas.

Por otra parte, dicha capa también gestiona el estado del hardware gráfico y los *shaders* asociados. Básicamente, cada primitiva recibida por esta capa tiene asociado un material y se ve afectada por diversas fuentes de luz. Así mismo, el material describe la textura o texturas utilizadas por la primitiva y otras cuestiones como por ejemplo qué *pixel* y *vertex shaders* se utilizarán para renderizarla.

La capa superior a la de renderizado de bajo nivel se denomina ***scene graph/culling*** **y optimizaciones** y, desde un punto de vista general, es la responsable de seleccionar qué parte o partes de la escena se enviarán a la capa de *rendering*. Esta selección, u optimización, permite incrementar el rendimiento del motor de *rendering*, debido a que se limita el número de primitivas geométricas enviadas a la capa de nivel inferior.

Aunque en la capa de *rendering* sólo se dibujan las primitivas que están dentro del campo de visión de la cámara, es decir, dentro del *viewport*, es posible aplicar más optimizaciones que simplifiquen la complejidad de la escena a renderizar, obviando aquellas partes de la misma que no son visibles desde la cámara. Este tipo de optimizaciones son críticas en juegos que tenga una complejidad significativa con el objetivo de obtener tasas de *frames* por segundo aceptables.

Optimización

Las optimizaciones son esenciales en el desarrollo de aplicaciones gráficas, en general, y de videojuegos, en particular, para mejorar el rendimiento. Los desarrolladores suelen hacer uso de estructuras de datos auxiliares para aprovecharse del mayor conocimiento disponible sobre la propia aplicación.

Una de las optimizaciones típicas consiste en hacer uso de estructuras de datos de *subdivisión espacial* para hacer más eficiente el renderizado, gracias a que es posible determinar de una manera rápida el conjunto de objetos potencialmente visibles. Dichas estructuras de datos suelen ser árboles, aunque también es posible utilizar otras alternativas. Tradicionalmente, las subdivisiones espaciales se conocen como *scene graph* (grafo de escena), aunque en realidad representan un caso particular de estructura de datos.

Por otra parte, en esta capa también es común integrar métodos de *culling*, como por ejemplo aquellos basados en utilizar información relevante de las oclusiones para determinar qué objetos están siendo solapados por otros, evitando que los primeros se tengan que enviar a la capa de *rendering* y optimizando así este proceso.

Idealmente, esta capa debería ser independiente de la capa de renderizado, permitiendo así aplicar distintas optimizaciones y abstrayéndose de la funcionalidad relativa al dibujado de primitivas. Un ejemplo representativo de esta independencia está representado por OGRE (Object-Oriented Graphics Rendering Engine) y el uso de la filosofía *plug & play*, de manera que el desarrollador puede elegir distintos diseños de grafos de escenas ya implementados y utilizarlos en su desarrollo.

Filosofía *Plug & Play*

Esta filosofía se basa en hacer uso de un componente funcional, hardware o software, sin necesidad de configurar ni de modificar el funcionamiento de otros componentes asociados al primero.

Sobre la capa relativa a las optimizaciones se sitúa la capa de **efectos visuales**, la cual proporciona soporte a distintos efectos que, posteriormente, se puedan integrar en los juegos desarrollados haciendo uso del motor. Ejemplos representativos de módulos que se incluyen en esta capa son aquéllos responsables de gestionar los sistemas de partículas (humo, agua, etc), los mapeados de entorno o las sombras dinámicas.

Finalmente, la capa de ***front-end*** suele estar vinculada a funcionalidad relativa a la superposición de contenido 2D sobre el escenario 3D. Por ejemplo, es bastante común utilizar algún tipo de módulo que permita visualizar el menú de un juego o la interfaz gráfica que permite conocer el estado del personaje principal del videojuego (inventario, armas, herramientas, etc). En esta capa también se incluyen componentes para reproducir vídeos previamente grabados y para integrar secuencias cinemáticas, a veces interactivas, en el propio videojuego. Este último componente se conoce como IGC (In-Game Cinematics) *system*.

1.2.7. Herramientas de depuración

Debido a la naturaleza intrínseca de un videojuego, vinculada a las aplicaciones gráficas en tiempo real, resulta esencial contar con buenas herramientas que permitan depurar y optimizar el propio motor de juegos para obtener el mejor rendimiento posible. En este contexto, existe un gran número de herramientas de este tipo. Algunas de ellas son

Versiones *beta*

Además del uso extensivo de herramientas de depuración, las desarrolladoras de videojuegos suelen liberar versiones betas de los mismos para que los propios usuarios contribuyan en la detección de *bugs*.

herramientas de propósito general que se pueden utilizar de manera externa al motor de juegos. Sin embargo, la práctica más habitual consiste en construir herramientas de *profiling*, vinculadas al análisis del rendimiento, o depuración que estén asociadas al propio motor. Algunas de las más relevantes se enumeran a continuación [5]:

- Mecanismos para determinar el tiempo empleado en ejecutar un fragmento específico de código.

- Utilidades para mostrar de manera gráfica el rendimiento del motor mientras se ejecuta el juego.

- Utilidades para volcar *logs* en ficheros de texto o similares.

- Herramientas para determinar la cantidad de memoria utilizada por el motor en general y cada subsistema en particular. Este tipo de herramientas suelen tener distintas vistas gráficas para visualizar la información obtenida.

- Herramientas de depuración que gestionan el nivel de información generada.

- Utilidades para grabar eventos particulares del juego, permitiendo reproducirlos posteriormente para depurar *bugs*.

1.2.8. Motor de física

ED auxiliares

Al igual que ocurre en procesos como la obtención de la posición de un enemigo en el mapa, el uso extensivo de estructuras de datos auxiliares permite obtener soluciones a problemas computacionalmente complejos. La gestión de colisiones es otro proceso que se beneficia de este tipo de técnicas.

La detección de colisiones en un videojuego y su posterior tratamiento resultan esenciales para dotar de realismo al mismo. Sin un mecanismo de detección de colisiones, los objetos se *traspasarían* unos a otros y no sería posible interactuar con ellos. Un ejemplo típico de colisión está representado en los juegos de conducción por el choque entre dos o más vehículos. Desde un punto de vista general, el sistema de detección de colisiones es responsable de llevar a cabo las siguientes tareas [1]:

1. La **detección de colisiones**, cuya salida es un valor lógico indicando si hay o no colisión.

2. La **determinación de la colisión**, cuya tarea consiste en calcular el punto de intersección de la colisión.

3. La **respuesta a la colisión**, que tiene como objetivo determinar las acciones que se generarán como consecuencia de la misma.

Debido a las restricciones impuestas por la naturaleza de tiempo real de un videojuego, los mecanismos de gestión de colisiones se suelen aproximar para simplificar la complejidad de los mismos y no reducir el rendimiento del motor. Por ejemplo, en algunas ocasiones los objetos 3D se aproximan con una serie de líneas, utilizando técnicas de intersección de líneas para determinar la existencia o no de una colisión. También es bastante común hacer uso de árboles BSP para representar el entorno y optimizar la detección de colisiones con respecto a los propios objetos.

Por otra parte, algunos juegos incluyen sistemas realistas o semi-realistas de simulación dinámica. En el ámbito de la industria del videojuego, estos sistemas se suelen denominar *sistema de física* y están directamente ligados al sistema de gestión de colisiones.

Actualmente, la mayoría de compañías utilizan motores de colisión/física desarrollados por terceras partes, integrando estos *kits* de desarrollo en el propio motor. Los más conocidos en el ámbito comercial son *Havok*, el cual representa el estándar de facto en la industria debido a su potencia y rendimiento, y *PhysX*, desarrollado por *NVIDIA* e integrado en motores como por ejemplo el *Unreal Engine 3*.

En el ámbito del *open source*, uno de los más utilizados es ODE. Sin embargo, en este curso se hará uso del motor de simulación física *Bullet*[14], el cual se utiliza actualmente en proyectos tan ambiciosos como la suite 3D *Blender*.

1.2.9. Interfaces de usuario

En cualquier tipo de juego es necesario desarrollar un módulo que ofrezca una abstracción respecto a la interacción del usuario, es decir, un módulo que principalmente sea responsable de procesar los **eventos de entrada** del usuario. Típicamente, dichos eventos estarán asociados a la pulsación de una tecla, al movimiento del ratón o al uso de un *joystick*, entre otros.

---

[14]http://www.bulletphysics.com

Desde un punto de vista más general, el módulo de interfaces de usuario también es responsable del **tratamiento de los eventos** de salida, es decir, aquellos eventos que proporcionan una retroalimentación al usuario. Dicha interacción puede estar representada, por ejemplo, por el sistema de vibración del mando de una consola o por la fuerza ejercida por un volante que está siendo utilizado en un juego de conducción. Debido a que este módulo gestiona los eventos de entrada y de salida, se suele denominar comúnmente *componente de entrada/salida del jugador* (*player I/O component*).

El módulo de interfaces de usuario actúa como un puente entre los detalles de bajo nivel del hardware utilizado para interactuar con el juego y el resto de controles de más alto nivel. Este módulo también es responsable de otras tareas importantes, como la asocación de acciones o funciones lógicas al sistema de control del juego, es decir, permite asociar eventos de entrada a acciones lógicas de alto nivel.

En la gestión de eventos se suelen utilizar patrones de diseño como el patrón *delegate* [4], de manera que cuando se detecta un evento, éste se traslada a la entidad adecuada para llevar a cabo su tratamiento.

1.2.10. *Networking* y multijugador

La mayoría de juegos comerciales desarrollados en la actualidad incluyen modos de juegos multijugador, con el objetivo de incrementar la jugabilidad y duración de los títulos lanzados al mercado. De hecho, algunas compañías basan el modelo de negocio de algunos de sus juegos en el **modo *online***, como por ejemplo *World of Warcraft* de *Blizzard Entertainment*, mientras algunos títulos son ampliamente conocidos por su exitoso modo multijugador *online*, como por ejemplo la saga *Call of Duty* de *Activision*.

Aunque el modo multijugador de un juego puede resultar muy parecido a su versión *single-player*, en la práctica incluir el soporte de varios jugadores, ya sea *online* o no, tiene un profundo impacto en diseño de ciertos componentes del motor de juego, como por ejemplo el modelo de objetos del juego, el motor de renderizado, el módulo de entrada/sali-

> **Lag**
> El retraso que se produce desde que se envía un paquete de datos por una entidad hasta que otra lo recibe se conoce como *lag*. En el ámbito de los videojuegos, el *lag* se suele medir en milésimas de segundo.

da o el sistema de animación de personajes, entre otros. De hecho, una de las filosofías más utilizadas en el diseño y desarrollo de motores de juegos actuales consiste en tratar el modo de un único jugador como un caso particular del modo multijugador.

Por otra parte, el **módulo de *networking*** es el responsable de *informar* de la evolución del juego a los distintos actores o usuarios involucrados en el mismo mediante el envío de paquetes de información. Típicamente, dicha información se transmite utilizando *sockets*. Con el objetivo de reducir la latencia del modo multijugador, especialmente a través de Internet, sólo se envía/recibe información relevante para el correcto funcionamiento de un juego. Por ejemplo, en el caso de los FPS, dicha información incluye típicamente la posición de los jugadores en cada momento, entre otros elementos.

1.2.11. Subsistema de juego

El subsistema de juego, conocido por su término en inglés *gameplay*, integra todos aquellos módulos relativos al funcionamiento interno del juego, es decir, aglutina tanto las propiedades del mundo virtual como las de los distintos personajes. Por una parte, este subsistema permite la definición de las reglas que gobiernan el mundo virtual en el que se desarrolla el juego, como por ejemplo la necesidad de derrotar a un enemigo antes de enfrentarse a otro de mayor nivel. Por otra parte, este subsistema también permite la definición de la mecánica del personaje, así como sus objetivos durante el juego.

Este subsistema sirve también como capa de *aislamiento* entre las capas de más bajo nivel, como por ejemplo la de *rendering*, y el propio funcionamiento del juego. Es decir, uno de los principales objetivos de diseño que se persiguen consiste en independizar la lógica del juego de la implementación subyacente. Por ello, en esta capa es bastante común encontrar algún tipo de sistema de **scripting** o lenguaje de alto nivel para definir, por ejemplo, el comportamiento de los personajes que participan en el juego.

Diseñando juegos

Los diseñadores de los niveles de un juego, e incluso del comportamiento de los personajes y los NPCs, suelen dominar perfectamente los lenguajes de script, ya que son su principal herramienta para llevar a cabo su tarea.

La capa relativa al subsistema de juego maneja conceptos como el *mundo del juego*, el cual se refiere a los distintos elementos que forman parte del mismo, ya sean estáticos o dinámicos. Los tipos de objetos que forman parte de ese mundo se suelen denominar *modelo de objetos del juego* [5]. Este modelo proporciona una simulación en tiempo real de esta colección heterogénea, incluyendo

- Elementos geométricos relativos a fondos estáticos, como por ejemplo edificios o carreteras.

- Cuerpos rígidos dinámicos, como por ejemplo rocas o sillas.

- El propio personaje principal.

- Los personajes no controlados por el usuario (NPCs).

- Cámaras y luces virtuales.

- Armas, proyectiles, vehículos, etc.

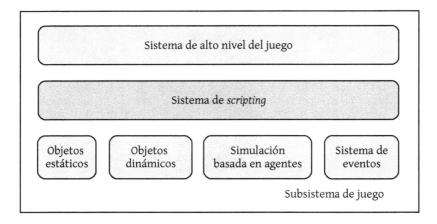

Figura 1.13: Visión conceptual de la arquitectura general del subsistema de juego. Esquema simplificado de la arquitectura discutida en [5].

El modelo de objetos del juego está intimamente ligado al *modelo de objetos software* y se puede entender como el conjunto de propiedades del lenguaje, políticas y convenciones utilizadas para implementar código utilizando una filosofía de orientación a objetos. Así mismo, este modelo está vinculado a cuestiones como el lenguaje de programación empleado o a la adopción de una política basada en el uso de patrones de diseño, entre otras.

En la capa de subsistema de juego se integra el **sistema de eventos**, cuya principal responsabilidad es la de dar soporte a la comunicación entre objetos, independientemente de su naturaleza y tipo. Un enfoque típico en el mundo de los videojuegos consiste en utilizar una *arquitectura dirigida por eventos*, en la que la principal entidad es el evento. Dicho evento consiste en una estructura de datos que contiene información relevante de manera que la comunicación está precisamente guiada por el contenido del evento, y no por el emisor o el receptor del mismo. Los objetos suelen implementar manejadores de eventos (*event handlers*) para tratarlos y actuar en consecuencia.

Por otra parte, el **sistema de *scripting*** permite modelar fácilmente la lógica del juego, como por ejemplo el comportamiento de los enemigos o NPCs, sin necesidad de volver a compilar para comprobar si dicho comportamiento es correcto o no. En algunos casos, los motores de juego pueden seguir en funcionamiento al mismo tiempo que se carga un nuevo *script*.

Finalmente, en la capa del subsistema de juego es posible encontrar algún módulo que proporcione funcionalidad añadida respecto al tratamiento de la IA, normalmente de los NPCs. Este tipo de módulos, cuya funcionalidad se suele incluir en la propia capa de software específica del juego en lugar de integrarla en el propio motor, son cada vez más populares y permiten asignar comportamientos preestablecidos sin necesidad de programarlos. En este contexto, la *simulación basada en agentes* [18] cobra especial relevancia.

Este tipo de módulos pueden incluir aspectos relativos a problemas clásicos de la IA, como por ejemplo la búsqueda de caminos óptimos entre dos puntos, conocida como *pathfinding*, y típicamente vinculada al uso de algoritmos $A*$ [12]. Así mismo, también es posible hacer uso de información *privilegiada* para optimizar ciertas tareas, como por ejemplo la localización de entidades de interés para agilizar el cálculo de aspectos como la detección de colisiones.

1.2.12.   Audio

Tradicionalmente, el mundo del desarrollo de videojuegos siempre ha prestado más atención al componente gráfico. Sin embargo, el apartado sonoro de un juego es especialmente importante para que el usuario se sienta inmerso en el mismo y es crítico para acompañar de manera adecuada el desarrollo de dicho juego. Por ello, el **motor de audio** ha ido cobrando más y más relevancia.

Asimismo, la aparición de nuevos formatos de audio de alta definición y la popularidad de los sistemas de cine en casa han contribuido a esta evolución en el cada vez más relevante apartado sonoro.

Actualmente, al igual que ocurre con otros componentes de la arquitectura del motor de juego, es bastante común encontrar desarrollos listos para utilizarse e integrarse en el motor de juego, los cuales han sido realizados por compañías externas a la del propio motor. No obstante, el apartado sonoro también requiere modificaciones que son específicas para el juego en cuestión, con el objetivo de obtener un alto de grado de fidelidad y garantizar una buena experiencia desde el punto de visto auditivo.

1.2.13. Subsistemas específicos de juego

Por encima de la capa de subsistema de juego y otros componentes de más bajo nivel se sitúa la capa de subsistemas específicos de juego, en la que se integran aquellos módulos responsables de ofrecer las características propias del juego. En función del tipo de juego a desarrollar, en esta capa se situarán un mayor o menor número de módulos, como por ejemplo los relativos al sistema de cámaras virtuales, mecanismos de IA específicos de los personajes no controlados por el usuario (NPCs), aspectos de renderizados específicos del juego, sistemas de armas, puzzles, etc.

Idealmente, la línea que separa el motor de juego y el propio juego en cuestión estaría entre la capa de subsistema de juego y la capa de subsistemas específicos de juego.

## Capítulo 2

Herramientas de Desarrollo

Cleto Martín Angelina

A ctualmente, existen un gran número de aplicaciones y herramientas que permiten a los desarrolladores de videojuegos, y de aplicaciones en general, aumentar su productividad a la hora de construir software, gestionar los proyectos y recursos, así como automatizar procesos de construcción.

En este capítulo, se pone de manifiesto la importancia de la gestión en un proyecto software y se muestran algunas de las herramientas de desarrollo más conocidas en sistemas GNU/Linux. La elección de este tipo de sistema no es casual. Por un lado, se trata de Software Libre, lo que permite a desarrolladores poder estudiar, aprender y entender hasta el más mínimo detalle de lo que hace el código de las herramientas que utiliza para desarrollar. Por otro lado, probablemente sea el mejor sistema operativo para construir y desarrollar aplicaciones debido al gran número de herramientas que proporciona. Es un sistema hecho por programadores para programadores.

2.1. Introducción

En la construcción de software no trivial, las herramientas de gestión de proyectos y de desarrollo facilitan la labor de las personas que lo construyen. A medida que el software se va haciendo más complejo y se espera más funcionalidad de él, se hace necesario el uso de herramientas que permitan automatizar los procesos del desarrollo, así como la gestión del proyecto y su documentación.

Además, dependiendo del contexto, es posible que existan otros integrantes del proyecto que no tengan formación técnica y que necesiten realizar labores sobre el producto tales como traducciones, pruebas, diseño gráfico, marketing, etc.

Los videojuegos son proyectos software que, normalmente, requieren la participación de varias personas con diferentes perfiles profesionales (programadores, diseñadores gráficos, compositores de sonidos, etc.). Cada uno de ellos, trabaja con diferentes tipos de datos y con diferentes tipos de formatos. Todas las herramientas que permitan la *construcción automática* del proyecto, la *integración* de sus diferentes componentes y la *coordinación* de sus miembros serán de gran ayuda en un entorno tan heterogéneo.

Desde el punto de vista de la gestión del proyecto, una tarea esencial es la automatización del proceso de compilación y de construcción de los programas. Una de las tareas que más frecuentemente se realizan mientras se desarrolla y depura un programa es precisamente la de compilación y construcción. Cuanto más grande y complejo sea un programa, mayor es el tiempo que se necesita en esta fase y, por tanto, mayor tiempo consumirá. Un proceso automático de construcción de software ahorrará muchas pérdidas de tiempo en el futuro.

En los sistemas GNU/Linux es habitual el uso de herramientas como el compilador GCC, el sistema de construcción GNU Make y el depurador GDB. Todas ellas fueron creadas en el proyecto GNU y orientadas a la creación de programas en C/C++, aunque también pueden ser utilizadas con otras tecnologías. También existen editores de texto como GNU Emacs o vi, y modernos (pero no por ello mejores) entornos de desarrollo como Eclipse que no sólo facilitan las labores de escritura de código, sino que proporcionan numerosas herramientas auxiliares dependiendo del tipo de proyecto. Por ejemplo, Eclipse puede generar los archivos Makefiles necesarios para automatizar el proceso de construcción con GNU Make.

Figura 2.1: El proyecto GNU proporciona una gran abanico de herramientas de desarrollo y son utilizados en proyectos software de todo tipo.

2.2. Compilación, enlazado y depuración

La compilación y la depuración y, en general, el proceso de construcción es una de las tareas más importantes desde el punto de vista del desarrollador de aplicaciones escritas en C/C++. En muchas ocasiones, parte de los problemas en el desarrollo de un programa vienen originados directa o indirectamente por el propio proceso de construcción del mismo. Hacer un uso indebido de las opciones del compilador, no depurar utilizando los programas adecuados o realizar un incorrecto proceso de construcción del proyecto son ejemplos típicos que, en muchas ocasiones, consumen demasiado tiempo en el desarrollo. Por todo ello, tener un conocimiento sólido e invertir tiempo en estas cuestiones ahorra más de un quebradero de cabeza (y mucho dinero) a lo largo del ciclo de vida de la aplicación.

Figura 2.2: GCC es una colección de compiladores para lenguajes como C/C++ y Java.

En esta sección se estudia una terminología y conceptos básicos en el ámbito de los procesos de construcción de aplicaciones. Más específicamente, se muestra el uso del compilador de C/C++ GCC, el depurador GDB y el sistema de construcción automático GNU Make.

2.2.1. Conceptos básicos

A la hora de buscar y compartir información con el resto de compañeros de profesión es necesario el uso de una terminología común. En las tareas de construcción del software existen algunos términos que son importantes conocer.

Código fuente, código objeto y código ejecutable

Como es de suponer, la programación consiste en escribir programas. Los *programas* son procedimientos que, al ejecutarse de forma secuencial, se obtienen unos resultados. En muchos sentidos, un programa es como una receta de cocina: una especificación secuencial de las acciones que hay que realizar para conseguir un objetivo. Cómo de abstractas sean estas especificaciones es lo que define el *nivel de abstracción* de un lenguaje.

Los programas se pueden escribir directamente en *código ejecutable*, también llamado código binario o código máquina. Sin embargo, el nivel de abstracción tan bajo que ofrecen estos lenguajes haría imposible que muchos proyectos actuales pudieran llevarse a cabo. Este código es el que entiende la máquina donde se va a ejecutar el programa y es específico de la plataforma. Por ejemplo, máquinas basadas en la arquitectura PC no ofrecen el mismo *repertorio de instrucciones* que otras basadas en la arquitectura PPC o ARM. A la dificultad de escribir código de bajo nivel se le suma la característica de no ser portable.

Por este motivo se han creado los *compiladores*. Estos programas traducen *código fuente*, programado en un lenguaje de alto nivel, en el código ejecutable para una plataforma determinada. Un paso intermedio en este proceso de compilación es la generación de *código objeto*, que no es sino código en lenguaje máquina al que le falta realizar el *proceso de enlazado*. Veremos este proceso con más detalle más adelante.

Aunque en los sistemas como GNU/Linux la extensión en el nombre de los archivos es puramente informativa, los archivos fuente en C++ suelen tener las extensiones .cpp, .cc, y .h, .hh o .hpp para las cabeceras. Por su parte, los archivos de código objeto tienen extensión .o y lo ejecutables no suelen tener extensión.

Compilador

Como ya se ha dicho, se trata de un programa que, a partir del código fuente, genera el código ejecutable para la máquina destino. Este proceso de *traducción* automatizado permite al programador, entre otras muchas ventajas:

- No escribir código de muy bajo nivel.

- Detectar errores y sólo generar código «correcto». Como veremos, los compiladores no pueden garantizar que nuestro programa sea correcto en todos los sentidos.

- Abstraerse de la características propias de la máquina tales como registros especiales, modos de acceso a memoria, etc.

- Escribir código portable. Basta con que exista un compilador en una plataforma que soporte C++ como lenguaje de entrada para que se puedan portar programas a dicha plataforma.

Aunque la función principal del compilador es la de actuar como *traductor* entre dos tipos de lenguaje, este término se reserva a los programas que transforman de un lenguaje de alto nivel a otro; por ejemplo, el programa que transforma código C++ en Java.

Existen muchos compiladores comerciales de C++ como Borland C++, Microsoft Visual C++. Sin embargo, GCC es un compilador libre y gratuito que soporta C/C++ (entre otros lenguajes) y es ampliamente utilizado en muchos sectores de la informática: desde la programación gráfica a los sistemas empotrados.

Obviamente, existen grandes diferencias entre las implementaciones de los compiladores de C++ disponibles. Estas diferencias vienen determinadas por el contexto de aplicación (por ejemplo, para sistemas empotrados) o por el propio fabricante. Sin embargo, es posible extraer una estructura funcional común como muestra la figura 2.3, que representa las *fases de compilación* en las que, normalmente, está dividido el proceso de compilación.

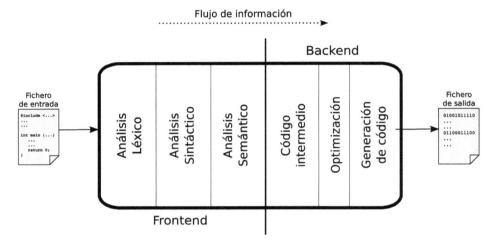

Figura 2.3: Fases de compilación

Las fases están divididas en dos grandes bloques:

- **Frontend**: o frontal del compilador. Es el encargado de realizar el análisis léxico, sintáctico y semántico de los ficheros de entrada. El resultado de esta fase es un *código intermedio* que es independiente de la plataforma destino.

- **Backend**: el código intermedio pasa por el *optimizador* y es mejorado utilizando diferentes estrategias como la eliminación de código muerto o de situaciones redundantes. Finalmente, el código intermedio optimizado lo toma un *generador* de código máquina específico de la plataforma destino. Además de la generación, en esta fase también se realizan algunas optimizaciones propias de la plataforma destino.

En definitiva, el proceso de compilación está dividido en etapas bien diferenciadas, que proporcionan diferente funcionalidad a las etapas subsiguientes hasta llegar a la generación final de código ejecutable.

Enlazador

A medida que los programas crecen se hace necesario poder separarlos en *módulos*, es decir, unidades independientes con sentido en el dominio de la aplicación y relacionadas unas con otras. Esto permite que un gran proyecto pueda ser más mantenible y manejable que si no existiera forma alguna de dividir funcionalmente un programa. Los módulos pueden tener dependencias entre sí (por ejemplo, el módulo A necesita B y C para funcionar) y la comprobación y resolución de estas dependencias corren a cargo del *enlazador*. El enlazador toma como entrada el código objeto.

Bibliotecas

Una de las principales ventajas del software es la reutilización del código. Normalmente, los problemas pueden resolverse utilizando código ya escrito anteriormente y la reutilización del mismo se vuelve un aspecto clave para el tiempo de desarrollo del producto. Las *bibliotecas* ofrecen una determinada funcionalidad ya implementada para que sea utilizada por programas. Las bibliotecas se incorporan a los programas durante el proceso de enlazado.

Las bibliotecas pueden *enlazarse* contra el programa de dos formas:

- **Estáticamente**: en tiempo de enlazado, se resuelven todas las dependencias y símbolos que queden por definir y se incorpora al ejecutable final.

  La principal ventaja de utilizar enlazado estático es que el ejecutable puede considerarse *standalone* y es completamente independiente. El sistema donde vaya a ser ejecutado no necesita tener instaladas bibliotecas externas de antemano. Sin embargo, el código ejecutable generado tiene mayor tamaño.

- **Dinámicamente**: en tiempo de enlazado sólo se comprueba que ciertas dependencias y símbolos estén definidos, pero no se incorpora al ejecutable. Será en tiempo de ejecución cuando se realizará la carga de la biblioteca en memoria.

  El código ejecutable generado es mucho menor, pero el sistema debe tener la biblioteca previamente instalada.

En sistemas GNU/Linux, las bibliotecas ya compiladas suelen encontrarse en /usr/lib y siguen un convenio para el nombre: lib*nombre*. Las bibliotecas dinámicas tienen extensión .so (*shared object*) y las estáticas .a.

2.2.2. Compilando con GCC

Desde un punto de vista estricto, GCC no es un compilador. GNU Compiler Collection (GCC) es un conjunto de compiladores que proporciona el proyecto GNU para diferentes lenguajes de programación tales como C, C++, Java, FORTRAN, etc. Dentro de este conjunto de compiladores, g++ es el compilador para C++. Teniendo en cuenta esta precisión, es común llamar simplemente GCC al compilador de C y C++, por lo que se usarán de forma indistinta en este texto.

En esta sección se introducen la estructura básica del compilador GCC, así como algunos de sus componentes y su papel dentro del proceso de compilación. Finalmente, se muestran ejemplos de cómo utilizar GCC (y otras herramientas auxiliares) para construir un ejecutable, una biblioteca estática y una dinámica.

distcc

La compilación modular y por fases de GCC permite que herramientas como distcc puedan realizar compilaciones distribuidas en red y en paralelo.

2.2.3.   ¿Cómo funciona GCC?

GCC es un compilador cuya estructura es muy similar a la presentada en la sección 2.2.1. Sin embargo, cada una de las fases de compilación la realiza un componente bien definido e independiente. Concretamente, al principio de la fase de compilación, se realiza un procesamiento inicial del código fuente utilizando el *preprocesador* GNU CPP, posteriormente se utiliza GNU Assembler para obtener el código objeto y, con la ayuda del *enlazador* GNU ld, se crea el binario final.

En la figura 2.4 se muestra un esquema general de los componentes de GCC que participan en el proceso. El hecho de que esté dividido en estas etapas permite una compilación *modular*, es decir, cada fichero de entrada se transforma a código objeto y con la ayuda del enlazador se resuelven las dependencias que puedan existir entre ellos. A continuación, se comenta brevemente cada uno de los componentes principales.

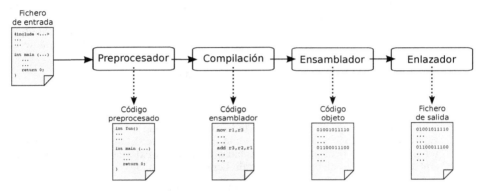

Figura 2.4: Proceso de compilación en GCC

Preprocesador

El preprocesamiento es la primera transformación que sufre un programa en C/C++. Se lleva a cabo por el GNU CPP y, entre otras, realiza las siguientes tareas:

- Inclusión efectiva del código incluido por la directiva #include.

- Resuelve de las directivas #ifdef/#ifndef para la compilación condicional.

- Sustitución efectiva de todas las directivas de tipo #define.

La opción de -E de GCC detiene la compilación justo después del preprocesamiento. El preprocesador se puede invocar directamente utilizando la orden cpp. Como ejercicio se reserva al lector observar qué ocurre al invocar al preprocesador con el siguiente fragmento de código. ¿Se realizan comprobaciones lexícas, sintáticas o semánticas? Utiliza los parámetros que ofrece el programa para definir la macro DEFINED_IT.

Listado 2.1: Código de ejemplo preprocesable

```
1  #include <iostream>
2  #define SAY_HELLO "Hi, world!"
3
4  #ifdef DEFINED_IT
5  #warning "If you see this message, you DEFINED_IT"
6  #endif
7
8  using namespace std;
9
10 Code here??
11
12 int main() {
13   cout << SAY_HELLO << endl;
14   return 0;
15 }
```

Compilación

El código fuente, una vez preprocesado, se compila a lenguaje ensamblador, es decir, a una representación de bajo nivel del código fuente. Originalmente, la sintaxis de este lenguaje es la de AT&T pero desde algunas versiones recientes también se soporta la sintaxis de Intel.

Entre otras muchas operaciones, en la compilación se realizan las siguientes operaciones:

- Análisis *sintáctico* y *semántico* del programa. Pueden ser configurados para obtener diferentes mensajes de advertencia (*warnings*) a diferentes niveles.

- Comprobación y resolución de símbolos y dependencias a nivel de *declaración*.

- Realizar optimizaciones.

Utilizando GCC con la opción -S puede detenerse el proceso de compilación hasta la generación del código ensamblador. Como ejercicio, se propone cambiar el código fuente anterior de forma que se pueda construir el correspondiente en ensamblador.

 GCC proporciona diferentes niveles de optimizaciones (opción -O). Cuanto mayor es el nivel de optimización del código resultante, mayor es el tiempo de compilación pero suele hacer más eficiente el código de salida. Por ello, se recomienda *no optimizar* el código durante las fases de desarrollo y sólo hacerlo en la fase de distribución/instalación del software.

Ensamblador

Una vez se ha obtenido el código ensamblador, GNU Assembler es el encargado de realizar la traducción a *código objeto* de cada uno de los módulos del programa. Por defecto, el código objeto se genera en archivos con extensión .o y la opción -c de GCC permite detener el proceso de compilación en este punto.

GNU Assembler forma parte de la distribución GNU Binutils y se corresponde con el programa as. Como ejercicio, se propone al lector modificar el código ensamblador obtenido en la fase anterior sustituyendo el mensaje original "Hi, world" por "Hola, mundo". Intenta generar el código objeto asociado utilizando directamente el ensamblador (no GCC).

Enlazador

GNU Linker también forma parte de la distribución GNU Binutils y se corresponde con el programa `ld`. Con todos los archivos objetos el *enlazador* (*linker*) es capaz de generar el ejecutable o código binario final. Algunas de las tareas que se realizan en el proceso de enlazado son las siguientes:

- Selección y filtrado de los objetos necesarios para la generación del binario.

- Comprobación y resolución de símbolos y dependencias a nivel de *definición*.

- Realización del enlazado (estático y dinámico) de las bibliotecas.

Como ejercicio se propone utilizar el *linker* directamente con el código objeto generado en el apartado anterior. Nótese que las opciones `-l` y `-L` sirven para añadir rutas personalizadas a las que por defecto `ld` utiliza para buscar bibliotecas.

2.2.4. Ejemplos

Como se ha mostrado, el proceso de compilación está compuesto por varias fases bien diferenciadas. Sin embargo, con GCC se integra todo este proceso de forma que, a partir del código fuente se genere el binario final.

En esta sección se mostrarán ejemplos en los que se crea un ejecutable al que, posteriormente, se enlaza con una biblioteca estática y otra dinámica.

Compilación de un ejecutable

Como ejemplo de ejecutable se toma el siguiente programa.

Listado 2.2: Programa básico de ejemplo

```
1  #include <iostream>
2
3  using namespace std;
4
5  class Square {
6  private:
7    int side_;
8
9  public:
10   Square(int side_length) : side_(side_length) { };
11   int getArea() const { return side_*side_; };
12  };
13
14  int main () {
15   Square square(5);
16   cout << "Area: " << square.getArea() << endl;
17   return 0;
18  }
```

En C++, los programas que generan un ejecutable deben tener definida la función main, que será el punto de entrada de la ejecución. El programa es trivial: se define una clase Square que representa a un cuadrado. Ésta implementa un método getArea() que devuelve el área del cuadrado.

Suponiendo que el archivo que contiene el código fuente se llama main.cpp, para construir el binario utilizaremos g++, el compilador de C++ que se incluye en GCC. Se podría utilizar gcc y que se seleccionara automáticamente el compilador. Sin embargo, es una buena práctica utilizar el compilador correcto:

```
$ g++ -o main main.cpp
```

Nótese que todo el proceso de compilación se ha realizado automáticamente y cada una de las herramientas auxiliares se han ejecutado internamente en su momento oportuno (preprocesamiento, compilación, ensamblado y enlazado). La opción -o indica a GCC el nombre del archivo de salida de la compilación.

Podríamos hacer el proceso anterior por partes: primero generando el código objeto y el código ejecutable de la siguiente forma:

```
$ g++ -c main.o
$ g++ main.o -o main
```

Aquí, la segunda llamada de g++ invoca implícitamente al enlazador ld. Utiliza la opción -v de GCC para ver en detalle qué órdenes se ejecutan durante la compilación.

Compilación de un ejecutable (modular)

En un proyecto, lo natural es dividir el código fuente en módulos que realizan operaciones concretas y bien definidas. En el ejemplo, podemos considerar un módulo la declaración y definición de la clase Square. Esta extracción se puede realizar de muchas maneras. Lo habitual es crear un fichero de cabecera .h con la declaración de la clase y un fichero .cpp con la definición:

Listado 2.3: Archivo de cabecera Square.h

```
1  class Square {
2  private:
3    int side_;
4
5  public:
6    Square(int side_length);
7    int getArea() const;
8  };
```

Listado 2.4: Implementación (Square.cpp)

```
1  #include "Square.h"
2
3  Square::Square (int side_length) : side_(side_length)
4  { }
5
6  int
7  Square::getArea() const
8  {
9    return side_*side_;
10 }
```

De esta forma, el archivo `main.cpp` quedaría como sigue:

Listado 2.5: Programa principal

```
 1  #include <iostream>
 2  #include "Square.h"
 3
 4  using namespace std;
 5
 6  int main () {
 7    Square square(5);
 8    cout << "Area: " << square.getArea() << endl;
 9    return 0;
10  }
```

Para construir el programa, se debe primero construir el código objeto del módulo y añadirlo a la compilación de la función principal `main`. Suponiendo que el archivo de cabecera se encuentra en un directorio llamado `headers`, la compilación puede realizarse de la siguiente manera:

```
$ g++ -Iheaders -c Square.cpp
$ g++ -Iheaders -c main.cpp
$ g++ Square.o main.o -o main
```

También se puede realizar todos los pasos al mismo tiempo:

```
$ g++ -Iheaders Square.cpp main.cpp -o main
```

Con la opción `-I`, que puede aparecer tantas veces como sea necesario, se puede añadir rutas donde se buscarán las cabeceras. Nótese que, por ejemplo, en `main.cpp` se incluyen las cabeceras usando los símbolos `<>` y `.` Se recomienda utilizar los primeros para el caso en que las cabeceras forman parte de una API pública (si existe) y deban ser utilizadas por otros programas. Por su parte, las comillas se suelen utilizar para cabeceras internas al proyecto. Las rutas por defecto son el directorio actual `.` para las cabeceras incluidas con `` y para el resto el directorio del sistema (normalmente, `/usr/include`).

 Como norma general, una buena costumbre es generar todos los archivos de código objeto de un módulo y añadirlos a la compilación con el programa principal.

Compilación de una biblioteca estática

Para este ejemplo se supone que se pretende construir una biblioteca con la que se pueda enlazar estáticamente y que contiene una jerarquía de clases correspondientes a 3 tipos de figuras (`Figure`): `Square`, `Triangle` y `Circle`. Cada figura está implementada como un módulo (cabecera + implementación):

Listado 2.6: Figure.h

```
1  #ifndef FIGURE_H
2  #define FIGURE_H
3
4  class Figure {
5  public:
6    virtual float getArea() const = 0;
7  };
8
9  #endif
```

Listado 2.7: Square.h

```
1  #include <Figure.h>
2
3  class Square : public Figure {
4  private:
5    float side_;
6
7  public:
8    Square(float side_length);
9    float getArea() const;
10 };
```

Listado 2.8: Square.cpp

```
1  #include "Square.h"
2
3  Square::Square (float side) : side_(side) { }
4  float Square::getArea() const { return side_*side_; }
```

Listado 2.9: Triangle.h

```
1  #include <Figure.h>
2
3  class Triangle : public Figure {
4  private:
5    float base_;
6    float height_;
7
8  public:
9    Triangle(float base_, float height_);
10   float getArea() const;
11 };
```

Listado 2.10: Triangle.cpp

```
1  #include "Triangle.h"
2
3  Triangle::Triangle (float base, float height) : base_(base), height_(height) { }
4  float Triangle::getArea() const { return (base_*height_)/2; }
```

Listado 2.11: Circle.h

```
1  #include <Figure.h>
2
3  class Square : public Figure {
4  private:
5    float side_;
6
7  public:
8    Square(float side_length);
9    float getArea() const;
10 };
```

Listado 2.12: Circle.cpp

```
1  #include <cmath>
2  #include "Circle.h"
3
4  Circle::Circle(float radious) : radious_(radious) { }
5  float Circle::getArea() const { return radious_*(M_PI*M_PI); }
```

Para generar la biblioteca estática llamada figures, es necesario el uso de la herramienta GNU ar:

```
$ g++ -Iheaders -c Square.cpp
$ g++ -Iheaders -c Triangle.cpp
$ g++ -Iheaders -c Circle.cpp
$ ar rs libfigures.a Square.o Triangle.o Circle.o
```

ar es un programa que permite, entre otra mucha funcionalidad, empaquetar los archivos de código objeto y generar un índice para crear un biblioteca. Este índice se incluye en el mismo archivo generado y mejora el proceso de enlazado y carga de la biblioteca.

A continuación, se muestra el programa principal que hace uso de la biblioteca:

Listado 2.13: main.cpp

```
1  #include <iostream>
2
3  #include <Square.h>
4  #include <Triangle.h>
5  #include <Circle.h>
6
7  using namespace std;
8
9  int main () {
10   Square square(5);
11   Triangle triangle(5,10);
12   Circle circle(10);
13   cout << "Square area: " << square.getArea() << endl;
14   cout << "Triangle area: " << triangle.getArea() << endl;
15   cout << "Circle area: " << circle.getArea() << endl;
16   return 0;
17 }
```

La generación del ejecutable se realizaría de la siguiente manera:

```
$ g++  main.cpp -L. -lfigures -Iheaders -o main
```

Las opciones de enlazado se especifican con `-L` y `-l`. La primera permite añadir un directorio donde se buscarán las bibliotecas. La segunda especifica el nombre de la biblioteca con la que debe enlazarse.

 La ruta por defecto en la que se busca las bibliotecas instaladas en el sistema depende de la distribución GNU/Linux que se utilice. Normalmente, se encuentran en `/lib` y `/usr/lib`.

Compilación de una biblioteca dinámica

La generación de una biblioteca dinámica con GCC es muy similar a la de una estática. Sin embargo, el código objeto debe generarse de forma que pueda ser cargado en tiempo de ejecución. Para ello, se debe utilizar la opción `-fPIC` durante la generación de los archivos `.o`. Utilizando el mismo código fuente de la biblioteca `figures`, la compilación se realizaría como sigue:

```
$ g++ -Iheaders -fPIC -c Square.cpp
$ g++ -Iheaders -fPIC -c Triangle.cpp
$ g++ -Iheaders -fPIC -c Circle.cpp
$ g++ -o libfigures.so -shared Square.o Triangle.o Circle.o
```

Como se puede ver, se utiliza GCC directamente para generar la biblioteca dinámica. La compilación y enlazado con el programa principal se realiza de la misma forma que en el caso del enlazado estático. Sin embargo, la ejecución del programa principal es diferente. Al tratarse de código objeto que se cargará en tiempo de ejecución, existen una serie de rutas predefinidas donde se buscarán las bibliotecas. Por defecto, son las mismas que para el proceso de enlazado.

También es posible añadir rutas modificando la variable `LD_LIBRARY_PATH`:

```
$ LD_LIBRARY_PATH=. ./main
```

2.2.5. Otras herramientas

La gran mayoría de las herramientas utilizadas hasta el momento forman parte de la distribución GNU Binutils[1] que se proporcionan en la mayoría de los sistemas GNU/Linux. Existen otras herramientas que se ofrecen en este misma distribución y que pueden ser de utilidad a lo largo del proceso de desarrollo:

- `c++filt`: el proceso de *mangling* es el que se realiza cuando se traduce el nombre de las funciones y métodos a bajo nivel. Este mecanismo es útil para realizar la sobreescritura de métodos en C++. `c++filt` es un programa que realiza la operación inversa *demangling*. Es útil para depurar problemas en el proceso de enlazado.

- `objdump`: proporciona información avanzada sobre los archivos objetos: símbolos definidos, tamaños, bibliotecas enlazadas dinámicamente, etc. Proporciona una visión detallada y bien organizada por secciones.

- `readelf`: similar a `objdump` pero específico para los archivos objeto para plataformas compatibles con el formato binario Executable and Linkable Format (ELF).

---

[1]Más información en `http://www.gnu.org/software/binutils/`

- **nm**: herramienta para obtener los símbolos definidos y utilizados en los archivos objetos. Muy útil ya que permite listar símbolos definidos en diferentes partes y de distinto tipo (sección de datos, sección de código, símbolos de depuración, etc.)

- **ldd**: utilidad que permite mostrar las dependencias de un binario con bibliotecas externas.

2.2.6. Depurando con GDB

Los programas tienen fallos y los programadores cometen errores. Los compiladores ayudan a la hora de detectar errores léxicos, sintácticos y semánticos del lenguaje de entrada. Sin embargo, el compilador no puede deducir (por lo menos hasta hoy) la *lógica* que encierra el programa, su significado final o su propósito. Estos errores se conocen como *errores lógicos*.

Los depuradores son programas que facilitan la labor de detección de errores lógicos. Con un depurador, el programador puede probar una ejecución paso por paso, examinar/-modificar el contenido de las variables en un cierto momento, etc. En general, se pueden realizar las tareas necesarias para conseguir reproducir y localizar un error difícil de detectar a simple vista. Muchos entornos de desarrollo como Eclipse, .NET o Java Beans incorporan un depurador para los lenguajes soportados. Sin duda alguna, se trata de una herramienta esencial en cualquier proceso de desarrollo software.

En esta sección se muestra el uso básico de GNU Debugger (GDB) , un depurador libre para sistemas GNU/Linux que soporta diferentes lenguajes de programación, entre ellos C++.

Figura 2.5: GDB es uno de los depuradores más utilizados.

Compilar para depurar

GDB necesita información extra que, por defecto, GCC no proporciona para poder realizar las tareas de depuración. Para ello, el código fuente debe ser compilado con la opción `-ggdb`. Todo el código objeto debe ser compilado con esta opción de compilación, por ejemplo:

```
$ g++ -Iheaders -ggdb -c module.cpp
$ g++ -Iheaders -ggdb module.o main.cpp -o main
```

 Para depurar *no* se debe hacer uso de las optimizaciones. Éstas pueden generar código que nada tenga que ver con el original.

Arrancando una sesión GDB

Como ejemplo, se verá el siguiente fragmento de código:

```
Listado 2.14: main.cpp
1  #include <iostream>
2
3  using namespace std;
4
5  class Test {
6    int _value;
7  public:
8    void setValue(int a) { _value = a; }
9    int getValue() { return _value; }
10 };
11
12 float functionB(string str1, Test* t) {
13   cout << "Function B: " << str1 << ", " << t->getValue() << endl;
14   return 3.14;
15 }
16
17 int functionA(int a) {
18   cout << "Function A: " << a << endl;
19   Test* test = NULL; /** ouch! **/
20   test->setValue(15);
21   cout << "Return B: " << functionB("Hi", test) << endl;
22   return 5;
23 }
24
25 int main() {
26   cout << "Main start" << endl;
27   cout << "Return A: " << functionA(24) << endl;
28   return 0;
29 }
```

La orden para generar el binario con símbolos de depuración sería:

```
$ g++ -ggdb main.cpp -o main
```

Si se ejecuta el código se obtienes la siguiente salida:

```
$ ./main
Main start
Function A: 24
Segmentation fault
```

Una violación de segmento (*segmentation fault*) es uno de los errores lógicos típicos de los lenguajes como C++. El problema es que se está accediendo a una zona de la memoria que no ha sido reservada por el programa de forma explícita (por ejemplo, usando el operador new), por lo que el sistema operativo interviene denegando ese acceso indebido.

A continuación, se muestra cómo iniciar una sesión de depuración con GDB para encontrar el origen del problema:

```
$ gdb main
...
Reading symbols from ./main done.
(gdb)
```

Como se puede ver, GDB ha cargado el programa, junto con los símbolos de depuración necesarios, y ahora se ha abierto una línea de órdenes donde el usuario puede especificar sus acciones.

 Con los programas que fallan en tiempo de ejecución se puede generar un archivo de *core*, es decir, un fichero que contiene un volcado de la memoria en el momento en que ocurrió el fallo. Este archivo puede ser cargado en una sesión de GDB para ser examinado usando la opción -c.

Examinando el contenido

Para comenzar la ejecución del programa se puede utilizar la orden start:

```
(gdb) start
Temporary breakpoint 1 at 0x400d31: file main.cpp, line 26.
Starting program: main

Temporary breakpoint 1, main () at main.cpp:26
26      cout << "Main start" << endl;
(gdb)
```

 Todas las órdenes de GDB pueden escribirse utilizando su abreviatura. Ej: run = r.

De esta forma, se ha comenzado la ejecución del programa y se ha detenido en la primera instrucción de la función main(). Para reiniciar la ejecución basta con volver a ejecutar start.

Para ver más en detalle sobre el código fuente se puede utilizar la orden list o símplemente l:

```
(gdb) list
21      cout << "Return B: " << functionB("Hi", test) << endl;
22      return 5;
23  }
24
25  int main() {
26      cout << "Main start" << endl;
27      cout << "Return A: " << functionA(24) << endl;
28      return 0;
29  }
(gdb)
```

Como el resto de órdenes, list acepta parámetros que permiten ajustar su comportamiento.

Las órdenes que permiten realizar una ejecución controlada son las siguientes:

- step (s): ejecuta la instrucción actual y salta a la inmediatamente siguiente sin mantener el nivel de la ejecución (*stack frame*), es decir, entra en la definición de la función (si la hubiere).

  stepi se comporta igual que step pero a nivel de instrucciones máquina.

- next (n): ejecuta la instrucción actual y salta a la siguiente manteniendo el *stack frame*, es decir, la definición de la función se toma como una instrucción atómica.

  nexti se comporta igual que next pero si la instrucción es una llamada a función se espera a que termine.

A continuación se va a utilizar step para avanzar en la ejecución del programa. Nótese que para repetir la ejecución de step basta con introducir una orden vacía. En este caso, GDB vuelve a ejecutar la última orden.

```
(gdb) s
Main start
27    cout << "Return A: " << functionA(24) << endl;
(gdb)
functionA (a=24) at main.cpp:18
18    cout << "Function A: " << a << endl;
(gdb)
```

En este punto se puede hacer uso de las órdenes para mostrar el contenido del parámetro a de la función functionA():

```
(gdb) print a
$1 = 24
(gdb) print &a
$2 = (int *) 0x7fffffffe1bc
```

Con print y el modificador & se puede obtener el contenido y la dirección de memoria de la variable, respectivamente. Con display se puede configurar GDB para que muestre su contenido en cada paso de ejecución.

También es posible cambiar el valor de la variable a:

```
gdb) set variable a=8080
gdb) print a
3 = 8080
gdb) step
unction A: 8080
9    Test* test = NULL; /** ouch! **/
gdb)
```

La ejecución está detenida en la línea 19 donde un comentario nos avisa del error. Se está creando un puntero con el valor NULL. Posteriormente, se invoca un método sobre un objeto que no está convenientemente inicializado, lo que provoca la violación de segmento:

```
(gdb) next
20    test->setValue(15);
(gdb)

Program received signal SIGSEGV, Segmentation fault.
0x0000000000400df2 in Test::setValue (this=0x0, a=15) at main.cpp:8
8    void setValue(int a) { _value = a; }
```

Para arreglar este fallo el basta con construir convenientemente el objeto:

Listado 2.15: functionA arreglada

```
1   int functionA(int a) {
2       cout << "Function A: " << a << endl;
3       Test* test = new Test();
4       test->setValue(15);
5       cout << "Return B: " << functionB("Hi", test) << endl;
6       return 5;
7   }
```

Breakpoints

La ejecución paso a paso es una herramienta útil para una depuración de grano fino. Sin embargo, si el programa realiza grandes iteraciones en bucles o es demasiado grande, puede ser un poco incómodo (o inviable). Si se tiene la sospecha sobre el lugar donde está el problema se pueden utilizar puntos de ruptura o *breakpoints* que permite detener el flujo de ejecución del programa en un punto determinado por el usuario y, así, dar tiempo para examinar cuál es el estado de ciertas variables.

Con el ejemplo ya arreglado, se configura un breakpoint en la función functionB() y otro en la línea 28 con la orden break. A continuación, se ejecuta el programa hasta que se alcance el breakpoint con la orden run (r):

```
(gdb) break functionB
Breakpoint 1 at 0x400c15: file main.cpp, line 13.
(gdb) break main.cpp:28
Breakpoint 2 at 0x400ddb: file main.cpp, line 28.
(gdb) run
Starting program: main
Main start
Function A: 24

Breakpoint 1, functionB (str1=..., t=0x602010) at gdb-fix.cpp:13
13      cout << "Function B: " << str1 << ", " << t->getValue() << endl;
(gdb)
```

 ¡No hace falta escribir todo!. Utiliza TAB para completar los argumentos de una orden.

Con la orden continue (c) la ejecución avanza hasta el siguiente punto de ruptura (o fin del programa):

```
(gdb) continue
Continuing.
Function B: Hi, 15
Return B: 3.14
Return A: 5

Breakpoint 2, main () at gdb-fix.cpp:28
28      return 0;
(gdb)
```

Los breakpoint pueden habilitarse, inhabilitarse y/o eliminarse en tiempo de ejecución. Además, GDB ofrece un par de estructuras similares útiles para otras situaciones:

- **Watchpoints**: la ejecución se detiene cuando una determinada expresión cambia.

- **Catchpoints**: la ejecución se detiene cuando se produce un evento, como una excepción o la carga de una librería dinámica.

Stack y frames

En muchas ocasiones, los errores vienen debidos a que las llamadas a funciones no se realizan con los parámetros adecuados. Es común pasar punteros no inicializados o valores incorrectos a una función/método y, por tanto, obtener un error lógico.

Para gestionar las llamadas a funciones y procedimientos, en C/C++ se utiliza la pila (*stack*). En la pila se almacenan *frames*, estructuras de datos que registran las variables creadas dentro de una función así como otra información de contexto. GDB permite manipular la pila y los frames de forma que sea posible identificar un uso indebido de las funciones.

Con la ejecución parada en functionB(), se puede mostrar el contenido de la pila con la orden backtrace (bt):

```
(gdb) backtrace
#0  functionB (str1=..., t=0x602010) at main.cpp:13
#1  0x0000000000400d07 in functionA (a=24) at main.cpp:21
#2  0x0000000000400db3 in main () at main.cpp:27
(gdb)
```

Con up y down se puede navegar por los frames de la pila, y con frame se puede seleccionar uno en concreto:

```
(gdb) up
#1  0x0000000000400d07 in functionA (a=24) at gdb-fix.cpp:21
21      cout << "Return B: " << functionB("Hi", test) << endl;
(gdb)
#2  0x0000000000400db3 in main () at gdb-fix.cpp:27
27      cout << "Return A: " << functionA(24) << endl;
(gdb) frame 0
#0  functionB (str1=..., t=0x602010) at gdb-fix.cpp:13
13      cout << "Function B: " << str1 << ", " << t->getValue() << endl;
(gdb)
```

Una vez seleccionado un frame, se puede obtener toda la información del mismo, además de modificar las variables y argumentos:

Invocar funciones

La orden call se puede utilizar para invocar funciones y métodos.

```
(gdb) print *t
$1 = {_value = 15}
(gdb) call t->setValue(1000)
(gdb) print *t
$2 = {_value = 1000}
(gdb)
```

Entornos gráficos para GDB

El aprendizaje de GDB no es sencillo. La interfaz de línea de órdenes es muy potente pero puede ser difícil de asimilar, sobre todo en los primeros pasos del aprendizaje de la herramienta. Por ello, existen diferentes versiones gráficas que, en definitiva, hacen más accesible el uso de GDB:

- **GDB TUI**: normalmente, la distribución de GDB incorpora una interfaz basada en modo texto accesible pulsando `Ctrl`+`x` y, a continuación, `a`.

- **ddd** y **xxgdb**: las librerías gráficas utilizadas son algo anticuadas, pero facilitan el uso de GDB.

- **gdb-mode**: modo de Emacs para GDB. Dentro del modo se puede activar la opción `M-x many-windows` para obtener buffers con toda la información disponible.

- **kdbg**: más atractivo gráficamente (para escritorios KDE).

2.2.7. Construcción automática con GNU Make

En los ejemplos propuestos en la sección 2.2.2 se puede apreciar que el proceso de compilación no es trivial y que necesita de varios pasos para llevarse a cabo. A medida que el proyecto crece es deseable que el proceso de construcción de la aplicación sea lo más automático y fiable posible. Esto evitará muchos errores de compilación a lo largo del proceso de desarrollo.

GNU Make es una herramienta genérica para especificar un proceso de construcción. Simplemente especificando las *dependencias* entre archivos y las acciones que hay que llevar a cabo cuando dichas dependencias se cumplen, es posible definir un proceso de construcción. Make es una herramienta genérica, por lo que puede ser utilizada para generar cualquier tipo de archivo desde sus dependencias. Por ejemplo, podemos crear archivos ejecutables a partir de ficheros de C++, pero también una imagen PNG a partir de una imagen vectorial SVG, obtener la gráfica en JPG de una hoja de cálculo de LibreOffice, etc.

Sin duda, el uso más extendido es la automatización del proceso de construcción de aplicaciones. Además, Make ofrece la característica de que sólo reconstruye los archivos que han sido modificados, por lo que no es necesario recompilar todo el proyecto cada vez que se realiza algún cambio. Y tiene numerosas reglas *built-in* para diferentes programas (GCC, Flex, Bison, FORTRAN, etc.) que facilitan enormemente la construcción automática de programas.

Estructura

Los archivos de Make se suelen almacenar en archivos llamados `Makefile`. La estructura de estos archivos puede verse en el siguiente listado de código:

Listado 2.16: Estructura típica de un archivo Makefile

```
1  # Variable definitions
2  VAR1='/home/user'
3  export VAR2='yes'
4
5  # Rules
6  target1: dependency1 dependency2 ...
7      action1
8      action2
9  dependency1: dependency3
10     action3
11     action4
```

GNU Make toma como entrada automáticamente el archivo cuyo nombre sea `GNUmakef makefile` o `Makefile`, en ese orden de prioridad. Normalmente se utiliza `Makefile` pero puede modificarse este comportamiento usando la opción `-f`.

El principio del fichero Makefile se reserva para *definiciones de variables* que van a ser utilizadas a lo largo del mismo o por otros Makefiles (para ello puede utilizar `export`). A continuación, se definen el conjunto de *reglas* de construcción para cada uno de los archivos que se pretende generar a partir de sus dependencias. Por ejemplo, el archivo `target1` necesita que existan `dependency1`, `dependency2`, etc. `action1` y `action2` indican cómo se construye. La siguiente regla tiene como objetivo `dependency1` e igualmente se especifica cómo obtenerlo a partir de `dependency3`.

 Las acciones de una regla van *siempre* van precedidas de un carácter de *tabulado*.

Existen algunos objetivos especiales como `all`, `install` y `clean` que sirven como regla de partida inicial, para instalar el software construido y para limpiar del proyecto los archivos generados, respectivamente. Este tipo de objetivos son denominados *objetivos ficticios* porque no generan ningún archivo y se ejecutarán siempre que sean invocados y no exista ningún archivo con su nombre.

Tomando como ejemplo la aplicación que hace uso de la biblioteca dinámica, el siguiente listado muestra el Makefile que generaría tanto el programa ejecutable como la biblioteca estática:

Listado 2.17: Makefile básico

```
1
2  all: main
3
4  main:  main.o libfigures.a
5      g++ main.o -L. -lfigures -o main
6
7  main.o: main.cpp
8      g++ -Iheaders -c main.cpp
9
10 libfigures.a: Square.o Triangle.o Circle.o
11     ar rs libfigures.a Square.o Triangle.o Circle.o
12
13 Square.o: Square.cpp
14     g++ -Iheaders -fPIC -c Square.cpp
15
16 Triangle.o: Triangle.cpp
17     g++ -Iheaders -fPIC -c Triangle.cpp
18
19 Circle.o: Circle.cpp
20     g++ -Iheaders -fPIC -c Circle.cpp
21
22 clean:
23     rm -f *.o *.a main
```

Con ello, se puede construir el proyecto utilizando `make [objetivo]`. Si no se proporciona `objetivo` se toma el primero en el archivo. De esta forma, se puede construir todo el proyecto, un archivo en concreto o limpiarlo completamente. Por ejemplo, para construir y limpiar todo el proyecto se ejecutarían las siguientes órdenes:

```
$ make
$ make clean
```

Como ejercicio, se plantean las siguientes preguntas: ¿qué opción permite ejecutar `make` sobre otro archivo que no se llame `Makefile`? ¿Se puede ejecutar `make` sobre un directorio que no sea el directorio actual? ¿Cómo?

GNU Coding Standards

En el proyecto GNU se definen los objetivos que se esperan que se incluyan en un Makefile de cualquier proyecto software que siga estas directrices.

Variables automáticas y reglas con patrones

Make se caracteriza por ofrecer gran versatilidad en su lenguaje. Las variables automáticas contienen valores que dependen del contexto de la regla donde se aplican y permiten definir *reglas genéricas*. Por su parte, los patrones permiten generalizar las reglas utilizando el nombre los archivos generados y los fuentes.

A continuación se presenta una versión mejorada del anterior `Makefile` haciendo uso de variables, variables automáticas y patrones:

Listado 2.18: Makefile con variables automáticas y patrones

```
1
2  LIB_OBJECTS=Square.o Triangle.o Circle.o
3
4  all: main
5
6  main: main.o libfigures.a
7      g++ $< -L. -lfigures -o $@
8
9  libfigures.a: $(LIB_OBJECTS)
10     ar rs $@ $^
11
12 %.o: %.cpp
13     g++ -Iheaders -c $<
14
15 clean:
16     $(RM) *.o *.a main
```

A continuación se explica cada elemento con más detalle:

- Variable de usuario `LIB_OBJECTS`: se trata de la lista de archivos objetos que forman la biblioteca. Al contenido se puede acceder utilizando el operador `$()`.

- Variable predefinida `RM`: con el valor `rm -f`. Se utiliza en el objetivo `clean`.

- Variables automáticas `$@`, `$<`, `$^`: se utiliza para hacer referencia al *nombre del objetivo* de la regla, al nombre de la *primera dependencia* y a la lista de *todas las dependencias* de la regla, respectivamente.

- Regla con patrón: en línea 12 se define una regla genérica a través de un patrón en el que se define cómo generar cualquier archivo objeto `.o`, a partir de un archivo fuente `.cpp`.

Como ejercicio se plantean las siguientes cuestiones: ¿qué ocurre si una vez construido el proyecto se modifica algún fichero `.cpp`? ¿Y si se modifica una cabecera `.h`? ¿Se podría construir una regla con patrón genérica para construir la biblioteca estática? ¿Cómo lo harías?

Reglas implícitas

Como se ha dicho, GNU Make es ampliamente utilizado para la construcción de proyectos software donde están implicados diferentes procesos de compilación y generación de código. Por ello, proporciona las llamadas *reglas implícitas* de forma que si el usuario define ciertas variables, Make puede deducir cómo construir los objetivos en base a los nombres de los archivos, lenguaje utilizado, etc. ¡Make es muy listo!.

A continuación, se transforma el ejemplo anterior utilizando las reglas implícitas:

```
       Listado 2.19: Makefile con reglas implícitas
 1   CC=g++
 2   CXXFLAGS=-Iheaders
 3   LDFLAGS=-L.
 4   LDLIBS=-lfigures
 5
 6   LIB_OBJECTS=Square.o Triangle.o Circle.o
 7
 8   all: libfigures.a main
 9
10   libfigures.a: $(LIB_OBJECTS)
11       $(AR) r $@ $^
12
13   clean:
14       $(RM) *.o *.a main
```

Como se puede ver, Make puede generar automáticamente los archivos objeto .o a partir de la coincidencia con el nombre del fichero fuente (que es lo habitual). Por ello, no es necesario especificar cómo construir los archivos .o de la biblioteca, ni siquiera la regla para generar main ya que asume de que se trata del ejecutable (al existir un fichero llamado main.cpp).

Las variables de usuario que se han definido permiten configurar los flags de compilación que se van a utilizar en las reglas explícitas. Así:

- CC: la orden que se utilizará como compilador. En este caso, el de C++.

- CXXFLAGS: los flags para el preprocesador y compilador de C++ (ver sección 2.2.3). Aquí sólo se define la opción -I, pero también es posible añadir optimizaciones y la opción de depuración -ggdb o -fPIC para las bibliotecas dinámicas.

- LDFLAGS: flags para el enlazador (ver sección 2.2.3). Aquí se definen las rutas de búsqueda de las bibliotecas estáticas y dinámicas.

- LDLIBS: en esta variable se especifican las opciones de enlazado. Normalmente, basta con utilizar la opción -l con las bibliotecas necesarias para generar el ejecutable.

 En GNU/Linux, el programa pkg-config permite conocer los flags de compilación y enlazado de una biblioteca determinada.

Funciones

GNU Make proporciona un conjunto de funciones que pueden ser de gran ayuda a la hora de construir los Makefiles. Muchas de las funciones están diseñadas para el tratamiento de cadenas, ya que se suelen utilizar para manipular los nombres de archivos. Sin embargo, existen muchas otras como para realizar ejecución condicional, bucles o ejecutar órdenes de consola. En general, las funciones tienen el siguiente formato:

$$\$(nombre\ arg1,arg2,arg3,...)$$

Las funciones se pueden utilizar en cualquier punto del Makefile, desde las acciones de una regla hasta en la definición de un variable. En el siguiente listado se muestra el uso de algunas de estas funciones:

Listado 2.20: Makefile con reglas implícitas

```
 1  CC=g++
 2
 3  ifeq ($(DEBUG),yes)
 4      CXXFLAGS=-Iheader -Wall -ggdb
 5  else
 6      CXXFLAGS=-Iheader -O2
 7  endif
 8
 9  LDFLAGS=-L.
10  LDLIBS=-lfigures
11
12  LIB_OBJECTS=Square.o Triangle.o Circle.o
13
14  all: libfigures.a main
15      $(info All done!)
16
17  libfigures.a: $(LIB_OBJECTS)
18      $(AR) r $@ $^
19      $(warning Compiled objects from $(foreach OBJ,
20                $(LIB_OBJECTS),
21                $(patsubst %.o,%.cpp,$(OBJ))))
22
23  clean:
24      $(RM) *.o *.a main
25      $(shell find  -name '*~' -delete)
```

Las funciones que se han utilizado se definen a continuación:

- **Funciones condicionales**: funciones como `ifeq` o `ifneq` permiten realizar una ejecución condicional. En este caso, si existe una variable de entorno llamada `DEBUG` con el valor `yes`, los flags de compilación se configuran en consecuencia.

  Para definir la variable `DEBUG`, es necesario ejecutar `make` como sigue:

  ```
  $ DEBUG=yes make
  ```

- **Funciones de bucles**: `foreach` permite aplicar una función a cada valor de una lista. Este tipo de funciones devuelven una lista con el resultado.

- **Funciones de tratamiento de texto**: por ejemplo, `patsubst` toma como primer parámetro un patrón que se comprobará por cada `OBJ`. Si hay *matching*, será sustituido por el patrón definido como segundo parámetro. En definitiva, cambia la extensión `.o` por `.cpp`.

- **Funciones de log**: `info`, `warning`, `error`, etc. permiten mostrar texto a diferente nivel de severidad.

- **Funciones de consola**: `shell` es la función que permite ejecutar órdenes en un terminal. La salida es útil utilizarla como entrada a una variable.

Más información

GNU Make es una herramienta que está en continuo crecimiento y esta sección sólo ha sido una pequeña presentación de sus posibilidades. Para obtener más información sobre las funciones disponibles, otras variables automáticas y objetivos predefinidos se recomiendo utilizar el manual en línea de Make[2], el cual siempre se encuentra actualizado.

---

[2]http://www.gnu.org/software/make/manual/make.html

2.3. Gestión de proyectos y documentación

Los proyectos software pueden ser realizados por varios equipos de personas, con formación y conocimientos diferentes, que deben *colaborar* entre sí. Además, una componente importante del proyecto es la *documentación* que se genera durante el transcurso del mismo, es decir, cualquier documento escrito o gráfico que permita entender mejor los componentes del mismo y, por ello, asegure una mayor mantenibilidad para el futuro (manuales, diagramas, especificaciones, etc.).

La *gestión del proyecto* es un proceso transversal al resto de procesos y tareas y se ocupa de la planificación y asignación de los recursos de los que se disponen. Se trata de un proceso *dinámico*, ya que debe adaptarse a los diferentes cambios e imprevistos que puedan surgir durante el desarrollo. Para detectar estos cambios a tiempo, dentro de la gestión del proyecto se realizan *tareas de seguimiento* que consisten en registrar y notificar errores y retrasos en las diferentes fases y entregas.

Existen muchas herramientas que permiten crear *entornos colaborativos* que facilitan el trabajo tanto a desarrolladores como a los jefes de proyecto, los cuales están más centrados en las tareas de gestión. En esta sección se presentan algunos entornos colaborativos actuales, así como soluciones específicas para un proceso concreto.

2.3.1. Sistemas de control de versiones

El resultado más importante de un proyecto software son los archivos de distinto tipo que se generan; desde el código fuente, hasta los diseños, bocetos y documentación del mismo. Desde el punto de vista técnico, se trata de gestionar una cantidad importante de archivos que son modificados a lo largo del tiempo por diferentes personas. Además, es posible que para un conjunto de archivos sea necesario volver a una versión anterior o mantener diferentes versiones del proyecto al mismo tiempo.

Por ejemplo, un fallo de diseño puede tener como consecuencia que se genere un código que no es escalable y difícil de mantener. Si es posible volver a un estado original conocido (por ejemplo, antes de tomarse la decisión de diseño), el tiempo invertido en *revertir los cambios* es menor.

Por otro lado, sería interesante tener la posibilidad de realizar *desarrollos en paralelo* de forma que pueda existir una versión «estable» de todo el proyecto y otra más «experimental» del mismo donde se probaran diferentes algoritmos y diseños. De esta forma, probar el impacto que tendría nuevas implementaciones sobre el proyecto no afectaría a una versión «oficial», lo cual proporciona una gran flexibilidad. También es común que se desee añadir una nueva funcionalidad y ésta se realiza en paralelo junto con otros desarrollos.

Los *sistemas de control de versiones* o Version Control System (VCS) permiten gestionar los archivos de un proyecto (y sus versiones) y que sus integrantes puedan acceder remotamente a ellos para descargarlos, modificarlos y publicar los cambios. También se encargan de detectar posibles conflictos cuando varios usuarios modifican los mismos archivos y de proporcionar un sistema básico de registro de cambios.

 Como norma general, al VCS debe subirse el archivo fuente y nunca el archivo generado. No se deben subir archivos a los que sea difícil seguir la pista de sus modificaciones (por ejemplo, archivos ejecutables).

Sistemas centralizados vs. distribuidos

Existen diferentes criterios para clasificar los diferentes VCS existentes. Uno de los que más influye tanto en la organización y uso del repositorio es si se trata de VCS centralizado o distribuido. En la figura 2.6 se muestra un esquema de ambas filosofías.

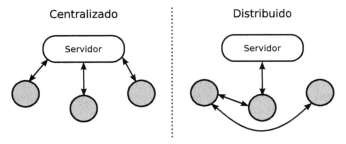

Figura 2.6: Esquema centralizado vs. distribuido de VCS

Los VCS centralizados como CVS o *Subversion* se basan en que existe un nodo servidor con el que todos los clientes conectan para obtener los archivos, subir modificaciones, etc. La principal ventaja de este esquema reside en su sencillez: las diferentes versiones del proyecto están únicamente en el servidor central, por lo que los posibles conflictos entre las modificaciones de los clientes pueden detectarse y gestionarse más fácilmente. Sin embargo, el servidor es un único punto de fallo y en caso de caída, los clientes quedan aislados.

Por su parte, en los VCS distribuidos como *Mercurial* o *Git*, cada cliente tiene un repositorio local al nodo en el que se suben los diferentes cambios. Los cambios pueden agruparse en *changesets*, lo que permite una gestión más ordenada. Los clientes actúan de servidores para el resto de los componentes del sistema, es decir, un cliente puede descargarse una versión concreta de otro cliente.

Esta arquitectura es tolerante a fallos y permite a los clientes realizar cambios sin necesidad de conexión. Posteriormente, pueden sincronizarse con el resto. Aún así, un VCS distribuido puede utilizarse como uno centralizado si se fija un nodo como servidor, pero se perderían algunas posibilidades que este esquema ofrece.

Subversion

Subversion (SVN) es uno de los VCS centralizado más utilizado, probablemente, debido a su sencillez en el uso. Básicamente, los clientes tienen accesible en un servidor todo el repositorio y es ahí donde se envían los cambios.

Para crear un repositorio, en el servidor se puede ejecutar la siguiente orden:

```
$ svnadmin create /var/repo/myproject
```

En `/var/repo/myproject` se creará un árbol de directorios que contendrá toda la información necesaria para mantener la información de SVN. Una vez hecho esto es necesario hacer accesible este directorio a los clientes. En lo que sigue, se supone que los usuarios tienen acceso a la máquina a través de una cuenta SSH, aunque se pueden utilizar otros métodos de acceso. Es recomendable que el acceso al repositorio esté controlado. HTTPS o SSH son buenas opciones de métodos de acceso.

Inicialmente, los clientes pueden descargarse el repositorio por primera vez utilizando la orden `checkout`:

```
$ svn checkout svn+ssh://user1@myserver:/var/repo/myproject
Checked out revision X.
```

Esto ha creado un directorio `myproject` con el contenido del repositorio. Una vez descargado, se pueden realizar todos los cambios que se deseen y, posteriormente, subirlos al repositorio. Por ejemplo, añadir archivos y/o directorios:

```
$ mkdir doc
$ echo "This is a new file" > doc/new_file
$ echo "Other file" > other_file
$ svn add doc other_file
A         doc
A         doc/new_file
A         other_file
```

La operación `add` indica qué archivos y directorios han sido seleccionados para ser añadidos al repositorio (marcados con A). Esta operación *no* sube efectivamente los archivos al servidor. Para subir cualquier cambio se debe hacer un *commit*:

```
$ svn commit
```

A coninuación, se lanza un editor de texto[3] para que se especifique un mensaje que describa los cambios realizados. Además, también incluye un resumen de todas las operaciones que se van a llevar a cabo en el commit (en este caso, sólo se añaden elementos). Una vez terminada la edición, se salva y se sale del editor y la carga comenzará.

Cada commit aumenta en 1 el número de revisión. Ese número será el que podremos utilizar para volver a versiones anteriores del proyecto utilizando:

```
$ svn update -r REVISION
```

Si no se especifica la opción `-r`, la operación `update` trae la última revisión (*head*).

En caso de que otro usuario haya modificado los mismos archivos y lo haya subido antes al repositorio central, al hacerse el commit se detectará un *conflicto*. Como ejemplo, supóngase que el cliente `user2` ejecuta lo siguiente:

```
$ svn checkout svn+ssh://user2@myserver:/var/repo/myproject
$ echo "I change this file" > other_file
$ svn commit
Committed revision X+1.
```

Y que el cliente `user1`, que está en la versión X, ejecuta lo siguiente:

```
$ echo "I change the content" > doc/new_file
$ svn remove other_file
D         other_file
$ svn commit
svn: Commit failed (details follow):
svn: File 'other_file' is out of date
```

Para resolver el conflicto, el cliente `user1` debe actualizar su versión:

```
$ svn update
C other_file
At revision X+1.
```

---

[3]El configurado en la variable de entorno EDITOR.

La marca C indica que `other_file` queda en conflicto y que debe resolverse manualmente. Para resolverlo, se debe editar el archivo donde Subversion marca las diferencias con los símbolos `'<'` y `'>'`.

También es posible tomar como solución el revertir los cambios realizados por `user1` y, de este modo, aceptar los de `user2`:

```
$ svn revert other_file
$ svn commit
Committed revision X+2.
```

Nótese que este commit sólo añade los cambios hechos en `new_file`, aceptando los cambios en `other_file` que hizo `user2`.

Mercurial

Como se ha visto, en los VCS centralizados como Subversion no se permite, por ejemplo, que los clientes hagan commits si no están conectados con el servidor central. Los VCS como Mercurial (HG), permiten que los clientes tengan un repositorio local, con su versión modificada del proyecto y la sincronización del mismo con otros servidores (que pueden ser también clientes).

Para crear un repositorio Mercurial, se debe ejecutar lo siguiente:

```
$ hg init /home/user1/myproyect
```

Al igual que ocurre con Subversion, este directorio debe ser accesible mediante algún mecanismo (preferiblemente, que sea seguro) para que el resto de usuarios pueda acceder. Sin embargo, el usuario `user1` puede trabajar directamente sobre ese directorio.

Para obtener una versión inicial, otro usuario (`user2`) debe *clonar* el repositorio. Basta con ejecutar lo siguiente:

Figura 2.7: Logotipo del proyecto Mercurial.

```
$ hg clone ssh://user2@host//home/user1/myproyect
```

A partir de este instante, `user2` tiene una versión inicial del proyecto extraída a partir de la del usuario `user1`. De forma muy similar a Subversion, con la orden `add` se pueden añadir archivos y directorios.

Mientras que en el modelo de Subversion, los clientes hacen `commit` y `update` para subir cambios y obtener la última versión, respectivamente; en Mercurial es algo más complejo, ya que existe un *repositorio local*. Como se muestra en la figura 2.8, la operación `commit` (3) sube los cambios a un repositorio local que cada cliente tiene.

Cada commit se considera un *changeset*, es decir, un conjunto de cambios agrupados por un mismo ID de revisión. Como en el caso de Subversion, en cada commit se pedirá una breve descripción de lo que se ha modificado.

Una vez hecho todos commits, para llevar estos cambios a un servidor remoto se debe ejecutar la orden de `push` (4). Siguiendo con el ejemplo, el cliente `user2` lo enviará por defecto al repositorio del que hizo la operación `clone`.

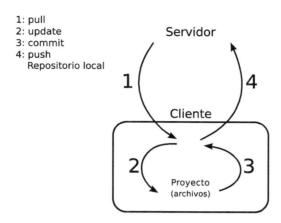

Figura 2.8: Esquema del flujo de trabajo básico en Mercurial

El sentido inverso, es decir, traerse los cambios del servidor remoto a la copia local, se realiza también en 2 pasos: pull (1) que trae los cambios del repositorio remoto al repositorio local; y update (2), que aplica dichos cambios del repositorio local al directorio de trabajo. Para hacer los dos pasos al mismo tiempo, se puede hacer lo siguiente:

```
$ hg pull -u
```

 Para evitar conflictos con otros usuarios, una buena costumbre *antes* de realizar un push es conveniente obtener los posibles cambios en el servidor con pull y update.

Para ver cómo se gestionan los conflictos en Mercurial, supóngase que user1 realiza lo siguiente:

```
$ echo "A file" > a_file
$ hg add a_file
$ hg commit
```

Al mismo tiempo, user2 ejecuta lo siguiente:

```
$ echo "This is one file" > a_file
$ hg add a_file
$ hg commit
$ hg push
abort: push creates new remote head xxxxxx!
(you should pull and merge or use push -f to force)
```

Al intentar realizar el push y entrar en conflicto, Mercurial avisa de ello deteniendo la carga. En este punto se puede utilizar la opción -f para forzar la operación de push, lo cual crearía un nuevo *head*. Como resultado, se crearía una nueva rama a partir de ese conflicto de forma que se podría seguir desarrollando omitiendo el conflicto. Si en el futuro se pretende unir los dos heads se utilizan las operaciones merge y resolve.

hgview

hgview es una herramienta gráfica que permite visualizar la evolución de las ramas y heads de un proyecto que usa Mercurial.

La otra solución, más común, es obtener los cambios con `pull`, unificar heads (`merge`), resolver los posibles conflictos manualmente si es necesario (`resolve`), hacer commit de la solución dada (`commit`) y volver a intentar la subida (`push`):

```
$ hg pull
adding changesets
adding manifests
adding file changes
added 2 changesets with 1 changes to 1 files (+1 heads)
(run 'hg heads' to see heads, 'hg merge' to merge)
$ hg merge
merging a_file
warning: conflicts during merge.
merging a_file failed!
0 files updated, 0 files merged, 0 files removed, 1 files unresolved
$ hg resolve -a
$ hg commit
$ hg push
```

 Para realizar cómodamente la tarea de resolver los conflictos manualmente existen herramientas como `meld` que son invocadas automáticamente por Mercurial cuando se encuentran conflictos de este tipo.

Git

Figura 2.9: Logotipo del proyecto Git.

Diseñado y desarrollado por Linus Torvalds para el proyecto del kernel Linux, Git es un VCS distribuido que cada vez es más utilizado por la comunidad de desarrolladores, sobre todo en el ámbito del Software Libre. En términos generales, tiene una estructura similar a Mercurial: independencia entre repositorio remotos y locales, gestión local de cambios, etc.

Sin embargo, Git es en ocasiones preferido sobre Mercurial por algunas de sus características propias:

- Eficiencia y rapidez a la hora de gestionar grandes cantidades de archivos. Git no funciona peor conforme la historia del repositorio crece.

- Facilita el desarrollo *no lineal*, es decir, el programador puede crear ramas locales e integrar los cambios entre diferentes ramas (tanto remotas como locales) de una forma simple y con muy poco coste. Git está diseñado para que los cambios puedan ir de rama a rama y ser revisados por diferentes usuarios. Es una herramienta muy potente de *revisión de código*.

- Diseñado como un conjunto de pequeñas herramientas, la mayoría escritas en C, que pueden ser compuestas entre ellas para hacer tareas más complejas. Su estructura general recuerda a las herramientas UNIX como sort, ls, sed, etc. que realizan tareas muy específicas y concretas y, al mismo tiempo, se pueden componer unas con otras.

En general, Git proporciona más flexibilidad al usuario, permitiendo hacer tareas complejas y de grano fino (como la división de un cambio en diferentes cambios) y al mismo tiempo es eficiente y escalable para proyectos con gran cantidad de archivos y usuarios concurrentes.

Un repositorio Git está formado, básicamente, por un conjunto de objetos *commit* y un conjunto de referencias a esos objetos llamadas *heads*. Un *commit* es un concepto similar a un *changeset* de Mercurial y se compone de las siguientes partes:

- El conjunto de ficheros que representan al proyecto en un momento concreto.

- Referencias a los *commits* padres.

- Un nombre formado a partir del contenido (usando el algoritmo SHA1).

Cada *head* apunta a un *commit* y tiene un nombre simbólico para poder ser referenciado. Por defecto, todos los respositorios Git tienen un *head* llamado *master*. *HEAD* (nótese todas las letras en mayúscula) es una referencia al *head* usado en cada instante. Por lo tanto, en un repositorio Git, en un estado sin cambios, *HEAD* apuntará al *master* del repositorio.

Para crear un repositorio donde sea posible que otros usuarios puedan subir cambios se utiliza la orden `init`:

```
$ git init --bare /home/user1/myproyect
```

La opción `-bare` indica a Git que se trata de un repositorio que no va a almacenar una copia de trabajo de usuario, sino que va a actuar como sumidero de cambios de los usuarios del proyecto. Este directorio deberá estar accesible para el resto de los usuarios utilizando algún protocolo de comunicación soportado por Git (ssh, HTTP, etc.).

El resto de usuarios pueden obtener una copia del repositorio utilizando la siguiente orden:

```
$ git clone ssh://user2@host/home/user1/myproyect
```

A modo de ejemplo ilustrativo, otra forma de realizar la operación `clone` sería la siguiente:

```
$ git init /home/user2/myproyect
$ cd /home/user2/myproyect
$ git remote add -t master origin ssh://user2@host/home/user1/myproyect
$ git pull
```

De esta manera, una vez creado un repositorio Git, es posible reconfigurar en la URL donde se conectarán las órdenes `pull` y `fetch` para descargar el contenido. En la figura 2.10 se muestra un esquema general del flujo de trabajo y las órdenes asociadas. Nótese la utilidad de la orden `remote` que permite definir el repositorio remoto del que recibir y al que se enviarán los cambios. `origin` es el nombre utilizado para el respositorio remoto por defecto, pero se pueden añadir cuantos sean requeridos.

En Git se introduce el espacio *stage* (también llamado *index* o *cache*) que actúa como paso intermedio entre la copia de trabajo del usuario y el repositorio local. Sólo se pueden enviar cambios (*commits*) al repositorio local si éstos están previamente en el *stage*. Por ello, todos los nuevos archivos y/o modificaciones que se realicen deben ser «añadidas» al *stage* antes.

La siguiente secuencia de comandos añaden un archivo nuevo al repositorio local. Nótese que `add` sólo añade el archivo al *stage*. Hasta que no se realice `commit` no llegará a estar en el repositorio local:

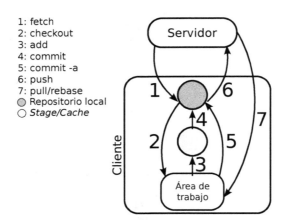

1: fetch
2: checkout
3: add
4: commit
5: commit -a
6: push
7: pull/rebase
● Repositorio local
○ *Stage/Cache*

Figura 2.10: Esquema del flujo de trabajo básico en Git

```
$ echo "Test example" > example
$ git add example
$ git status
# On branch master
# Changes to be committed:
#   (use "git reset HEAD <file>..." to unstage)
#
#       new file:    example
#

$ git commit -m "Test example: initial version"
[master 2f81676] Test example: initial version
1 file changed, 1 insertion(+)
create mode 100644 example

$ git status
# On branch master
nothing to commit, working directory clean
```

Nótese como la última llamada a status no muestra ningún cambio por subir al repositorio local. Esto significa que la copia de trabajo del usuario está sincronizada con el repositorio local (todavía no se han realizado operaciones con el remoto). Se puede utilizar reflog para ver la historia:

```
$ git reflog
2f81676 HEAD@{0}: commit: Test example: initial version
...
```

diff se utiliza para ver cambios entre *commits*, ramas, etc. Por ejemplo, la siguiente orden muestra las diferencias entre *master* del repositorio local y *master* del remoto:

```
$ git diff master origin/master
diff --git a/example b/example
new file mode 100644
index 0000000..ac19bf2
--- /dev/null
+++ b/example
@@ -0,0 +1 @@
+Test example
```

Existen herramientas gráficas como `gitk` para entender mejor estos conceptos y visualizarlos durante el proceso de desarrollo y que permiten ver todos los *commits* y *heads* en cada instante.

Para modificar código y subirlo al repositorio local se sigue el mismo procedimiento: (1) realizar la modificación, (2) usar `add` para añadir el archivo cambiado, (3) hacer `commit` para subir el cambio al repositorio local. Sin embargo, como se ha dicho anteriormente, una buena característica de Git es la creación y gestión de ramas (*branches*) locales que permiten hacer un desarrollo en paralelo incluso a nivel local, es decir, sin subir nada al repositorio central. Esto es muy útil ya que, normalmente, en el ciclo de vida de desarrollo de un programa se debe simultanear tanto la creación de nuevas características como arreglos de errores cometidos. En Git, estas ramas no son más que referencias a *commits*, por lo que son muy ligeras y pueden llevarse de un sitio a otro de forma sencilla.

Como ejemplo, la siguiente secuencia de órdenes crea una rama local a partir del *HEAD*, modifica un archivo en esa rama y finalmente realiza un *merge* con *master*:

```
$ git checkout -b "NEW-BRANCH"
Switched to a new branch 'NEW-BRANCH'

$ git branch
* NEW-BRANCH
  master

$ emacs example  # se realizan las modificaciones
$ git add example
$ git commit -m "remove 'example'"
[NEW-BRANCH 263e915] remove 'example'
1 file changed, 1 insertion(+), 1 deletion(-)

$ git checkout master
Switched to branch 'master'
$ git branch
  NEW-BRANCH
* master

$ git merge NEW-BRANCH
Updating 2f81676..263e915
Fast-forward
example | 2 +-
1 file changed, 1 insertion(+), 1 deletion(-)
```

Nótese cómo la orden `branch` muestra la rama actual marcada con el símbolo *. Utilizando las órdenes `log` y `show` se pueden listar los *commits* recientes. Estas órdenes aceptan, además de identificadores de *commits*, ramas y rangos temporales de forma que pueden obtenerse gran cantidad de información de ellos.

Finalmente, para desplegar los cambios en el repositorio remoto sólo hay que utilizar:

```
$ git push
```

Git utiliza ficheros como `.gitconfig` y `.gitignore` para cargar configuraciones personalizadas e ignorar ficheros a la hora de hacer los *commits*, respectivamente. Son muy útiles. Revisa la documentación de `git-config` y `gitignore` para más información.

2.3.2.   Sistemas de integración continua

Un entorno que permita y facilite la colaboración entre desarrolladores de un proyecto es fundamental para el éxito del mismo durante las fases de desarrollo. Sin embargo, esa colaboración debe estar controlada por unos criterios mínimos de calidad que permitan asegurar que:

- Durante la fase de desarrollo, las características que se implementan está bajo control.

- Cualquier error introducido pueda detectarse lo antes posible, antes de que sea demasiado tarde.

La mejor forma que, a día de hoy, ha sido aceptada para proporcionar calidad en los sistemas son las pruebas. Las pruebas, desde unitarias hasta de sistema, son la última garantía de que el sistema hace lo que esperan las pruebas de él. Si las pruebas están bien diseñadas y son fieles a los requisitos del proyecto, las pruebas asegurarán un gran calidad. Pero, ¿cómo aseguramos que las pruebas se satisfacen continuamente durante el desarrollo?. ¿Cómo detectamos que se ha introducido código que hace *romper* casos de prueba?.

Los sistemas de integración continua (*CI* de *Continuous Integration*) son sistemas, normalmente distribuidos, que permiten ejecutar tareas automáticas sobre proyectos cuando se ha introducido un nuevo cambio, periódicamente u con cualquier otra frecuencia. Además, permiten analizar el resultado de los test ejecutados y avisar inmediatamente en caso de fallo.

Jenkins

Sin duda, uno de los sistema CI más utilizados actualmente es Jenkins. Partiendo del proyecto Hudson, Jenkins es un sistema CI basado en Java, distribuido y que proporciona una interfaz web sencilla y amigable. En la figura 2.11 se muestra del servidor Jenkins del proyecto Debian.

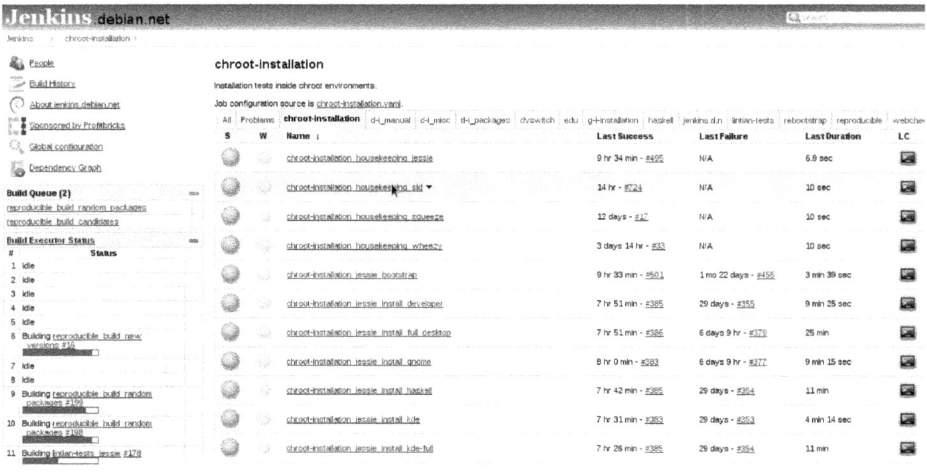

Figura 2.11: http://jenkins.debian.net. Tareas construyendo chroots

Algunas de las características más importantes de Jenkins son:

- *Arquitectura maestro-esclavos*: Un coordinador (el nodo maestro) reparte trabajo a los diferentes nodos esclavos (*slaves*) que son los que se encargarán de ejecutar tareas. Para convertir a un nodo de la red en esclavo sólo hay que acceder a él mediante algún mecanismo soportado, como SSH. Jenkins despliega una aplicación Java se autoinstala y autoconfigura.

- *Plugins*: existe una gran cantidad de plugins que extienden la funcionalidad básica de Jenkins. Los plugins son fácilmente instalables y actualizables a través de la interfaz web.

- *Dependencias entre trabajos*: es posible especificar tareas que servirán de *trigger* (disparador) de otras tareas en nodos diferentes.

- *Ejecución paralela*: dentro de un nodo, es posible ejecutar diferentes ejecuciones de trabajos en paralelo. El grado de paralelismo vendrá condicionado por los recursos hardware del nodo, del número de ejecutores (*executors*) asignado y del grado de independencia que tengan los propios trabajos. Ésta última característica es muy importante. Es el usuario quien debe asignar a un nodo tareas que puedan ser ejecutadas en paralelo ya que puede ser que un trabajo, por ejemplo, requiera la existencia de un archivo A y otro requiera que no exista, por lo que no podrían ejecutarse en el mismo nodo en paralelo.

- *Balanceo de carga*: por defecto, el algoritmo de Jenkins para balancear la carga no es muy bueno a no ser que establezcamos prioridades y cantidades mínimas de ocupación de los nodos. Sin embargo, existe una gran variedad de plugins que permiten gestionar eficientemente los recursos con planificadores sofisticados.

Para poder utilizar Jenkins como servidor CI necesitas alojarlo en un servidor con acceso suficiente para los participantes del proyecto. En sistemas basados en Debian, como Ubuntu, es fácilmente instalable y prácticamente no necesita configuración para comenzar a usarlo.

Otros sistemas de CIs

A pesar de que Jenkins es uno de los sistemas de CI más utilizado, existen alternativas para diferentes aplicaciones. Por ejemplo, la fuerte dependencia que tiene Jenkins con Java puede hacerlo poco adecuado para servidores con pocos recursos.

Algunas de las alternativas a Jenkins son las siguientes:

- **CruiseControl**: basado en Java, muy similar en características y tecnología a Jenkins. Proporciona multitud de plugins y una interfaz de administración web sencilla.

- **Strider-CD**: implementado en JavaScript y NodeJS, se trata de un servidor CI muy integrado con los servicios web tales como Github, BitBucket, etc. Además de ejecutar cualquier combinación genérica, parte características interesantes es que proporciona métodos especiales de ejecución para aplicaciones JavaScript sobre diferentes combinaciones de navegadores.

- **BuildBot**: escrito en Python, más que un servidor de CI es un framework de CI que proporciona las bases para permitir construir el servidor CI que más se adapte a las posibilidades.

2.3.3. Documentación

Uno de los elementos más importantes que se generan en un proyecto es la documentación: cualquier elemento que permita entender mejor tanto el proyecto en su totalidad como sus partes, de forma que facilite el proceso de *mantenimiento* en el futuro. Además, una buena documentación hará más sencilla la *reutilización* de componentes.

Existen muchos formatos de documentación que pueden servir para un proyecto software. Sin embargo, muchos de ellos, tales como PDF, ODT, DOC, etc., son formatos «binarios», cuyos cambios no son fáciles de seguir, por lo que no son aconsejables para utilizarlos en un VCS. Además, utilizando texto plano es más sencillo crear programas que automaticen la generación de documentación, de forma que se ahorre tiempo en este proceso.

Por ello, aquí se describen algunas formas de crear documentación basadas en texto plano. Obviamente, existen muchas otras y, seguramente, sean tan válidas como las que se proponen aquí.

Doxygen

Doxygen es un sistema que permite generar la documentación utilizando analizadores de código que averiguan la estructura de módulos y clases, así como las funciones y los métodos utilizados. Además, se pueden realizar anotaciones en los comentarios del código que sirven para añadir información más detallada. La principal ventaja es que se vale del propio código fuente para generar la documentación. Además, si se añaden comentarios en un formato determinado, es posible ampliar la documentación generada con notas y aclaraciones sobre las estructuras y funciones utilizadas.

 Algunos piensan que el uso de programas como Doxygen es bueno porque «obliga» a comentar el código. Otros piensan que no es así ya que los comentarios deben seguir un determinado formato, dejando de ser comentarios propiamente dichos.

El siguiente fragmento de código muestra una clase en C++ documentada con el formato de Doxygen:

Listado 2.21: Clase con comentarios Doxygen

```
1  /**
2     This is a test class to show Doxygen format documentation.
3  */
4
5  class Test {
6  public:
7     /// The Test constructor.
8     /**
9        \param s the name of the Test.
10    */
11    Test(string s);
12
13    /// Start running the test.
14    /**
15       \param max maximum time of test delay.
16       \param silent if true, do not provide output.
17       \sa Test()
18    */
19    int run(int max, bool silent);
20  };
```

Por defecto, Doxygen genera la documentación en HTML y basta con ejecutar la siguiente orden en el raíz del código fuente para obtener una primera aproximación:

```
$ doxygen .
```

reStructuredText

reStructuredText (RST) es un formato de texto básico que permite escribir texto plano añadiendo pequeñas anotaciones de formato de forma que no se pierda legibilidad. Existen muchos traductores de RST a otros formatos como PDF (`rst2pdf`) y HTML (`rst2html`), que además permiten modificar el estilo de los documentos generados.

El formato RST es similar a la sintaxis de los sistema tipo wiki. Un ejemplo de archivo en RST puede ser el siguiente:

Listado 2.22: Archivo en RST

```
1   ===============
2     The main title
3   ===============
4
5   This is an example of document in ReStructured Text (RST). You can get
6   more info about RST format at 'RST Reference
7   <http://docutils.sourceforge.net/docs/ref/rst/restructuredtext.html>'_.
8
9   Other section
10  =============
11
12  You can use bullet items:
13
14    - Item A
15
16    - Item B
17
18  And a enumerated list:
19
20    1. Number 1
21
22    2. Number 2
23
24  Tables
25  ------
26
27  +--------------+----------+-----------+-----------+
28  | row 1, col 1 | column 2 | column 3  | column 4  |
29  +--------------+----------+-----------+-----------+
30  | row 2        |          |           |           |
31  +--------------+----------+-----------+-----------+
32
33  Images
34  ------
35
36  .. image:: gnu.png
37     :scale: 80
38     :alt: A title text
```

Como se puede ver, aunque RST añade una sintaxis especial, el texto es completamente legible. Ésta es una de las ventajas de RST, el uso de etiquetas de formato que no «ensucian» demasiado el texto.

YAML

YAML (YAML Ain't Markup Language)[4] es un lenguaje diseñado para serializar datos procedentes de aplicaciones en un formato que sea legible para los humanos. Estrictamente, no se trata de un sistema para documentación, sin embargo, y debido a lo cómodo de su sintaxis, puede ser útil para exportar datos, representar configuraciones, etc. Otra de sus ventajas es que hay un gran número de bibliotecas en diferentes lenguajes (C++, Python, Java, etc.) para tratar información YAML. Las librerías permiten automáticamente salvar las estructuras de datos en formato YAML y el proceso inverso: cargar estructuras de datos a partir del YAML.

En el ejemplo siguiente, extraído de la documentación oficial, se muestra una factura. De un primer vistazo, se puede ver qué campos forman parte del tipo de dato factura tales como `invoice`, `date`, etc. Cada campo puede ser de distintos tipo como numérico, booleano o cadena de caracteres, pero también listas (como `product`) o referencias a otros objetos ya declarados (como `ship-to`).

Listado 2.23: Archivo en YAML

```
1  --- !<tag:clarkevans.com,2002:invoice>
2  invoice: 34843
3  date    : 2001-01-23
4  bill-to: &id001
5      given  : Chris
6      family : Dumars
7      address:
8          lines: |
9              458 Walkman Dr.
10             Suite #292
11         city    : Royal Oak
12         state   : MI
13         postal  : 48046
14 ship-to: *id001
15 product:
16     - sku        : BL394D
17       quantity   : 4
18       description : Basketball
19       price      : 450.00
20     - sku        : BL4438H
21       quantity   : 1
22       description : Super Hoop
23       price      : 2392.00
24 tax   : 251.42
25 total: 4443.52
26 comments:
27     Late afternoon is best.
28     Backup contact is Nancy
29     Billsmer @ 338-4338.
```

---

[4]http://www.yaml.org

2.3.4. Forjas de desarrollo

Hasta ahora, se han mostrado herramientas específicas que permiten crear y gestionar los elementos más importantes de un proyecto software: los archivos que lo forman y su documentación. También se han mostrado algunas alternativas para usar un sistema de integración continua durante el proceso de desarrollo para mantener la calidad del mismo. Sin embargo, existen otras como la gestión de tareas, los mecanismos de notificación de errores o los sistemas de comunicación con los usuarios que son de utilidad en un proyecto.

Las forjas de desarrollo son sistemas colaborativos que integran no sólo herramientas básicas para la gestión de proyectos, como un VCS, sino que suelen proporcionar herramientas para:

- **Planificación y gestión de tareas**: permite anotar qué tareas quedan por hacer y los plazos de entrega. También suelen permitir asignar prioridades.

- **Planificación y gestión de recursos**: ayuda a controlar el grado de ocupación del personal de desarrollo (y otros recursos).

- **Seguimiento de fallos**: también conocido como *bug tracker*, es esencial para llevar un control sobre los errores encontrados en el programa. Normalmente, permiten gestionar el ciclo de vida de un fallo, desde que se descubre hasta que se da por solucionado.

- **Foros**: normalmente, las forjas de desarrollo permiten administrar varios foros de comunicación donde con la comunidad de usuarios del programa pueden escribir propuestas y notificar errores.

Las forjas de desarrollo suelen ser accesibles vía web, de forma que sólo sea necesario un navegador para poder utilizar los diferentes servicios que ofrece. Dependiendo de la forja de desarrollo, se ofrecerán más o menos servicios. Sin embargo, los expuestos hasta ahora son los que se proporcionan habitualmente. Existen forjas gratuitas en Internet que pueden ser utilizadas para la creación de un proyecto. Algunas de ellas:

- **GNA**[5]: es una forja de desarrollo creada por la Free Software Foundation de Francia que soporta, actualmente, repositorios CVS, GNU Arch y Subversion. Los nuevos proyectos son estudiados cuidadosamente antes de ser autorizados.

- **Launchpad**[6]: forja gratuita para proyectos de software libre creada por Canonical Ltd. Se caracteriza por tener un potente sistema de *bug tracking* y proporcionar herramientas automáticas para despliegue en sistemas Debian/Ubuntu.

- **BitBucket**[7]: forja de la empresa Atlassian que ofrece repositorios Mercurial y Git. Permite crear proyectos privados gratuitos pero con límite en el número de desarrolladores por proyecto.

- **GitHub**[8]: forja proporcionada por GitHub Inc. que utiliza repositorios Git. Es gratuito siempre que el proyecto sea público, es decir, pueda ser descargado y modificado por cualquier usuario de Github sin restricción.

- **SourceForge**[9]: probablemente, una de las forjas gratuitas más conocidas. Propiedad de la empresa GeekNet Inc., soporta Subversion, Git, Mercurial, Bazaar y CVS.

---

[5] http://gna.org
[6] https://launchpad.net/
[7] http://bitbucket.org
[8] http://github.com
[9] http://sourceforge.net

- **Google Code**[10]: la forja de desarrollo de Google que soporta Git, Mercurial y Sub-version.

Redmine

Además de los servicios gratuitos presentados, existe gran variedad de software que puede ser utilizado para gestionar un proyecto de forma que pueda ser instalado en un servidor personal y así no depender de un servicio externo. Tal es el caso de Redmine (véase figura 2.12) que entre las herramientas que proporciona cabe destacar las siguientes características:

- Permite crear *varios proyectos*. También es configurable qué servicios se proporcionan en cada proyecto: gestor de tareas, tracking de fallos, sistema de documentación wiki, etc.

- *Integración con repositorios*, es decir, el código es accesible a través de Redmine y se pueden gestionar tareas y errores utilizando los comentarios de los commits.

- *Gestión de usuarios* que pueden utilizar el sistema y sus políticas de acceso.

- Está construido en *Ruby* y existe una amplia variedad de *plugins* que añaden funcionalidad extra.

Figura 2.12: Aspecto de la herramienta de gestión de tareas de Redmine

---

[10]http://code.google.com

## Capítulo 3

C++. Aspectos Esenciales

David Vallejo Fernández

E l lenguaje más utilizado para el desarrollo de videojuegos comerciales es C++, debido especialmente a su potencia, eficiencia y portabilidad. En este capítulo se hace un recorrido por C++ desde los aspectos más básicos hasta las herramientas que soportan la POO (Programación Orientada a Objetos) y que permiten diseñar y desarrollar código que sea reutilizable y mantenible, como por ejemplo las plantillas y las excepciones.

3.1. Utilidades básicas

En esta sección se realiza un recorrido por los aspectos básicos de C++, haciendo especial hincapié en aquellos elementos que lo diferencian de otros lenguajes de programación y que, en ocasiones, pueden resultar más complicados de dominar por aquellos programadores inexpertos en C++.

POO

La programación orientada a objetos tiene como objetivo la organización eficaz de programas. Básicamente, cada componente es un objeto autocontenido que tiene una serie de operaciones y de datos o estado.

3.1.1. Introducción a C++

C++ se puede considerar como el lenguaje de programación más importante en la actualidad. De hecho, algunas autores relevantes [13] consideran que si un programador tuviera que aprender un único lenguaje, éste debería ser C++. Aspectos como su sintaxis y su filosofía de diseño definen elementos clave de programación, como por ejemplo la orientación a objetos. C++ no sólo es importante por sus propias características, sino también porque ha sentado las bases para el desarrollo de futuros lenguajes de programación. Por ejemplo, Java o C# son descendientes directos de C++. Desde el punto de vista profesional, C++ es sumamente importante para cualquier programador.

El **origen de C++** está ligado al origen de C, ya que C++ está construido sobre C. De hecho, C++ es un superconjunto de C y se puede entender como una versión extendida y mejorada del mismo que integra la filosofía de la POO y otras mejoras, como por ejemplo la inclusión de un conjunto amplio de bibliotecas. Algunos autores consideran que C++ surgió debido a la necesidad de tratar con programas de mayor complejidad, siendo impulsado en gran parte por la POO.

C++ fue diseñado por **Bjarne Stroustrup**[1] en 1979. La idea de Stroustrup fue añadir nuevos aspectos y mejoras a C, especialmente en relación a la POO, de manera que un programador de C sólo que tuviera que aprender aquellos aspectos relativos a la OO.

Figura 3.1: Bjarne Stroustrup, creador del lenguaje de programación C++ y personaje relevante en el ámbito de la programación.

En el caso particular de la industria del videojuego, C++ se puede considerar como el estándar *de facto* debido principalmente a su **eficiencia y portabilidad**. C++ es una de los pocos lenguajes que posibilitan la programación de alto nivel y, de manera simultánea, el acceso a los recursos de bajo nivel de la plataforma subyacente. Por lo tanto, C++ es una mezcla perfecta para la programación de sistemas y para el desarrollo de videojuegos. Una de las principales claves a la hora de manejarlo eficientemente en la industria del videojuego consiste en encontrar el equilibrio adecuado entre eficiencia, fiabilidad y mantenibilidad [3].

3.1.2.   ¡Hola Mundo! en C++

A continuación se muestra el clásico *¡Hola Mundo!* implementado en C++. En este primer ejemplo, se pueden apreciar ciertas diferencias con respecto a un programa escrito en C.

```
Listado 3.1: Hola Mundo en C++

 1  /* Mi primer programa con C++. */
 2
 3  #include <iostream>
 4  using namespace std;
 5
 6  int main () {
 7
 8    string nombre;
 9
10    cout << "Por favor, introduzca su nombre... ";
11    cin >> nombre;
12    cout << "Hola " << nombre << "!"<< endl;
13
14    return 0;
15
16  }
```

La directiva *include* de la línea ③ incluye la biblioteca *<iostream>*, la cual soporta el sistema de E/S de C++. A continuación, en la ④ el programa le indica al compilador que utilice el espacio de nombres *std*, en el que se declara la biblioteca estándar de C++. Un **espacio de nombres** delimita una zona de declaración en la que incluir diferentes

---

[1]http://www2.research.att.com/~bs/

elementos de un programa. Los espacios de nombres siguen la misma filosofía que los *paquetes* en Java y tienen como objetivo organizar los programas. El hecho de utilizar un espacio de nombres permite acceder a sus elementos y funcionalidades sin tener que especificar a qué espacio pertenecen.

Dominar C++

Una de las mayores ventajas de C++ es que es extremadamente potente. Sin embargo, utilizarlo eficientemente es difícil y su curva de aprendizaje no es gradual.

En la línea ⑩ de hace uso de *cout* (*console output*), la sentencia de salida por consola junto con el operador $<<$, redireccionando lo que queda a su derecha, es decir, *Por favor, introduzca su nombre...*, hacia la salida por consola. A continuación, en la siguiente línea se hace uso de *cin* (*console input*) junto con el operador $>>$ para redirigir la entrada proporcionado por teclado a la variable *nombre*. Note que dicha variable es de tipo cadena, un tipo de datos de C++ que se define como un array de caracteres finalizado con el carácter *null*. Finalmente, en la línea ⑫ se saluda al lector, utilizando además la sentencia *endl* para añadir un retorno de carro a la salida y limpiar el *buffer*.

3.1.3. Tipos, declaraciones y modificadores

En C++, los tipos de datos básicos y sus declaraciones siguen un esquema muy similar al de otros lenguajes de programación, como por ejemplo Java. En este caso, existen siete tipos de datos básicos: *carácter, carácter amplio, entero, punto flotante, punto flotante de doble precisión, lógico o booleano* y *nulo*. Recuerde que en C++ es necesario declarar una variable antes de utilizarla para que el compilador conozca el tipo de datos asociado a la variable. Al igual que ocurre en otros lenguajes de programación, las variables pueden tener un alcance global o local (por ejemplo en una función).

En el caso particular de los tipos nulos o *void*, cabe destacar que éstos se utilizan para las funciones con tipo de retorno nulo o como tipo base para punteros a objetos de tipo desconocido a priori.

C++ permite modificar los tipos *char, int* y *double* con los modificadores *signed, unsigned long,* y *short*, con el objetivo de incrementar la precisión en función de las necesidades de la aplicación. Por ejemplo, el tipo de datos *double* se puede usar con el modificador *long*, y no así con el resto.

Por otra parte, C++ también posibilita el concepto de constante mediante la palabra reservada **const**, con el objetivo de expresar que un valor no cambia de manera directa. Por ejemplo, muchos objetos no cambian sus valores después de inicializarlos. Además, las constantes conducen a un código

C++. Tipado.

C++ es un lenguaje de programación con tipado estático, es decir, la comprobación de tipos se realiza en tipo de compilación y no en tiempo de ejecución.

más mantenible en comparación con los valores literales incluidos directamente en el código. Por otra parte, muchos punteros también se suelen utilizar solamente para operaciones de lectura y, particularmente, los parámetros de una función no se suelen modificar sino que simplemente se consultan.

 Como regla general, se debería delegar en el compilador todo lo posible en relación a la detección de errores.

El uso de *const* también es ventajoso respecto a la directiva de preprocesado *#define*, ya que permite que el compilador aplique la típica prevención de errores de tipo. Esto posibilita detectar errores en tiempo de compilación y evitar problemas potenciales. Además, la depuración es mucho más sencilla por el hecho de manejar los nombres simbólicos de las constantes.

3.1.4. Punteros, arrays y estructuras

Desreferencia

El acceso al objeto al que señala un puntero es una de las operaciones fundamentales y se denomina indirección o desreferencia, indistintamente.

Un **puntero** es una variable que almacena una dirección de memoria, típicamente la dirección de otra variable. Si *p* contiene la dirección de *q*, entonces *p apunta* a *q*. Los punteros se declaran igual que el resto de variables y están asociados a un tipo específico, el cual ha de ser válido en C++. Un ejemplo de declaración de puntero a entero es

```
int *ip;
```

En el caso de los punteros, el operador unario ***** es el utilizado para desreferenciarlos y acceder a su contenido, mientras que el operador unario **&** se utiliza para acceder a la dirección de memoria de su operando. Por ejemplo,

```
edadptr = &edad;
```

asigna la dirección de memoria de la variable *edad* a la variable *edadptr*. Recuerde que con el operador ***** es posible acceder al contenido de la variable a la que apunta un puntero. Por ejemplo,

```
miEdad = *edadptr
```

Indirección múltiple

Un puntero a puntero es un caso de indirección múltiple. El primer puntero contiene la dirección de memoria de otro puntero, mientras que éste contiene la dirección de memoria de una variable.

permite almacenar el contenido de *edad* en *miEdad*.

En C++ existe una relación muy estrecha entre los **punteros y los arrays**, siendo posible intercambiarlos en la mayoría de casos. El siguiente listado de código muestra un sencillo ejemplo de indexación de un array.

En la inicialización del bucle *for* de la línea ⟨10⟩ se aprecia cómo se asigna la dirección de inicio del array *s* al puntero *p* para, posteriormente, indexar el array mediante *p* para resaltar en mayúsculas el contenido del array una vez finalizada la ejecución del bucle. Note que C++ permite la inicialización múltiple.

Los punteros son enormemente útiles y potentes. Sin embargo, cuando un puntero almacena, de manera accidental, valores incorrectos, el proceso de depuración puede resultar un auténtico quebradero de cabeza. Esto se debe a la propia naturaleza del puntero y al hecho de que indirectamente afecte a otros elementos de un programa, lo cual puede complicar la localización de errores.

```
     Listado 3.2: Indexación de un array
1    #include <iostream>
2    using namespace std;
3
4    int main () {
5
6      char s[20] = "hola mundo";
7      char *p;
8      int i;
9
10     for (p = s, i = 0; p[i]; i++)
11       p[i] = toupper(p[i]);
12
13     cout << s << endl;
14
15     return 0;
16
17   }
```

 Cuando el compilador de C++ encuentra una cadena literal, la almacena en la tabla de cadenas del programa y genera un puntero a dicha cadena.

El caso típico tiene lugar cuando un puntero apunta a algún lugar de memoria que no debe, modificando datos a los que no debería apuntar, de manera que el programa muestra resultados indeseables posteriormente a su ejecución inicial. En estos casos, cuando se detecta el problema, encontrar la evidencia del fallo no es una tarea trivial, ya que inicialmente puede que no exista evidencia del puntero que provocó dicho error. A continuación se muestran algunos de los errores típicos a la hora de manejar punteros [13].

1. No inicializar punteros. En el listado que se muestra a continuación, *p* contiene una dirección desconocida debido a que nunca fue definida. En otras palabras, no es posible conocer dónde se ha escrito el valor contenido en *edad*.

```
     Listado 3.3: Primer error típico. No inicializar punteros.
1    int main () {
2      int edad, *p;
3
4      edad = 23;
5      *p = edad; // p?
6
7      return 0;
8    }
```

En un programa que tenga una mayor complejidad, la probabilidad de que *p* apunte a otra parte de dicho programa se incrementa, con la más que probable consecuencia de alcanzar un resultado desastroso.

2. Comparar punteros de forma no válida. La comparación de punteros es, generalmente, inválida y puede causar errores. En otras palabras, no se deben realizar suposiciones sobre qué dirección

Punteros y funciones

Recuerde que es posible utilizar punteros a funciones, es decir, se puede recuperar la dirección de memoria de una función para, posteriormente, llamarla. Este tipo de punteros se utilizan para manejar rutinas que se puedan aplicar a distintos tipos de objetos, es decir, para manejar el *polimorfismo*.

de memoria se utilizará para almacenar los datos, si siempre será dicha dirección o si distintos compiladores tratarán estos aspectos del mismo modo. No obstante, si dos punteros apuntan a miembros del mismo arreglo, entonces es posible compararlos. El siguiente fragmento de código muestra un ejemplo de uso incorrecto de punteros en relación a este tipo de errores.

 No olvide que una de las claves para garantizar un uso *seguro* de los punteros consiste en conocer en todo momento hacia dónde están apuntando.

Listado 3.4: Segundo error típico. Comparación incorrecta de punteros.

```
1  int main () {
2    int s[10];
3    int t[10];
4    int *p, *q;
5
6    p = s;
7    q = t;
8
9    if (p < q) {
10     // ...
11   }
12
13   return 0;
14 }
```

3. Olvidar el *reseteo* de punteros. El siguiente listado de código muestra otro error típico, que se puede resumir en no controlar el comportamiento de un puntero. Básicamente, la primera vez que se ejecuta el bucle, p apunta al comienzo de s. Sin embargo, en la segunda iteración p continua incrementándose debido a que su valor no se ha establecido al principio de s. La solución pasa por mover la línea $\boxed{11}$ al bucle *do-while*.

Listado 3.5: Tercer error típico. Olvidar el *reseteo* de un puntero.

```
1  #include <iostream>
2  #include <cstdio>
3  #include <cstring>
4  using namespace std;
5
6  int main () {
7
8    char s[100];
9    char *p;
10
11   p = s;
12
13   do {
14     cout << "Introduzca una cadena... ";
15     fgets(p, 100, stdin);
16
17     while (*p)
18       cout << *p++ << " ";
19
20     cout << endl;
21   }while (strcmp(s, "fin"));
22
23   return 0;
24
25 }
```

Finalmente, una **estructura** es un tipo agregado de datos que se puede definir como una colección de variables que mantienen algún tipo de relación lógica. Obviamente, antes de poder crear objetos de una determinada estructura, ésta ha de definirse.

El listado de código siguiente muestra un ejemplo de declaración de estructura y de su posterior manipulación mediante el uso de punteros. Recuerde que el acceso a los campos de una estructura se realiza mediante el operador *flecha* -> en caso de acceder a ellos mediante un puntero, mientras que el operador punto . se utiliza cuando se accede de manera directa.

Nótese el uso del modificador *const* en el segundo parámetro de la función *modificar_nombre* que, en este caso, se utiliza para informar al compilador de que dicha variable no se modificará internamente en dicha función. Asimismo, en dicha función se hace uso del operador **&** en relación a la variable *nuevo_nombre*. En la siguiente subsección se define y explica un nuevo concepto que C++ proporciona para la especificación de parámetros y los valores de retorno: las **referencias**.

Punteros y *const*

El uso de punteros y *const* puede dar lugar a confusión. Recuerde que *const* siempre se refiere a lo que se encuentra inmediatamente a la derecha. Así, *int* const p* es un puntero constante, pero no así los datos a los que apunta.

Listado 3.6: Definición y uso de estructuras.

```cpp
1  #include <iostream>
2  using namespace std;
3
4  struct persona {
5    string nombre;
6    int edad;
7  };
8
9  void modificar_nombre (persona *p, const string& nuevo_nombre);
10
11 int main () {
12   persona p;
13   persona *q;
14
15   p.nombre = "Luis";
16   p.edad = 23;
17   q = &p;
18
19   cout << q->nombre << endl;
20   modificar_nombre(q, "Sergio");
21   cout << q->nombre << endl;
22
23   return 0;
24 }
25
26 void modificar_nombre (persona *p, const string& nuevo_nombre) {
27   p->nombre = nuevo_nombre;
28 }
```

3.1.5. Referencias y funciones

En general, existen dos formas de pasar argumentos a una función. La primera se denomina ***paso por valor*** y consiste en pasar una copia del valor del argumento como parámetro a una función. Por lo tanto, los cambios realizados por la función no afectan a dicho argumento. Por otra parte, el ***paso por referencia*** permite la copia de la dirección del argumento (y no su valor) en el propio parámetro. Esto implica que los cambios efectuados sobre el parámetro afectan al argumento utilizado para realizar la llamada a la función.

Por defecto, C++ utiliza el paso por valor. Sin embargo, el paso por referencia se puede realizar utilizando punteros, pasando la dirección de memoria del argumento externo a la función para que ésta lo modifique (si así está diseñada). Este enfoque implica hacer un uso explícito de los operadores asociados a los punteros, lo cual implica que el programador ha de pasar las direcciones de los argumentos a la hora de llamar a la función. Sin embargo, en C++ también es posible indicar de manera automática al compilador que haga uso del paso por referencia: mediante el uso de **referencias**.

Paso de parámetros

Es muy importante distinguir correctamente entre paso de parámetros por valor y por referencia para obtener el comportamiento deseado en un programa y para garantizar que la eficiencia del mismo no se vea penalizada.

Una referencia es simplemente un nombre alternativo para un objeto. Este concepto tan sumamente simple es en realidad extremadamente útil para gestionar la complejidad. Cuando se utiliza una referencia, la dirección del argumento se pasa automáticamente a la función de manera que, dentro de la función, la referencia se desreferencia automáticamente, sin necesidad de utilizar punteros. Las referencias se declaran precediendo el operador **&** al nombre del parámetro.

 Las referencias son muy parecidas a los punteros. Se refieren a un objeto de manera que las operaciones afectan al objeto al cual apunta la referencia. La creación de referencias, al igual que la creación de punteros, es una operación muy eficiente.

El siguiente listado de código muestra la típica función *swap* implementada mediante el uso de referencias. Como se puede apreciar, los parámetros pasados por referencia no hacen uso en ningún momento del operador *, como ocurre con los punteros. En realidad, el compilador genera automáticamente la dirección de los argumentos con los que se llama a *swap*, desreferenciando a ambos.

Listado 3.7: Función *swap* con referencias.

```
 1  #include <iostream>
 2  using namespace std;
 3
 4  void swap (int &a, int &b);
 5
 6  int main () {
 7    int x = 7, y = 13;
 8
 9    cout << "[" << x << ", " << y << "]" << endl; // Imprime [7, 13].
10    swap(x, y);
11    cout << "[" << x << ", " << y << "]" << endl; // Imprime [13, 7].
12
13    return 0;
14  }
15
16  void swap (int &a, int &b) {
17    int aux;
18
19    aux = a; // Guarda el valor al que referencia a.
20    a = b;   // Asigna el valor de b a a.
21    b = aux; // Asigna el valor de aux a b.
22  }
```

En C++, existen ciertas **diferencias relevantes** entre referencias y punteros [3]:

- A la hora de trabajar con una referencia, la sintaxis utilizada es la misma que con los objetos. En otras palabras, en lugar de desreferenciar con el operador flecha **->**, para acceder a variables y funciones se utiliza el operador punto.

- Las referencias sólo se pueden inicializar una vez. Por el contrario, un puntero puede apuntar a un determinado objeto y, posteriormente, apuntar a otro distinto. Sin embargo, una vez inicializada una referencia, ésta no se puede cambiar, comportándose como un puntero constante.

- Las referencias han de inicializarse tan pronto como sean declaradas. Al contrario que ocurre con los punteros, no es posible crear una referencia y esperar para después inicializarla.

- Las referencias no pueden ser nulas, como consecuencia directa de los dos puntos anteriores. Sin embargo, esto no quiere decir que el elemento al que referencian siempre sea válido. Por ejemplo, es posible borrar el objeto al que apunta una referencia e incluso *truncarla* mediante algún molde para que apunte a *null*.

- Las referencias no se pueden crear o eliminar como los punteros. En ese sentido, son iguales que los objetos.

Las **funciones** también pueden devolver referencias. En C++, una de las mayores utilidades de esta posibilidad es la sobrecarga de operadores. Sin embargo, en el listado que se muestra a continuación se refleja otro uso potencial, debido a que cuando se devuelve una referencia, en realidad se está devolviendo un puntero implícito al valor de retorno. Por lo tanto, es posible utilizar la función en la parte izquierda de una asignación.

Como se puede apreciar en el siguiente listado, la función *f* devuelve una referencia a un valor en punto flotante de doble precisión, en concreto a la variable global *valor*. La parte importante del código está en la línea ⟨15⟩, en la que *valor* se actualiza a 7,5, debido a que la función devuelve dicha referencia.

Funciones y referencias

En una función, las referencias se pueden utilizar como parámetros de entrada o como valores de retorno.

Aunque se discutirá más adelante, las referencias también se pueden utilizar para devolver objetos desde una función de una manera eficiente. Sin embargo, hay que ser cuidadoso con la referencia a devolver, ya que si se asigna a un objeto, entonces se creará una copia. El siguiente fragmento de código muestra un ejemplo representativo vinculado al uso de matrices de 16 elementos, estructuras de datos típicamente utilizada en el desarrollo de videojuegos.

Listado 3.9: Retorno de referencias. Copia de objetos

```
1  const Matrix4x4 &GameScene::getCameraRotation () const
2  {
3    return c_rotation; // Eficiente. Devuelve una referencia.
4  }
5
6  // Cuidado! Se genera una copia del objeto.
7  Matrix4x4 rotation = camera.getCameraRotation;
8
9  // Eficiente.
10 Matrix4x4 &rotation = camera.getCameraRotation;
```

```
Listado 3.8: Retorno de referencias.

 1  #include <iostream>
 2  using namespace std;
 3
 4  double &f ();
 5
 6  double valor = 10.0;
 7
 8  int main () {
 9    double nuevo_valor;
10
11    cout << f() << endl;
12    nuevo_valor = f();
13    cout << nuevo_valor << endl;
14
15    f() = 7.5;
16    cout << f() << endl;
17
18    return 0;
19  }
20
21  double &f () { return valor; }
```

Las **ventajas de las referencias** sobre los punteros se pueden resumir en que utilizar referencias es una forma de más alto nivel de manipular objetos, ya que permite al desarrollador *olvidarse* de los detalles de gestión de memoria y centrarse en la lógica del problema a resolver. Aunque pueden darse situaciones en las que los punteros son más adecuados, una buena regla consiste en utilizar referencias siempre que sea posible, ya que su sintaxis es más limpia que la de los punteros y su uso es menos proclive a errores.

 Siempre que sea posible, es conveniente utilizar referencias, debido a su sencillez, manejabilidad y a la ocultación de ciertos aspectos como la gestión de memoria.

Quizá el uso más evidente de un puntero en detrimento de una referencia consiste en la creación o eliminación de objetos de manera dinámica. En este caso, el mantenimiento de dicho puntero es responsable de su creador. Si alguien hace uso de dicho puntero, debería indicar explícitamente que no es responsable de su liberación.

Por otra parte, si se necesita cambiar el objeto al que se referencia, entonces también se hace uso de punteros, ya que las referencias no se pueden reasignar. En otros casos, el desarrollador también puede asumir el manejo de un puntero nulo, devolviéndolo cuando una función generó algún error o incluso para manejar parámetros que sean opcionales. En estos casos, las referencias tampoco se pueden utilizar.

Finalmente, otra razón importante para el manejo de punteros en lugar de referencias está vinculada a la aritmética de punteros, la cual se puede utilizar para iterar sobre una región de memoria. Sin embargo, este mecanismo de bajo nivel tiene el riesgo de generar *bugs* y su mantenimiento puede ser tedioso. En general, debería evitarse cuando así sea posible. En la práctica, la aritmética de punteros se puede justificar debido a su elevada eficiencia en lugar de realizar una iteración que garantice la integridad de los tipos [3].

3.2. Clases

3.2.1. Fundamentos básicos

En el ámbito de la POO, las **clases** representan una manera de asociar datos con funcionalidad. Los **objetos** son las instancias específicas de una clase, de manera que cada una tiene sus propios datos pero todas ellas comparten la misma funcionalidad a nivel de clase.

Destrucción de objetos

Recuerde que los objetos creados dentro de un bloque se destruyen cuando dicho bloque se abandona por el flujo del programa. Por el contrario, los objetos globales se destruyen cuando el programa finaliza su ejecución.

La parte de datos en una clase de C++ no difiere de una estructura en C. Sin embargo, C++ ofrece tres **niveles de acceso** a los datos: públicos, privados o protegidos. Por defecto, los *miembros de una clase* son privados, mientras que en una estructura son públicos.

Debido a que la mayoría de los objetos requieren una inicialización de su estado, C++ permite inicializar los objetos cuando estos son creados mediante el uso de **constructores**. Del mismo modo, C++ contempla el concepto de **destructor** para contemplar la posibilidad de que un objeto realice una serie de operaciones antes de ser destruido. El siguiente listado de código muestra la especificación de una clase en C++ con los miembros de dicha clase, su visibilidad, el constructor, el destructor y otras funciones.

Listado 3.10: Clase Figura

```
1  class Figura
2  {
3  public:
4     Figura (double i, double j);
5     ~Figura ();
6
7     void setDim (double i, double j);
8     double getX () const;
9     double getY () const;
10
11 protected:
12    double _x, _y;
13 };
```

Note cómo las variables de clase se definen como protegidas, es decir, con una visibilidad privada fuera de dicha clase a excepción de las clases que hereden de *Figura*, tal y como se discutirá en la sección 3.3.1. El constructor y el destructor comparten el nombre con la clase, pero el destructor tiene delante el símbolo ~.

El resto de funciones sirven para modificar y acceder al estado de los objetos instanciados a partir de dicha clase. Note el uso del modificador **const** en las funciones de acceso *getX()* y *getY()* para informar de manera explícita al compilador de que dichas funciones no modifican el estado de los objetos. A continuación, se muestra la implementación de las funciones definidas en la clase *Figura*.

Paso por referencia

Recuerde utilizar parámetros por referencia *const* para minimizar el número de copias de los mismos. El rendimiento mejorará considerablemente.

Listado 3.11: Clase Figura (implementación)

```
1  #include "Figura.h"
2
3  Figura::Figura
4  (double i, double j)
5  {
6    _x = i;
7    _y = j;
8  }
9
10 Figura::~Figura ()
11 {
12 }
13
14 void
15 Figura::setDim
16 (double i, double j)
17 {
18   _x = i;
19   _y = j;
20 }
21
22 double
23 Figura::getX () const
24 {
25   return _x;
26 }
27
28 double
29 Figura::getY () const
30 {
31   return _y;
32 }
```

Uso de *inline*

El modificador *inline* se suele incluir después de la declaración de la función para evitar líneas de código demasiado largas (siempre dentro del archivo de cabecera). Sin embargo, algunos compiladores obligan a incluirlo en ambos lugares.

Antes de continuar discutiendo más aspectos de las clases, resulta interesante introducir el concepto de **funciones en línea** (*inlining*), una técnica que puede reducir la sobrecarga implícita en las llamadas a funciones. Para ello, sólo es necesario incluir el modificador *inline* delante de la declaración de una función. Esta técnica permite obtener exactamente el mismo rendimiento que el acceso directo a una variable sin *desperdiciar* tiempo en ejecutar la llamada a la función, interactuar con la pila del programa y volver de dicha función.

Las funciones en línea no se pueden usar indiscriminadamente, ya que pueden degradar el rendimiento de la aplicación fácilmente. En primer lugar, el tamaño del ejecutable final se puede disparar debido a la duplicidad de código. Así mismo, la caché de código también puede hacer que dicho rendimiento disminuya debido a las continuas penalizaciones asociadas a incluir tantas funciones en línea. Finalmente, los tiempos de compilación se pueden incrementar en grandes proyectos.

Recuerde estructurar adecuademente su código y seguir un convenio de nombrado que facilite su mantenibilidad. Si se integra en un proyecto activo, procure seguir el convenio previamente adoptado.

Al igual que ocurre con otros tipos de datos, los objetos también se pueden manipular mediante **punteros**. Simplemente se ha de utilizar la misma notación y recordar que la aritmética de punteros también se puede usar con objetos que, por ejemplo, formen parte de un array.

 Una buena regla para usar de manera adecuada el modificador *inline* consiste en evitar su uso hasta prácticamente completar el desarrollo de un proyecto. A continuación, se puede utilizar alguna herramienta de *profiling* para detectar si alguna función sencilla está entre las más utilidas. Este tipo de funciones son candidatas potenciales para modificarlas con *inline* y, en consecuencia, elementos para mejorar el rendimiento del programa.

Para los objetos creados en memoria dinámica, el operador **new** invoca al constructor de la clase de manera que dichos objetos existen hasta que explícitamente se eliminen con el operador **delete** sobre los punteros asociados. A continuación se muestra un listado de código que hace uso de la clase *Figura* previamente introducida.

Listado 3.12: Manipulación de objetos con punteros

```
 1  #include <iostream>
 2  #include "Figura.h"
 3  using namespace std;
 4
 5  int main () {
 6    Figura *f1;
 7    f1 = new Figura (1.0, 0.5);
 8
 9    cout << "[" << f1->getX() << ", " << f1->getY() << "]" << endl;
10
11    delete f1;
12    return 0;
13  }
```

3.2.2. Aspectos específicos de las clases

En esta subsección se discutirán algunos aspectos de C++ relacionados con el concepto de clase que resultan muy útiles en una gran variedad de situaciones y pueden contribuir a mejorar la calidad y la mantenibilidad del código fuente generado por un desarrollador.

En primer lugar, se discutirá el concepto de **función amiga** de una clase. Un función amiga de una o varias clases, especificada así con el modificador *friend* y sin ser una de sus funciones miembro, puede acceder a los miembros privados de la misma. Aunque en principio puede parecer que esta posibilidad no ofrece ninguna ventaja sobre una función miembro, en realidad sí que puede aportar beneficios desde el punto de vista del diseño. Por ejemplo, este tipo de funciones pueden ser útiles para sobrecargar ciertos tipos de operadores y pueden simplificar la creación de algunas funciones de entrada/salida.

Un uso bastante común de las funciones amigas se da cuando existen dos o más clases con miembros que de algún modo están relacionados. Por ejemplo, imagine dos clases distintas que hacen uso de un recurso común cuando se da algún tipo de evento externo. Por otra parte, otro elemento del programa necesita conocer si se ha hecho uso de dicho recurso antes de poder utilizarlo para evitar algún tipo de inconsistencia futura. En este contexto, es posible crear una función en cada una de las dos clases que compruebe, consultado una variable booleana, si dicho recurso fue utilizado, provocando dos llamadas independientes. Si esta situación se da continuamente, entonces se puede llegar a producir una sobrecarga de llamadas.

Por el contrario, el uso de una función amiga permitiría comprobar de manera directa el estado de cada objeto mediante una única llamada que tenga acceso a las dos clases. En este tipo de situaciones, las funciones amigas contribuyen a un **código más limpio y mantenible**. El siguiente listado de código muestra un ejemplo de este tipo de situaciones.

Listado 3.13: Ejemplo de uso de funciones amigas

```
1   const int USADO = 1;
2   const int NO_USADO = 0;
3
4   class B;
5
6   class A {
7     int _estado;
8
9   public:
10    A() {_estado = NO_USADO;}
11    void setEstado (int estado) {_estado = estado;}
12    friend int usado (A a, B b);
13  };
14
15  class B {
16    int _estado;
17
18  public:
19    B() {_estado = NO_USADO;}
20    void setEstado (int estado) {_estado = estado;}
21    friend int usado (A a, B b);
22  };
23
24  int usado (A a, B b) {
25    return (a._estado || b._estado);
26  }
```

En el ejemplo, línea 21, se puede apreciar cómo la función recibe dos objetos como parámetros. Al contrario de lo que ocurre en otros lenguajes como Java, en C++ los objetos, por defecto, se pasan por valor. Esto implica que en realidad la función recibe una copia del objeto, en lugar del propio objeto con el que se realizó la llamada inicial. Por tanto, los cambios realizados dentro de la función no afectan a los argumentos. Aunque el paso de objetos es un procedimiento sencillo, en realidad se generan ciertos eventos que pueden sorprender inicialmente. El siguiente listado de código muestra un ejemplo.

Listado 3.14: Paso de objetos por valor

```
 1  #include <iostream>
 2  using namespace std;
 3
 4  class A {
 5    int _valor;
 6  public:
 7    A(int valor): _valor(valor) {
 8      cout << "Construyendo..." << endl;
 9    }
10    ~A() {
11      cout << "Destruyendo..." << endl;
12    }
13
14    int getValor () const {
15      return _valor;
16    }
17  };
18
19  void mostrar (A a) {
20    cout << a.getValor() << endl;
21  }
22
23  int main () {
24    A a(7);
25    mostrar(a);
26    return 0;
27  }
```

La salida del programa es la siguiente:

```
Construyendo...
7
Destruyendo...
Destruyendo...
```

Como se puede apreciar, existe una llamada al constructor al crear a (línea ⟨24⟩) y dos llamadas al destructor. Como se ha comentado antes, cuando un objeto se pasa a una función, entonces se crea una copia del mismo, la cual se destruye cuando finaliza la ejecución de la función. Ante esta situación surgen dos preguntas: i) ¿se realiza una llamada al constructor? y ii) ¿se realiza una llamada al destructor?

En realidad, lo que ocurre cuando se pasa un objeto a una función es que se llama al **constructor de copia**, cuya responsabilidad consiste en definir cómo se copia un objeto. Si una clase no tiene un constructor de copia, entonces C++ proporciona uno por defecto, el cual crea una copia bit a bit del objeto. En realidad, esta decisión es bastante lógica, ya que el uso del constructor normal para copiar un objeto no generaría el mismo resultado que el estado que mantiene el objeto actual (generaría una copia con el estado inicial).

Sin embargo, cuando una función finaliza y se ha de eliminar la copia del objeto, entonces se hace uso del destructor debido a que la copia se encuentra fuera de su ámbito local. Por lo tanto, en el ejemplo anterior se llama al destructor tanto para la copia como para el argumento inicial.

El paso de objetos no siempre es seguro. Por ejemplo, si un objeto utilizado como argumento reserva memoria de manera dinámica, liberándola en el destructor, entonces la copia local dentro de la función liberará la misma región de memoria al llamar a su destructor. Este tipo de situaciones puede causar errores potenciales en un programa. La solución más directa pasa por utilizar un puntero o una referencia en lugar del propio objeto. De este modo, el destructor no se llamará al volver de la función.

En el caso de devolver objetos al finalizar la ejecución de una función se puede producir un problema similar, ya que el objeto temporal que se crea para almacenar el valor de retorno también realiza una llamada a su destructor. La solución pasa por devolver un puntero o una referencia, pero en casos en los que no sea posible el constructor de copia puede contribuir a solventar este tipo de problemas.

No devuelva punteros o referencias a variables locales.

El **constructor de copia** representa a un tipo especial de sobrecarga del constructor y se utiliza para gestionar de manera adecuada la copia de objetos. Como se ha discutido anteriormente, la copia exacta de objetos puede producir efectos no deseables, especialmente cuando se trata con asignación dinámica de memoria en el propio constructor.

Recuerde que C++ contempla dos tipos de situaciones distintas en las que el valor de un objeto se da a otro: la asignación y la inicialización. Esta segunda se pueda dar de tres formas distintas:

- Cuando un objeto inicializa explícitamente a otro, por ejemplo en una declaración.

- Cuando la copia de un objeto se pasa como parámetro en una función.

- Cuando se genera un objeto temporal, por ejemplo al devolverlo en una función.

this y funciones amigas

Las funciones amigas no manejan el puntero _this_, debido a que no son miembros de una clase.

Es importante resaltar que el constructor de copia sólo se aplica en las inicializaciones y no en las asignaciones. El siguiente listado de código muestra un ejemplo de implementación del constructor de copia, en el que se gestiona adecuadamente la asignación de memoria dinámica en el constructor. Dicho ejemplo se basa en el discutido anteriormente sobre el uso de paso de objetos por valor.

Como se puede apreciar, el constructor normal hace una reserva dinámica de memoria. Por lo tanto, el constructor de copia se utiliza para que, al hacer la copia, se reserve nueva memoria y se asigne el valor adecuado a la variable de clase.

La salida del programa es la siguiente:

```
Construyendo...
Constructor copia...
7
Destruyendo...
Destruyendo...
```

Finalmente, antes de pasar a la sección de sobrecarga de operadores, C++ contempla, al igual que en otros lenguajes de programación, el uso de **this** como el puntero al objeto que invoca una función miembro. Básicamente, dicho puntero es un parámetro implícito a todas las funciones miembro de una clase.

Listado 3.15: Uso del constructor de copia

```
1  #include <iostream>
2  using namespace std;
3
4  class A {
5    int *_valor;
6  public:
7    A(int valor);   // Constructor.
8    A(const A &obj); // Constructor de copia.
9    ~A();           // Destructor.
10
11   int getValor () const { return *_valor;}
12 };
13
14 A::A (int valor) {
15   cout << "Construyendo..." << endl;
16   _valor = new int;
17   *_valor = valor;
18 }
19
20 A::A (const A &obj) {
21     cout << "Constructor copia..." << endl;
22   _valor = new int;
23   *_valor = obj.getValor();
24 }
25
26 A::~A () {
27   cout << "Destruyendo..." << endl;
28   delete _valor;
29 }
30
31 void mostrar (A a) {
32   cout << a.getValor() << endl;
33 }
34
35 int main () {
36   A a(7);
37   mostrar(a);
38   return 0;
39 }
```

3.2.3. Sobrecarga de operadores

La sobrecarga de operadores permite definir de manera explícita el significado de un operador en relación a una clase. Por ejemplo, una clase que gestione la matriculación de alumnos podría hacer uso del operador + para incluir a un nuevo alumno. En C++, los operadores se pueden sobrecargar de acuerdo a los tipos de clase definidos por el usuario. De este modo, es posible integrar nuevos tipos de datos cuando sea necesario. La sobrecarga de operadores está muy relacionada con la sobrecarga de funciones, siendo necesario definir el significado del operador sobre una determinada clase.

El siguiente ejemplo muestra la sobrecarga del operador **+** en la clase *Point3D*.

Listado 3.16: Sobrecarga del operador +

```
1   class Point3D {
2   public:
3     Point3D ():
4       _x(0), _y(0), _z(0) {}
5     Point3D (int x, int y, int z):
6       _x(x), _y(y), _z(z) {}
7     Point3D operator+ (const Point3D &op2);
8
9   private:
10    int _x, _y, _z;
11  };
12
13  Point3D
14  Point3D::operator+
15  (const Point3D &op2) {
16    Point3D resultado;
17
18    resultado._x = this->_x + op2._x;
19    resultado._y = this->_y + op2._y;
20    resultado._z = this->_z + op2._z;
21
22    return resultado;
23  }
```

Como se puede apreciar, el operador $+$ de la clase *Point3D* permite sumar una a una los distintos componentes vinculados a las variables miembro para, posteriormente, devolver el resultado. Es importante resaltar que, aunque la operación está compuesta de dos operandos, sólo se pasa un operando por parámetro. El segundo operando es implícito y se pasa mediante *this*.

 Existen ciertas restricciones relativas a la sobrecarga de operadores: no es posible alterar la precedencia de cualquier operador, no es posible alterar el número de operandos requeridos por un operador y, en general, no es posible utilizar argumentos por defecto.

En C++, también es posible sobrecargar **operadores unarios**, como por ejemplo **++**. En este caso particular, no sería necesario pasar ningún parámetro de manera explícita, ya que la operación afectaría al parámetro implícito *this*.

Otro uso importante de la sobrecarga de operadores está relacionado con los problemas discutidos en la sección 3.2.2. C++ utiliza un constructor de copia por defecto que se basa en realizar una copia exacta del objeto cuando éste se pasa como parámetro a una función, cuando se devuelve de la misma o cuando se inicializa. Si el constructor de una clase realiza una reserva de recursos, entonces el uso implícito del constructor de copia por defecto puede generar problemas. La solución, como se ha comentado anteriormente, es el constructor de copia.

Sin embargo, el constructor de copia sólo se utiliza en las inicializaciones y no en las asignaciones. En el caso de realizar una asignación, el objeto de la parte izquierda de la asignación recibe por defecto una copia exacta del objeto que se encuentra a la derecha de la misma. Esta situación puede causar problemas si, por ejemplo, el objeto realiza una reserva de memoria. Si, después de una asignación, un objeto altera o libera dicha memoria, el segundo objeto se ve afectado debido a que sigue haciendo uso de dicha memoria. La solución a este problema consiste en sobrecargar el **operador de asignación**.

El siguiente listado de código muestra la implementación de una clase en la que se reserva memoria en el constructor, en concreto, un array de caracteres.

Listado 3.17: Sobrecarga del operador de asignación

```
1  #include <iostream>
2  #include <cstring>
3  #include <cstdlib>
4  using namespace std;
5
6  class A {
7    char *_valor;
8  public:
9    A() {_valor = 0;}
10   A(const A &obj);  // Constructor de copia.
11   ~A() {if(_valor) delete [] _valor;
12     cout << "Liberando..." << endl;}
13
14   void mostrar () const {cout << _valor << endl;}
15   void set (char *valor);
16  };
17
18  A::A(const A &obj) {
19    _valor = new char[strlen(obj._valor) + 1];
20    strcpy(_valor, obj._valor);
21  }
22
23  void A::set (char *valor) {
24    delete [] _valor;
25    _valor = new char[strlen(valor) + 1];
26    strcpy(_valor, valor);
27  }
```

El constructor de copia se define entre las líneas 18 y 21, reservando una nueva región de memoria para el contenido de _valor y copiando el mismo en la variable miembro. Por otra parte, las líneas 23-26 muestran la implementación de la función set, que modifica el contenido de dicha variable miembro.

El siguiente listado muestra la implementación de la función *entrada*, que pide una cadena por teclado y devuelve un objeto que alberga la entrada proporcionada por el usuario.

En primer lugar, el programa se comporta adecuadamente cuando se llama a *entrada*, particularmente cuando se devuelve la copia del objeto *a*, utilizando el constructor de copia previamente definido. Sin embargo, el programará abortará abruptamente cuando el objeto devuelto por *entrada* se asigna a *obj* en la función principal. Recuerde que en este caso se efectua una copia idéntica. El problema reside en que *obj.valor* apunta a la misma dirección de memoria que el objeto temporal, y éste último se destruye después de volver desde *entrada*, por lo que *obj.valor* apunta a memoria que acaba de ser liberada. Además, *obj.valor* se vuelve a liberar al finalizar el programa.

Listado 3.18: Sobrecarga del operador de asignación (cont.)

```
1  A entrada () {
2    char entrada[80];
3    A a;
4
5    cout << "Introduzca texto... ";
6    cin >> entrada;
7
8    a.set(entrada);
9    return a;
10 }
11
12 int main () {
13   A obj;
14   obj = entrada(); // Fallo.
15   obj.mostrar();
16   return 0;
17 }
```

Para solucionar este problema se sobrecarga el operador de asignación de copia en la clase en cuestión, tal y como muestra el siguiente listado de código.

Listado 3.19: Sobrecarga del operador de asignación (cont.)

```
1  A& A::operator= (const A &obj) {
2    if (strlen(obj._valor) > strlen(_valor)) {
3      delete [] _valor;
4      _valor = new char[strlen(obj._valor) + 1];
5    }
6
7    strcpy(_valor, obj._valor);
8
9    return *this;
10 }
```

En la función anterior se comprueba si la variable miembro tiene suficiente memoria para albergar el objeto pasado como parámetro (línea ②). Si no es así, libera memoria y reserva la que sea necesaria para, posteriormente, devolver la copia de manera adecuada.

Finalmente, resulta especialmente relevante destacar que C++ permite la sobrecarga de cualquier operador, a excepción de *new*, *delete*, ->, ->* y el operador coma, que requieren otro tipo de técnicas. El resto de operadores se sobrecargan del mismo modo que los discutidos en esta sección.

3.3.   Herencia y polimorfismo

La **herencia** representa uno de los conceptos fundamentales de la POO debido a que permite la creación de jerarquías de elementos. De este modo, es posible crear una clase base que define los aspectos o características comunes de una serie de elementos relacionados. A continuación, esta clase se puede extender para que cada uno de estos elementos añada las características únicas que lo diferencian del resto.

En C++, las clases que son heredadas se definen como **clases base**, mientras que las clases que heredan se definen como **clases derivadas**. Una clase derivada puede ser a su vez clase base, posibilitando la generación de jerarquías de clases. Dichas jerarquías permiten la creación de cadenas en las que los eslabones están representados por clases individuales.

Polimorfismo

El polimorfismo se suele definir como *una interfaz, múltiples métodos* y representa una de los aspectos clave de la POO.

Por otra parte, el **polimorfismo** es el término que describe el proceso mediante el cual distintas implementaciones de una misma función se utilizan bajo un mismo nombre. Así, se garantiza un acceso uniforme a la funcionalidad, aunque las características de cada operación sean distintas.

En C++, el polimorfismo está soportado tanto en tiempo de compilación como en tiempo de ejecución. Por una parte, la sobrecarga de operadores y de funciones son ejemplos de polimorfismo en tiempo de compilación. Por otra parte, el uso de clases derivadas y de funciones virtuales posibilitan el polimorfismo en tiempo de ejecución.

3.3.1. Herencia

El siguiente listado de código muestra la clase base *Vehículo* que, desde un punto de vista general, define un medio de transporte por carretera. De hecho, sus variables miembro son el número de ruedas y el número de pasajeros.

Listado 3.20: Clase base *Vehículo*

```
1  class Vehiculo {
2    int _ruedas;    // Privado. No accesible en clases derivadas.
3    int _pasajeros;
4
5  public:
6    void setRuedas (int ruedas) {_ruedas = ruedas;}
7    int getRuedas () const {return _ruedas;}
8    void setPasajeros (int pasajeros) {_pasajeros = pasajeros;}
9    int getPasajeros () const {return _pasajeros;}
10 };
```

La clase base anterior se puede extender para definir coches con una nueva característica propia de los mismos, como se puede apreciar en el siguiente listado.

Listado 3.21: Clase derivada *Coche*

```
1  #include <iostream>
2  #include "Vehiculo.cpp"
3  using namespace std;
4
5  class Coche : public Vehiculo {
6    int _PMA;
7
8  public:
9    void setPMA (int PMA) {_PMA = PMA;}
10   int getPMA () const {return _PMA;}
11
12   void mostrar () const {
13     cout << "Ruedas: " << getRuedas() << endl;
14     cout << "Pasajeros: " << getPasajeros() << endl;
15     cout << "PMA: " << _PMA << endl;
16   }
17 };
```

Herencia y acceso

El modificador de acceso cuando se usa herencia es opcional. Sin embargo, si éste se especifica ha de ser **public, protected** o **private**. Por defecto, su valor es *private* si la clase derivada es efectivamente una clase. Si la clase derivada es una estructura, entonces su valor por defecto es *public*.

En este ejemplo no se han definido los constructores de manera intencionada para discutir el acceso a los miembros de la clase. Como se puede apreciar en la línea ⑤ del siguiente listado, la clase *Coche* hereda de la clase *Vehículo*, utilizando el operador **:**. La palabra reservada **public** delante de *Vehículo* determina el tipo de acceso. En este caso concreto, el uso de *public* implica que todos los miembros públicos de la clase base serán también miembros públicos de la clase derivada. En otras palabras, el efecto que se produce equivale a que los miembros públicos de *Vehículo* se hubieran declarado dentro de *Coche*. Sin embargo, desde *Coche* no es posible acceder a los miembros privados de *Vehículo*, como por ejemplo a la variable *_ruedas*.

El caso contrario a la herencia pública es la *herencia privada*. En este caso, cuando la clase base se hereda con *private*, entonces todos los miembros públicos de la clase base se convierten en privados en la clase derivada.

Además de ser público o privado, un miembro de clase se puede definir como **protegido**. Del mismo modo, una clase base se puede heredar como protegida. Si un miembro se declara como protegido, dicho miembro no es accesible por elementos que no sean miembros de la clase salvo en una excepción. Dicha excepción consiste en heredar un miembro protegido, hecho que marca la diferencia entre *private* y *protected*. En esencia, los miembros protegidos de la clase base se convierten en miembros *protegidos* de la clase derivada. Desde otro punto de vista, los miembros protegidos son miembros privados de una clase base pero con la posibilidad de heredarlos y acceder a ellos por parte de una clase derivada. El siguiente listado de código muestra el uso de *protected*.

Listado 3.22: Clase derivada *Coche*. Acceso protegido

```
1   #include <iostream>
2   using namespace std;
3
4   class Vehiculo {
5   protected:
6     int _ruedas;     // Accesibles en Coche.
7     int _pasajeros;
8     // ...
9   };
10
11  class Coche : protected Vehiculo {
12    int _PMA;
13
14  public:
15    // ...
16    void mostrar () const {
17      cout << "Ruedas: " << _ruedas << endl;
18      cout << "Pasajeros: " << _pasajeros << endl;
19      cout << "PMA: " << _PMA << endl;
20    }
21  };
```

Otro caso particular que resulta relevante comentar se da cuando una clase base se hereda como privada. En este caso, los miembros protegidos se heredan como miembros privados en la clase protegida.

Si una clase base se hereda como protegida mediante el modificador de acceso *protected*, entonces todos los miembros públicos y protegidos de dicha clase se heredan como miembros protegidos en la clase derivada.

Constructores y destructores

Cuando se hace uso de herencia y se definen constructores y/o destructores de clase, es importante conocer el orden en el que se ejecutan en el caso de la clase base y de la clase derivada, respectivamente. Básicamente, a la hora de construir un objeto de una clase derivada, primero se ejecuta el constructor de la clase base y, a continuación, el constructor de la derivada. En el caso de la destrucción de objetos, el orden se invierte, es decir, primero se ejecuta el destructor de la clase derivada y, a continuación, el de la clase base.

Inicialización de objetos

El constructor de una clase debería inicializar idealmente todo el estado de los objetos instanciados. Utilice el constructor de la clase base cuando así sea necesario.

Otro aspecto relevante está vinculado al paso de parámetros al constructor de la clase base desde el constructor de la clase derivada. Para ello, simplemente se realiza una llamada al constructor de la clase base, pasando los argumentos que sean necesarios. Este planteamiento es similar al utilizado en Java mediante *super( )*. Note que aunque una clase derivada no tenga variables miembro, en su constructor han de especificarse aquellos parámetros que se deseen utilizar para llamar al constructor de la clase base.

 Recuerde que, al utilizar herencia, los constructores se ejecutan en el orden de su derivación mientras que los destructores se ejecutan en el orden inverso a la derivación.

3.3.2. Herencia múltiple

C++ posibilita la herencia múltiple, es decir, permite que una clase derivada herede de **dos o más clases base**. Para ejemplificar la potencia de la herencia múltiple, a continuación se plantea un problema que se abordará con distintos enfoques con el objetivo de obtener una buena solución de diseño [3].

Suponga que es necesario diseñar la clase *ObjetoJuego*, la cual se utilizará como clase base para distintas entidades en un juego, como los enemigos, las cámaras, los *items*, etc. En concreto, es necesario que todos los objetos del juego soporten funcionalidad relativa a la recepción de mensajes y, de manera simultánea, dichos objetos han de poder relacionarse como parte de una estructura de árbol.

El enfoque *todo en uno*

Una primera opción de diseño podría consistir en aplicar un enfoque *todo en uno*, es decir, implementar los requisitos previamente comentados en la propia clase *ObjetoJuego*, añadiendo la funcionalidad de recepción de mensajes y la posibilidad de enlazar el objeto en cualquier parte del árbol a la propia clase.

Aunque la simplicidad de esta aproximación es su principal ventaja, en general añadir todo lo que se necesita en una única clase no es la mejor decisión de diseño. Si se utiliza este enfoque para añadir más funcionalidad, la clase crecerá en tamaño y en complejidad cada vez que se integre un nuevo requisito funcional. Así, una clase base que resulta fundamental en el diseño de un juego se convertirá en un elemento difícil de utilizar y de mantener. En otras palabras, la simplicidad a corto plazo se transforma en complejidad a largo plazo.

Otro problema concreto con este enfoque es la duplicidad de código, ya que la clase *ObjetoJuego* puede no ser la única en recibir mensajes, por ejemplo. La clase *Jugador* podría necesitar recibir mensajes sin ser un tipo particular de la primera clase. En el caso de enlazar con una estructura de árbol se podría dar el mismo problema, ya que otros elementos del juego, como por ejemplo los nodos de una escena se podría organizar del mismo modo y haciendo uso del mismo tipo de estructura de árbol. En este contexto, copiar el código allí donde sea necesario no es una solución viable debido a que complica enormemente el mantenimiento y afecta de manera directa a la arquitectura del diseño.

Enfoque basado en agregación

La conclusión directa que se obtiene al reflexionar sobre el anterior enfoque es que resulta necesario diseñar sendas clases, *ReceptorMensajes* y *NodoArbol*, para representar la funcionalidad previamente discutida. La cuestión reside en cómo relacionar dichas clases con la clase *ObjetoJuego*.

Contenedores

La aplicación de un esquema basado en agregación, de manera que una clase contiene elementos relevantes vinculados a su funcionalidad, es en general un buen diseño.

Una opción inmediata podría ser la agregación, de manera que un objeto de la clase *ObjetoJuego* contuviera un objeto de la clase *ReceptorMensajes* y otro de la clase *NodoArbol*, respectivamente. Así, la clase *ObjetoJuego* sería responsable de proporcionar la funcionalidad necesaria para manejarlos en su propia interfaz. En términos generales, esta solución proporciona un gran nivel de reutilización sin incrementar de manera significativa la complejidad de las clases que se extienden de esta forma.

El siguiente listado de código muestra una posible implementación de este diseño.

Listado 3.23: Clase *ObjetoJuego*. Uso agregación

```
1  class ObjetoJuego {
2  public:
3    bool recibirMensaje (const Mensaje &m);
4
5    ObjetoJuego* getPadre ();
6    ObjetoJuego* getPrimerHijo ();
7    // ...
8
9  private:
10   ReceptorMensajes *_receptorMensajes;
11   NodoArbol *_nodoArbol;
12 };
13
14 inline bool recibirMensaje (const Mensaje &m) {
15   return _receptorMensajes->recibirMensaje(m);
16 }
17
18 inline ObjetoJuego* getPadre () {
19   return _nodoArbol->getPadre();
20 }
21
22 inline ObjetoJuego* getPrimerHijo () {
23   return _nodoArbol->getPrimerHijo();
24 }
```

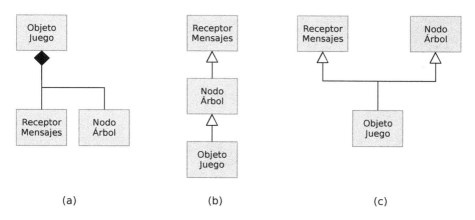

(a) (b) (c)

Figura 3.2: Distintas soluciones de diseño para el problema de la clase *ObjetoJuego*. **(a)** Uso de agregación. **(b)** Herencia simple. **(c)** Herencia múltiple.

La desventaja directa de este enfoque es la generación de un gran número de funciones que simplemente llaman a la función de una variable miembro, las cuales han de crearse y mantenerse. Si unimos este hecho a un cambio en su interfaz, el mantenimiento se complica aún más. Así mismo, se puede producir una sobrecarga en el número de llamadas a función, hecho que puede reducir el rendimiento de la aplicación.

Una posible solución a este problema consiste en exponer los propios objetos en lugar de envolverlos con llamadas a funciones miembro. Este planteamiento simplifica el mantenimiento pero tiene la desventaja de que proporciona más información de la realmente necesaria en la clase *ObjetoJuego*. Si además, posteriormente, es necesario modificar la implementación de dicha clase con propósitos de incrementar la eficiencia, entonces habría que modificar todo el código que haga uso de la misma.

Enfoque basado en herencia simple

Otra posible solución de diseño consiste en usar herencia simple, es decir, *ObjetoJuego* se podría declarar como una clase derivada de *ReceptorMensajes*, aunque *NodoArbol* quedaría aislado. Si se utiliza herencia simple, entonces una alternativa sería aplicar una cadena de herencia, de manera que, por ejemplo, *ArbolNodo* hereda de *ReceptorMensajes* y, a su vez, *ObjetoJuego* hereda de *ArbolNodo* (ver figura 3.2.b).

Uso de la herencia

Recuerde utilizar la herencia con prudencia. Un buen truco consiste en preguntarse si la clase derivada **es un** tipo particular de la base.

Aunque este planteamiento es perfectamente funcional, el diseño no es adecuado ya que resulta bastante lógico pensar que *ArbolNodo* no es un tipo especial de *ReceptorMensajes*. Si no es así, entonces no debería utilizarse herencia. Simple y llanamente. Del mismo modo, la relación inversa tampoco es lógica.

Enfoque basado en herencia múltiple

La herencia múltiple representa la solución idónea al problema planteado. Realmente, la herencia múltiple funciona como la herencia simple, pero posibilita que una clase derivada herede de dos clases base. En este caso particular, *ObjetoJuego* podría heredar de *ReceptorMensajes* y de *ArbolNodo* simultáneamente. Así, la primera clase tendría de manera automática la interfaz, las variables miembro y la funcionalidad de las otras dos clases.

Listado 3.24: Clase *ObjetoJuego*. Herencia múltiple

```
1  class ObjetoJuego: public ReceptorMensajes, public NodoArbol {
2  public:
3      // Funcionalidad necesaria.
4  };
```

Desde un punto de vista general, la herencia múltiple puede introducir una serie de complicaciones y desventajas, entre las que destacan las siguientes:

- **Ambigüedad**, debido a que las clases base de las que hereda una clase derivada pueden mantener el mismo nombre para una función. Para solucionar este problema, se puede explicitar el nombre de la clase base antes de hacer uso de la función, es decir, *ClaseBase::Funcion*.

- **Topografía**, debido a que se puede dar la situación en la que una clase derivada herede de dos clases base, que a su vez heredan de otra clase, compartiendo todas ellas la misma clase. Este tipo de árboles de herencia puede generar consecuencias inesperadas, como duplicidad de variables y ambigüedad. Este tipo de problemas se puede solventar mediante *herencia virtual*, concepto distinto al que se estudiará en el siguiente apartado relativo al uso de *funciones virtuales*.

- **Arquitectura del programa**, debido a que el uso de la herencia, simple o múltiple, puede contribuir a degradar el diseño del programa y crear un fuerte acoplamiento entre las distintas clases que la componen. En general, es recomendable utilizar alternativas como la composición y relegar el uso de la herencia múltiple sólo cuando sea la mejor alternativa real.

 Las jerarquías de herencia que forman un diamante, conocidas comúnmente como DOD (Diamond Of Death) deberían evitarse y, generalmente, es un signo de un diseño incorrecto.

3.3.3. Funciones virtuales y polimorfismo

Como se introdujo al principio de la sección 3.3, en C++ el polimorfismo está soportado tanto en tiempo de compilación como en tiempo de ejecución. La sobrecarga de operadores y de funciones son ejemplos de polimorfismo en tiempo de compilación, mientras que el uso de clases derivadas y de funciones virtuales posibilitan el polimorfismo en tiempo de ejecución. Antes de pasar a discutir las funciones virtuales, se introducirá el concepto de puntero a la clase base como fundamento básico del polimorfismo en tiempo de ejecución.

El puntero a la clase base

En términos generales, un puntero de un determinado tipo no puede apuntar a un objeto de otro tipo distinto. Sin embargo, los punteros a las clases bases y derivadas representan la excepción a esta regla. En C++, un puntero de una determinada clase base se puede utilizar para apuntar a objetos de una clase derivada a partir de dicha clase base.

Flexibilidad en C++

El polimorfismo en C++ es un arma muy poderosa y, junto con la herencia, permite diseñar e implementar programas complejos.

En el listado de código 3.25 se retoma el ejemplo de uso de herencia entre las clases *Vehículo* y *Coche* para mostrar el uso de un puntero a una clase base (*Vehículo*). Como se puede apreciar en la línea 11, el puntero de tipo base *Vehículo* se utiliza para apuntar a un objeto de tipo derivado *Coche*, para, posteriormente, acceder al número de pasajeros en la línea 12.

Listado 3.25: Manejo de punteros a clase base

```
1  #include "Coche.cpp"
2
3  int main () {
4    Vehiculo *v; // Puntero a objeto de tipo vehículo.
5    Coche c;     // Objeto de tipo coche.
6
7    c.setRuedas(4);    // Se establece el estado de c.
8    c.setPasajeros(7);
9    c.setPMA(1885);
10
11   v = &c;       // v apunta a un objeto de tipo coche.
12   cout << "Pasajeros: " << v->getPasajeros() << endl;
13
14   return 0;
15 }
```

Cuando se utilizan punteros a la clase base, es importante recordar que sólo es posible acceder a aquellos elementos que pertenecen a la clase base. En el listado de código 3.26 se ejemplifica cómo no es posible acceder a elementos de una clase derivada utilizando un puntero a la clase base.

Fíjese cómo en la línea 13 el programa está intentando acceder a un elemento particular de la clase *Coche* mediante un puntero de tipo *Vehículo*. Obviamente, el compilador generará un error ya que la función *getPMA()* es específica de la clase derivada. Si se desea acceder a los elementos de una clase derivada a través de un puntero a la clase base, entonces es necesario utilizar un **molde** o *cast*.

Tipos de *casting*

En C++, es preferible utilizar los mecanismos específicamente diseñados para realizar *castings*. En el caso de manejar herencia simple, se puede utilizar el operador *static_cast*. En el caso de herencia múltiple, se puede utilizar *dynamic_cast*, ya que existen diferentes clases base para una misma clase derivada.

En la línea 15 se muestra cómo realizar un *casting* para poder utilizar la funcionalidad anteriormente mencionada. Sin embargo, y aunque la instrucción es perfectamente válida, es preferible utilizar la nomenclatura de la línea 17, la cual es más limpia y hace uso de elementos típicos de C++.

Listado 3.26: Manejo de punteros a clase base (cont.)

```
1  #include "Coche.cpp"
2
3  int main () {
4      Vehiculo *v;  // Puntero a objeto de tipo vehículo.
5      Coche c;      // Objeto de tipo coche.
6
7      c.setRuedas(4);      // Se establece el estado de c.
8      c.setPasajeros(7);
9      c.setPMA(1885);
10
11     v = &c;       // v apunta a un objeto de tipo coche.
12
13     cout << v->getPMA() << endl; // ERROR en tiempo de compilación.
14
15     cout << ((Coche*)v)->getPMA() << endl; // NO recomendable.
16
17     cout << static_cast<Coche*>(v)->getPMA() << endl; // Estilo C++.
18
19     return 0;
20 }
```

Otro punto a destacar está relacionado con la aritmética de punteros. En esencia, los punteros se incrementan o decrementan de acuerdo a la clase base. En otras palabras, cuando un puntero a una clase base está apuntando a una clase derivada y dicho puntero se incrementa, entonces no apuntará al siguiente objeto de la clase derivada. Por el contrario, apuntará a lo que *él cree que es* el siguiente objeto de la clase base. Por lo tanto, no es correcto incrementar un puntero de clase base que apunta a un objeto de clase derivada.

Finalmente, es importante destacar que, al igual que ocurre con los punteros, una **referencia** a una clase base se puede utilizar para referenciar a un objeto de la clase derivada. La aplicación directa de este planteamiento se da en los parámetros de una función.

Uso de funciones virtuales

La palabra clave *virtual*

Una clase que incluya una función virtual es una clase polimórfica.

Una función virtual es una función declarada como *virtual* en la clase base y redefinida en una o más clases derivadas. De este modo, cada clase derivada puede tener su propia versión de dicha función. El aspecto interesante es lo que ocurre cuando se llama a esta función con un puntero o referencia a la clase base. En este contexto, C++ determina en tiempo de ejecución qué versión de la función se ha de ejecutar en función del tipo de objeto al que apunta el puntero.

Listado 3.27: Uso básico de funciones virtuales

```
1  #include <iostream>
2  using namespace std;
3
4  class Base {
5  public:
6    virtual void imprimir () const { cout << "Soy Base!" << endl; }
7  };
8
9  class Derivada1 : public Base {
10 public:
11   void imprimir () const { cout << "Soy Derivada1!" << endl; }
12 };
13
14 class Derivada2 : public Base {
15 public:
16   void imprimir () const { cout << "Soy Derivada2!" << endl; }
17 };
18
19 int main () {
20   Base *pb, base_obj;
21   Derivada1 d1_obj;
22   Derivada2 d2_obj;
23
24   pb = &base_obj;
25   pb->imprimir(); // Acceso a imprimir de Base.
26   pb = &d1_obj;
27   pb->imprimir(); // Acceso a imprimir de Derivada1.
28   pb = &d2_obj;
29   pb->imprimir(); // Acceso a imprimir de Derivada2.
30
31   return 0;
32 }
```

La ejecución del programa produce la siguiente salida:

```
Soy Base!
Soy Derivada1!
Soy Derivada2!
```

Las funciones virtuales han de ser miembros de la clase en la que se definen, es decir, no pueden ser funciones amigas. Sin embargo, una función virtual puede ser amiga de otra clase. Además, los destructores se pueden definir como funciones virtuales, mientras que en los constructores no.

Las funciones virtuales se heredan de manera independiente del número de niveles que tenga la jerarquía de clases. Suponga que en el ejemplo anterior *Derivada2* hereda de *Derivada1* en lugar de heredar de *Base*. En este caso, la función *imprimir* seguiría siendo virtual y C++ sería capaz de seleccionar la versión adecuada al llamar a dicha función. Si una clase derivada no sobreescribe una función virtual definida en la clase base, entonces se utiliza la versión de la clase base.

Sobrecarga/sobreescrit.

Cuando una función virtual se redefine en una clase derivada, la función se sobreescribe. Para sobrecargar una función, recuerde que el número de parámetros y/o sus tipos han de ser diferentes.

El polimorfismo permite manejar la complejidad de los programas, garantizando la escalabilidad de los mismos, debido a que se basa en el principio de ***una interfaz, múltiples métodos***. Por ejemplo, si un programa está bien diseñado, entonces se puede suponer que todos los objetos que derivan de una clase base se acceden de la misma forma, incluso si las acciones específicas varían de una clase derivada a la siguiente. Esto implica que sólo es necesario recordar una interfaz. Sin embargo, la clase derivada es libre de añadir uno o todos los aspectos funcionales especificados en la clase base.

Un aspecto clave para entender el polimorfismo reside en que la clase base y las derivadas forman una jerarquía, la cual plantea una evolución desde los aspectos más generales (clase base) hasta los aspectos más específicos (clases derivadas). Así, diseñar correctamente la clase base es esencial.

Funciones virtuales puras y clases abstractas

Si una función virtual no se redefine en la clase derivada, entonces se utiliza la función definida en la clase base. Sin embargo, en determinadas situaciones no tiene sentido definir una función virtual en una clase base debido a que semánticamente no es correcto. El escenario típico se produce cuando existe una clase base, asociada a un concepto abstracto, para la que no pueden existir objetos. Por ejemplo, una clase *Figura* sólo tiene sentido como base de alguna clase derivada.

En estos casos, es posible implementar las funciones virtuales de la clase base de manera que generen un error, ya que su ejecución carece de sentido en este tipo de clases que manejan conceptos abstractos. Sin embargo, C++ proporciona un mecanismo para tratar este tipo de situaciones: el uso de *funciones virtuales puras*. Este tipo de funciones virtuales permite la definición de *clases abstractas*, es decir, clases a partir de las cuales no es posible instanciar objetos.

El siguiente listado de código muestra un ejemplo en el que se define la clase abstracta *Figura*, como base para la definición de figuras concretos, como el círculo. Note como la transformación de una función virtual en pura se consigue mediante el especificador **=0**.

Listado 3.28: Uso básico de funciones virtuales puras

```cpp
 1  #include <iostream>
 2  using namespace std;
 3
 4  class Figura { // Clase abstracta Figura.
 5  public:
 6    virtual float area () const = 0; // Función virtual pura.
 7  };
 8
 9  class Circulo : public Figura {
10  public:
11    Circulo (float r): _radio(r) {}
12    void setRadio (float r) { _radio = r; }
13    float getRadio () const { return _radio; }
14
15  // Redefinición de area () en Círculo.
16    float area () const { return _radio * _radio * 3.14; }
17
18  private:
19    float _radio;
20  };
21
22  int main () {
23    Figura *f;
24    Circulo c(1.0);
25
26    f = &c;
27    cout << "AREA: " << f->area() << endl;
28
29    // Recuerde realizar un casting al acceder a func. específica.
30    cout << "Radio:" << static_cast<Circulo*>(f)->getRadio() << endl;
31
32    return 0;
33  }
```

Fundamentos POO

La encapsulación, la herencia y el polimorfimos representan los pilares fundamentales de la programación orientada a objetos.

Recuerde que una clase con una o más funciones virtuales puras es una clase abstracta y, por lo tanto, no se pueden realizar instancias a partir de ella. En realidad, la clase abstracta define una interfaz que sirve como **contrato funcional** para el resto de clases que hereden a partir de la misma.

En el ejemplo anterior, la clase *Circulo* está obligada a implementar la función *area* en caso de definirla. En caso contrario, el compilador generará un error. De hecho, si una función virtual pura no se define en una clase derivada, entonces dicha función virtual sigue siendo pura y, por lo tanto, la clase derivada es también una clase abstracta.

El uso más relevante de las clases abstractas consiste en proporcionar una interfaz sin revelar ningún aspecto de la implementación subyacente. Esta idea está fuertemente relacionada con la encapsulación, otro de los conceptos fundamentales de la POO junto con la herencia y el polimorfismo.

3.4. Plantillas

En el desarrollo de software es bastante común encontrarse con situaciones en las que los programas implementados se parecen enormemente a otros implementados con anterioridad, salvo por la necesidad de tratar con distintos tipos de datos o de clases. Por ejemplo, un mismo algoritmo puede mantener el mismo comportamiento de manera que éste no se ve afectado por el tipo de datos a manejar.

En esta sección se discute el uso de las plantillas en C++, un mecanismo que permite escribir **código genérico** sin tener dependencias explícitas respecto a tipos de datos específicos.

General y óptimo

Recuerde que en el desarrollo de videojuegos siempre existe un compromiso entre plantear una solución general y una solución optimizada para la plataforma final.

3.4.1. Caso de estudio. Listas

En el ámbito del desarrollo de videojuegos, una de las principales estructuras de datos manejadas es la lista de elementos. Por ejemplo, puede existir una lista que almacene las distintas entidades de nuestro juego, otra lista que contenga la lista de mallas poligonales de un objeto o incluso es bastante común disponer de listas que almacenen los nombres de los jugadores en el modo multijugador. Debido a que existe una fuerte necesidad de manejar listas con distintos tipos de datos, es importante plantear una implementación que sea mantenible y práctica para tratar con esta problemática.

Una posible alternativa consiste en que la propia clase que define los objetos contenidos en la lista actúe como **propio nodo** de la misma, es decir, que la propia clase sirva para implementar la lista (ver figura 3.3.a). Para ello, simplemente hay que mantener un enlace al siguiente elemento, o dos enlaces si se pretende construir una lista doblemente enlazada. El siguiente listado de código muestra un ejemplo de implementación.

Aunque este planteamiento es muy sencillo y funciona correctamente, la realidad es que adolece de varios problemas:

- Es propenso a errores de programación. El desarrollador ha de recordar casos particulares en la implementación, como por ejemplo la eliminación del último elemento de la lista.

- Un cambio en la implementación de la clase previamente expuesta implicaría cambiar un elevado número de clases.

- No es correcto suponer que todas las listas manejadas en nuestro programa van a tener la misma interfaz, es decir, la misma funcionalidad. Además, es bastante probable que un desarrollador utilice una nomenclatura distinta a la hora de implementar dicha interfaz.

Listado 3.29: Implementación de listas con nodos enlace

```
1  class Entidad {
2  public:
3    // Funcionalidad de la lista.
4    Entidad * getSiguiente ();
5    void eliminar ();
6    void insertar (Entidad *pNuevo);
7
8  private:
9    // Puntero a la cabeza de la lista.
10   Entidad *_pSiguiente;
11 };
```

Otra posible solución consiste en hacer uso de la **herencia** para definir una clase base que represente a cualquier elemento de una lista (ver figura 3.3.b). De este modo, cualquier clase que desee incluir la funcionalidad asociada a la lista simplemente ha de extenderla. Este planteamiento permite tratar a los elementos de la lista mediante polimorfismo. Sin embargo, la mayor desventaja que presenta este enfoque está en el diseño, ya que no es posible separar la funcionalidad de la lista de la clase propiamente dicha, de manera que no es posible tener el objeto en múltiples listas o en alguna otra estructura de datos. Por lo tanto, es importante separar la propia lista de los elementos que realmente contiene.

Una alternativa para proporcionar esta separación consiste en hacer uso de una lista que maneja **punteros de tipo nulo** para albergar distintos tipos de datos (ver figura 3.3.c). De este modo, y mediante los moldes correspondientes, es posible tener una lista con elementos de distinto tipo y, al mismo tiempo, la funcionalidad de la misma está separada del contenido. La principal desventaja de esta aproximación es que no es *type-safe*, es decir, depende del programador incluir la funcionalidad necesaria para convertir tipos, ya que el compilador no los detectará.

Otra desventaja de esta propuesta es que son necesarias dos reservas de memoria para cada uno de los nodos de la lista: una para el objeto y otra para el siguiente nodo de la lista. Este tipo de cuestiones han de considerarse de manera especial en el desarrollo de videojuegos, ya que la plataforma hardware final puede tener ciertas restricciones de recursos.

La figura 3.3 muestra de manera gráfica las distintas opciones discutidas hasta ahora en lo relativo a la implementación de una lista que permita el tratamiento de datos genéricos.

3.4.2. Utilizando plantillas en C++

C++ proporciona el concepto de plantilla como solución a la implementación de código genérico, es decir, código que no esté vinculado a ningún tipo de datos en particular. La idea principal reside en instanciar la plantilla para utilizarla con un tipo de datos en particular. Existen dos tipos principales de plantillas: i) plantillas de clases y ii) plantillas de funciones.

Las **plantillas de clases** permiten utilizar tipos de datos genéricos asociados a una clase, posibilitando posteriormente su instanciación con tipos específicos. El siguiente listado de código muestra un ejemplo muy sencillo.

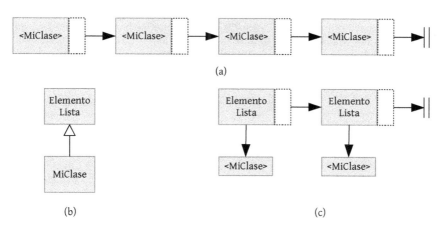

Figura 3.3: Distintos enfoques para la implementación de una lista con elementos génericos. (**a**) Integración en la propia clase de dominio. (**b**) Uso de herencia. (**c**) Contenedor con elementos de tipo nulo.

Listado 3.30: Implementación de un triángulo con plantilla

```cpp
#include <iostream>
using namespace std;

template<class T> // Tipo general T.
class Triangle {
public:
  Triangle (const T &v1, const T &v2, const T &v3):
    _v1(v1), _v2(v2), _v3(v3) {}
  ~Triangle () {}
  T getV1 () const { return _v1; }
  T getV2 () const { return _v2; }
  T getV3 () const { return _v3; }

private:
  T _v1, _v2, _v3;
};

class Vec2 {
public:
  Vec2 (int x, int y): _x(x), _y(y) {}
  ~Vec2 () {}
  int getX () const { return _x; }
  int getY () const { return _y; }

private:
  int _x, _y;
};

int main () {
  Vec2 p1(2, 7), p2(3, 4), p3(7, 10);
  Triangle<Vec2> t(p1, p2, p3); // Instancia de la plantilla.

  cout << "V1: [" << t.getV1().getX() << ", "
       << t.getV1().getY() << "]" << endl;
  return 0;
}
```

Como se puede apreciar, se ha definido una clase *Triángulo* que se puede utilizar para almacenar cualquier tipo de datos. En este ejemplo, se ha instanciado un triángulo con elementos del tipo *Vec2*, que representan valores en el espacio bidimensional. Para ello, se ha utilizado la palabra clave **template** para completar la definición de la clase *Triángulo*, permitiendo el manejo de tipos genéricos **T**. Note cómo este tipo genérico se usa para declarar las variables miembro de dicha clase.

Clase *Vec2*

La clase *Vec2* se podría haber extendido mediante el uso de plantillas para manejar otros tipos de datos comunes a la representación de puntos en el espacio bidimensional, como por ejemplo valores en punto flotante.

Las **plantillas de funciones** siguen la misma idea que las plantillas de clases aplicándolas a las funciones. Obviamente, la principal diferencia con respecto a las plantillas a clases es que no necesitan instanciarse. El siguiente listado de código muestra un ejemplo sencillo de la clásica función *swap* para intercambiar el contenido de dos variables.

Listado 3.31: Ejemplo de uso plantillas de funciones

```
1  #include <iostream>
2  using namespace std;
3
4  template<class T> // Tipo general T.
5  void swap (T &a, T &b) {
6    T aux(a);
7    a = b;
8    b = aux;
9  }
10
11 int main () {
12   string a = "Hello", b = "Good-bye";
13   cout << "[" << a << ", " << b << "]" << endl;
14
15   swap(a, b); // Se instancia para cadenas.
16
17   cout << "[" << a << ", " << b << "]" << endl;
18   return 0;
19 }
```

Dicha función puede utilizarse con enteros, valores en punto flotante, cadenas o cualquier clase con un constructor de copia y un constructor de asignación. Además, la función se instancia dependiendo del tipo de datos utilizado. Recuerde que no es posible utilizar dos tipos de datos distintos, es decir, por ejemplo un entero y un valor en punto flotante, ya que se producirá un error en tiempo de compilación.

El uso de plantillas en C++ solventa todas las necesidades planteadas para manejar las listas introducidas en la sección 3.4.1, principalmente las siguientes:

- **Flexibilidad**, para poder utilizar las listas con distintos tipos de datos.

- **Simplicidad**, para evitar la copia de código cada vez que se utilice una estructura de lista.

- **Uniformidad**, ya que se maneja una única interfaz para la lista.

- **Independencia**, entre el código asociado a la funcionalidad de la lista y el código asociado al tipo de datos que contendrá la lista.

A continuación se muestra la implementación de una posible solución, la cual está compuesta por dos clases generales. La primera de ellas se utilizará para los nodos de la lista y la segunda para especificar la funcionalidad de la propia lista.

Uso de plantillas

Las plantillas son una herramienta excelente para escribir código que no de-
penda de un tipo de datos específico.

Como se puede apreciar en el siguiente listado
de código, las dos clases están definidas para poder
utilizar cualquier tipo de dato y, además, la funcionalidad de la lista es totalmente independiente del
su contenido.

Listado 3.32: Uso de plantillas para implementar listas

```cpp
1  template<class T>
2  class NodoLista {
3  public:
4    NodoLista (T datos);
5    T & getDatos ();
6    NodoLista * siguiente ();
7
8  private:
9    T _datos;
10 };
11
12 template<class T>
13 class Lista {
14 public:
15   NodoLista<T> getCabeza ();
16   void insertarFinal (T datos);
17   // Resto funcionalidad...
18
19 private:
20   NodoLista<T> *_cabeza;
21 };
```

3.4.3. ¿Cuándo utilizar plantillas?

Las plantillas de C++ representan un arma muy poderosa para implementar código
génerico que se pueda utilizar con distintos tipos de datos. Sin embargo, al igual que ocurre con la herencia, hay que ser especialmente cuidadoso a la hora de utilizarlas, debido a
que un uso inadecuado puede generar problemas y retrasos en el desarrollo de software.
A continuación se enumeran las principales desventajas que plantea el uso de plantillas
[3]:

- **Complejidad**, debido a la integración de nueva nomenclatura que puede dificultar
  la legibilidad del código. Además, el uso de plantillas hace que la depuración de
  código sea más difícil.

- **Dependencia**, ya que el código de la plantilla ha de incluirse en un fichero de cabecera para que sea visible por el compilador a la hora de instanciarlo. Este planteamiento incrementa el acoplamiento entre clases. Además, el tiempo de compilación
  se ve afectado.

- **Duplicidad de código**, debido a que si, por ejemplo, se crea una lista con un nuevo
  tipo de datos, el compilador ha de crear una nueva clase de lista. Es decir, todas las
  funciones y variables miembro se duplican. En el desarrollo de videojuegos, este
  inconveniente es generalmente asumible debido a la magnitud de los proyectos.

- **Soporte del compilador**, ya que las plantillas no existen como una solución ple-
  namente estandarizada, por lo que es posible, aunque poco probable, que algunos
  compiladores no las soporten.

Desde una perspectiva general, no debe olvidar que las plantillas representan una herramienta adecuada para un determinado uso, por lo que su uso indiscriminado es un error. Recuerde también que las plantillas introducen una dependencia de uso respecto a otras clases y, por lo tanto, su diseño debería ser simple y mantenible.

Equipo de desarrollo

Es importante recordar la experiencia de los compañeros, actuales y futuros, en un grupo de desarrollo a la hora de introducir dependencias con aspectos avanzados en el uso de plantillas en C++.

Una de las situaciones en las que el uso de plantillas resulta adecuado está asociada al uso de **contenedores**, es decir, estructuras de datos que contienen objetos de distintas clases. En este contexto, es importante destacar que la biblioteca STL de C++ ya proporciona una implementación de listas, además de otras estructuras de datos y de algoritmos listos para utilizarse. Por lo tanto, es bastante probable que el desarrollador haga un uso directo de las mismas en lugar de tener que desarrollar desde cero su propia implementación. En el capítulo 5 se estudia el uso de la biblioteca STL y se discute su uso en el ámbito del desarrollo de videojuegos.

3.5. Manejo de excepciones

A la hora de afrontar cualquier desarrollo software, un programador siempre tiene que tratar con los errores que dicho software puede generar. Existen diversas estrategias para afrontar este problema, desde simplemente ignorarlos hasta hacer uso de técnicas que los controlen de manera que sea posible recuperarse de los mismos. En esta sección se discute el manejo de excepciones en C++ con el objetivo de escribir **programas robustos** que permitan gestionar de manera adecuada el tratamiento de errores y situaciones inesperadas. Sin embargo, antes de profundizar en este aspecto se introducirán brevemente las distintas alternativas más relevantes a la hora de tratar con errores.

3.5.1. Alternativas existentes

La estrategia más simple relativa al tratamiento de errores consiste en **ignorarlos**. Aunque parezca una opción insensata y arriesgada, la realidad es que la mayoría de programas hacen uso de este planteamiento en una parte relevante de su código fuente. Este hecho se debe, principalmente, a que el programador asume que existen distintos tipos de errores que no se producirán nunca, o al menos que se producirán con una probabilidad muy baja. Por ejemplo, es bastante común encontrar la sentencia *fclose* sin ningún tipo de comprobación de errores, aún cuando la misma devuelve un valor entero indicando si se ha ejecutado correctamente o no.

Freezing issues

Aunque el desarrollo de videojuegos comerciales madura año a año, aún hoy en día es bastante común encontrar errores y *bugs* en los mismos. Algunos de ellos obligan incluso a *resetear* la estación de juegos por completo.

En el caso particular del desarrollo de videojuegos, hay que ser especialmente cuidadoso con determinadas situaciones que en otros dominios de aplicación pueden no ser tan críticas. Por ejemplo, no es correcto suponer que un PC tendrá memoria suficiente para ejecutar un juego, siendo necesario el tratamiento explícito de situaciones como una posible falta de memoria por parte del sistema. Desde otro punto de vista, el usuario que compra un videojuego profesional asume que éste nunca va a fallar de manera independiente a cualquier tipo de situación que se pueda producir en el juego, por lo que el desarrollador de videojuegos está obligado a considerar de manera especial el tratamiento de errores.

Tradicionalmente, uno de los enfoques más utilizados ha sido el **retorno de códigos de error**, típico en lenguajes de programación de sistemas como C. Desde un punto de vista general, este planteamiento se basa en devolver un código numérico de error, o al menos un valor booleano, indicando si una función se ejecutó correctamente o no. El código que realiza la llamada a la función es el responsable de recoger y tratar dicho valor de retorno.

Este enfoque tiene su principal desventaja en el mantenimiento de código, motivado fundamentalmente por la necesidad de incluir bloques *if-then-else* para capturar y gestionar los posibles errores que se puedan producir en un fragmento de código. Además, la inclusión de este tipo de bloques complica la legibilidad del código, dificultando el entendimiento y ocultando el objetivo real del mismo. Finalmente, el rendimiento del programa también se ve afectado debido a que cada llamada que realizamos ha de estar envuelta en una sentencia *if*.

Otra posible alternativa para afrontar el tratamiento de errores consiste en utilizar **aserciones** (*asserts*), con el objetivo de parar la ejecución del programa y evitar así una posible terminación abrupta. Obviamente, en el desarrollo de videojuegos esta alternativa no es aceptable, pero sí se puede utilizar en la fase de depuración para obtener la mayor cantidad de información posible (por ejemplo, la línea de código que produjo el error) ante una situación inesperada.

Constructores

El uso de códigos de error presenta una dificultad añadida en el uso de constructores, ya que estos no permiten la devolución de valores. En los destructores se da la misma situación.

Hasta ahora, los enfoques comentados tienen una serie de desventajas importantes. En este contexto, las **excepciones** se posicionan como una alternativa más adecuada y práctica. En esencia, el uso de excepciones permite que cuando un programa se tope con una situación inesperada se arroje una excepción. Este hecho tiene como consecuencia que el flujo de ejecución salte al bloque de captura de excepciones más cercano. Si dicho bloque no existe en la función en la que se arrojó la excepción, entonces el programa gestionará de manera adecuada la salida de dicha función (destruyendo los objetos vinculados) y saltará a la función padre con el objetivo de buscar un bloque de captura de excepciones.

Este proceso se realiza recursivamente hasta encontrar dicho bloque o llegará a la función principal delegando en el código de manejo de errores por defecto, que típicamente finalizará la ejecución del programa y mostrará información por la salida estándar o generará un fichero de *log*.

Los bloques de tratamiento de excepciones ofrecen al desarrollador la flexibilidad de hacer lo que desee con el error, ya sea ignorarlo, tratar de recuperarse del mismo o simplemente informar sobre lo que ha ocurrido. Este planteamiento facilita enormemente la distinción entre distintos tipos de errores y, consecuentemente, su tratamiento.

 Recuerde que después de la ejecución de un bloque de captura de excepciones, la ejecución del programa continuará a partir de este punto y no desde donde la excepción fue arrojada.

Además de la mantenibilidad del código y de la flexibilidad del planteamiento, las excepciones permiten enviar más información sobre la naturaleza del error detectado a las capas de nivel superior. Por ejemplo, si se ha detectado un error al abrir un fichero, la interfaz gráfica sería capaz de especificar el fichero que generó el problema. Por el contrario, la utilización de códigos de error no permitiría manejar información más allá de la detección de un error de entrada/salida.

3.5.2.   Excepciones en C++

El uso de excepciones en C++ es realmente sencillo y gira en torno a tres palabras clave: *throw, catch* y *try*. En resumen, cuando un fragmento de código necesita arrojar una excepción, entonces hace uso de **throw**. El control del programa pasa entonces al bloque de código de captura de excepciones más cercano, representado por la sentencia **catch**. Este bloque de captura está vinculado obligatoriamente a un bloque de código en el cual se podría lanzar la excepción, el cual está a su vez envuelto por una sentencia **try**.

Excepciones estándar

C++ maneja una jerarquía de excepciones estándar para tipos generales, como por ejemplo *logic_error* o *runtime_error*, o aspectos más específicos, como por ejemplo *out_of_range* o *bad_alloc*. Algunas de las funciones de la biblioteca estándar de C++ lanzan algunas de estas excepciones.

námica.

El siguiente listado de código muestra un ejemplo muy sencillo de captura de excepciones (líneas `9-11`) ante la posibilidad de que el sistema no pueda reservar memoria (líneas `6-8`). En este caso particular, el programa captura una excepción definida en la biblioteca estándar de C++ denominada *bad_alloc*, de manera que se contempla un posible lanzamiento de la misma cuando se utiliza el operador *new* para asignar memoria de manera dinámica.

Listado 3.33: Uso básico de excepciones

```
1  #include <iostream>
2  #include <exception>
3  using namespace std;
4
5  int main () {
6    try {
7      int *array = new int[1000000];
8    }
9    catch (bad_alloc &e) {
10     cerr << "Error al reservar memoria." << endl;
11   }
12
13   return 0;
14 }
```

Como se ha comentado anteriormente, la sentencia *throw* se utiliza para arrojar excepciones. C++ es estremadamente flexible y permite lanzar un objeto de cualquier tipo de datos como excepción. Este planteamiento posibilita la creación de **excepciones definidas por el usuario** que modelen las distintas situaciones de error que se pueden dar en un programa e incluyan la información más relevante vinculadas a las mismas.

El siguiente listado de código muestra un ejemplo de creación y tratamiento de excepciones definidas por el usuario.

En particular, el código define una excepción general en las líneas `4-10` mediante la definición de la clase *MiExcepcion*, que tiene como variable miembro una cadena de texto que se utilizará para indicar la razón de la excepción. En la función *main*, se lanza una instancia de dicha excepción, definida en la línea `21`, cuando el usuario introduce un valor numérico que no esté en el rango [1, 10]. Posteriormente, dicha excepción se captura en las líneas `24-26`.

Excepciones y clases

Las excepciones se modelan exactamente igual que cualquier otro tipo de objeto y la definición de clase puede contener tanto variables como funciones miembro.

Normalmente, será necesario tratar con distintos tipos de excepciones en un mismo programa. Un enfoque bastante común consiste en hacer uso de una jerarquía de excepciones, con el mismo planteamiento usado en una jerarquía de clases, para modelar distintos tipos de excepciones específicas.

```
      Listado 3.34: Excepción definida por el usuario
 1  #include <iostream>
 2  using namespace std;
 3
 4  class MiExcepcion {
 5    const string &_razon;
 6
 7  public:
 8    MiExcepcion (const string &razon): _razon(razon) {}
 9    const string &getRazon () const {return _razon;}
10  };
11
12  int main () {
13    int valor;
14    const string &r = "Valor introducido incorrecto.";
15
16    try {
17      cout << "Introduzca valor entre 1 y 10...";
18      cin >> valor;
19
20      if ((valor < 1) || (valor > 10)) {
21        throw MiExcepcion(r);
22      }
23    }
24    catch (MiExcepcion &e) {
25      cerr << e.getRazon() << endl;
26    }
27
28    return 0;
29  }
```

La figura 3.4 muestra un ejemplo representativo vinculado con el desarrollo de videojuegos, en la que se plantea una jerarquía con una clase base y tres especializaciones asociadas a errores de gestión de memoria, E/S y operaciones matemáticas.

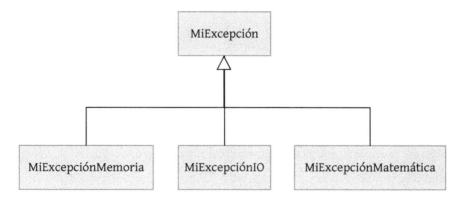

Figura 3.4: Ejemplo de jerarquía de excepciones.

Como se ha comentado anteriormente, los bloques de sentencias *try-catch* son realmente flexibles y posibilitan la gestión de diversos tipos de excepciones. El siguiente listado de código muestra un ejemplo en el que se carga información tridimensional en una estructura de datos.

La idea del siguiente fragmento de código se puede resumir en que el desarrollador está preocupado especialmente por la gestión de errores de entrada/salida o mátematicos (primer y segundo bloque *catch*, respectivamente) pero, al mismo tiempo, no desea que otro tipo de error se propague a capas superiores, al menos un error que esté definido en la jerarquía de excepciones (tercer bloque *catch*). Finalmente, si se desea que el programa capture cualquier tipo de excepción, entonces se puede añadir una captura genérica (ver cuarto bloque *catch*). En resumen, si se lanza una excepción no contemplada en un bloque *catch*, entonces el programa seguirá buscando el bloque *catch* más cercano.

Listado 3.35: Gestión de múltiples excepciones

```
1  void Mesh::cargar (const char *archivo) {
2    try {
3      Stream stream(archivo); // Puede generar un error de I/O.
4      cargar(stream);
5    }
6    catch (MiExcepcionIO &e) {
7      // Gestionar error I/O.
8    }
9    catch (MiExcepcionMatematica & e) {
10     // Gestionar error matemático.
11   }
12   catch (MiExcepcion &e) {
13     // Gestionar otro error...
14   }
15   catch (...) {
16     // Cualquier otro tipo de error...
17   }
18 }
```

Exception handlers

El tratamiento de excepciones se puede enfocar con un esquema parecido al del tratamiento de eventos, es decir, mediante un planteamiento basado en capas y que delege las excepciones para su posterior gestión.

Es importante resaltar que el **orden de las sentencias** *catch* es relevante, ya que dichas sentencias siempre se procesan de arriba a abajo. Además, cuando el programa encuentra un bloque que trata con la excepción lanzada, el resto de bloques se ignoran automáticamente.

Otro aspecto que permite C++ relativo al manejo de excepciones es la posibilidad de **re-lanzar** una excepción, con el objetivo de delegar en una capa superior el tratamiento de la misma. El siguiente listado de código muestra un ejemplo en el que se delega el tratamiento del error de entrada/salida.

```
     Listado 3.36: Re-lanzando una excepción
 1   void Mesh::cargar (const char *archivo) {
 2
 3     try {
 4       Stream stream(archivo); // Puede generar un error de I/O.
 5       cargar(stream);
 6     }
 7
 8     catch (MiExcepcionIO &e) {
 9       if (e.datosCorruptos()) {
10         // Tratar error I/O.
11       }
12       else {
13         throw; // Se re-lanza la excepción.
14       }
15     }
16
17   }
```

3.5.3. ¿Cómo manejar excepciones adecuadamente?

Además de conocer cómo utilizar las sentencias relativas al tratamiento de excepciones, un desarrollador ha de conocer cómo utilizarlas de manera adecuada para evitar problemas potenciales, como por ejemplo no liberar memoria que fue reservada previamente al lanzamiento de una excepción. En términos generales, este problema se puede extrapolar a cómo liberar un recurso que se adquirió previamente a la generación de un error.

El siguiente listado de código muestra cómo utilizar excepciones para liberar correctamente los **recursos previamente reservados** en una función relativa a la carga de texturas a partir de la ruta de una imagen.

Como se puede apreciar, en la función *cargarTextura* se reserva memoria para el manejador del archivo y para el propio objeto de tipo textura. Si se generase una excepción dentro del bloque *try*, entonces se ejecutaría el bloque *catch* genérico que se encarga de liberar los dos recursos previamente mencionados. Así mismo, todos los recursos *locales* de la propia función se destruirán tras salir de la misma.

Sin embargo, este planteamiento se puede mejorar considerando especialmente la naturaleza de los recursos manejados en la función, es decir, los propios punteros. El resto de recursos utilizados en la función tendrán sus destructores correctamente implementados y se puede suponer que finalizarán adecuadamente tras la salida de la función en caso de que se genere una excepción. La parte problemática está representada por los **punteros**, ya que no tienen asociado destructores.

En el caso del manejador de archivos, una solución elegante consiste en construir un *wrapper*, es decir, una clase que envuelva la funcionalidad de dicho manejador y que su constructor haga uso de *fopen* mientras que su destructor haga uso de *fclose*. Así, si se crea un objeto de ese tipo en la pila, el manejador del archivo se liberará cuando dicho objeto quede fuera de alcance (de la función).

Smart pointers

En C++ es bastante común utilizar herramientas que permitan manejar los punteros de una forma más cómodo. Un ejemplo representativo son los punteros *inteligentes* o *smart pointers*.

```
Listado 3.37: Uso adecuado de excepciones
1  Textura * cargarTextura (const char *ruta) {
2    FILE *entrada = NULL;
3    Textura *pTextura = NULL;
4
5    try {
6      entrada = fopen(ruta, "rb");
7      // Instanciar recursos locales...
8      pTextura = new Textura(/*..., ...*/);
9      leerTextura(entrada, pTextura);
10   }
11   catch (...) { // Liberar memoria ante un error.
12     delete pTextura;
13     pTexture = NULL;
14   }
15
16   fclose(entrada);
17   return pTextura;
18 }
```

En el caso del puntero a la textura, es posible aplicar una solución más sencilla para todos los punteros: el uso de la plantilla **unique_ptr**. Dicha clase forma parte del estándar de 2011 de C++ y permite plantear un enfoque similar al del anterior manejador pero con punteros en lugar de con ficheros. Básicamente, cuando un objeto de dicha clase se destruye, entonces el puntero asociado también se libera correctamente. A continuación se muestra un listado de código con las dos soluciones discutidas.

```
Listado 3.38: Uso adecuado de excepciones (simple)
1  unique_ptr<Textura> cargarTextura (const char *ruta) {
2    FilePtr entrada(ruta, "rb");
3    // Instanciar recursos locales...
4    unique_ptr<Textura> pTextura(new Textura(/*..., ...*/));
5
6    leerTextura(entrada, pTextura);
7    return pTextura;
8  }
```

Como se puede apreciar, no es necesario incluir ningún tipo de código de manejo de excepciones, ya que la propia función se encarga de manera implícita gracias al enfoque planteado. Recuerde que una vez que el flujo del programa abandone la función, ya sea de manera normal o provocado por una excepción, todo los recursos habrán sido liberados de manera adecuada.

Finalmente, es importante destacar que este tipo de punteros *inteligentes* se pueden utilizar en otro tipo de situaciones específicas, como por ejemplo los **constructores**. Recuerde que, si se genera una excepción en un constructor, no es posible devolver ningún código de error. Además, si ya se reservó memoria en el constructor, entonces se producirá el clásico *memory leak*, es decir, la situación en la que no se libera una porción de memoria que fue previamente reservada. En estos casos, el destructor no se ejecuta ya que, después de todo, el constructor no finalizó correctamente su ejecución. La solución pasa por hacer uso de este tipo de punteros.

El caso de los **destructores** es menos problemático, ya que es lógico suponer que nadie hará uso de un objeto que se va a destruir, incluso cuando se genere una excepción dentro del propio destructor. Sin embargo, es importante recordar que el destructor no puede lanzar una excepción si el mismo fue llamado como consecuencia de otra excepción.

3.5.4. ¿Cuándo utilizar excepciones?

En el ámbito particular del tratamiento de excepciones en el desarrollo de videojuegos, las excepciones se deberían utilizar para modelar situaciones realmente excepcionales [3], es decir, situaciones que nunca ocurren o que ocurren con poquísima frecuencia. Cuando se lanza una excepción se pone en marcha un proceso complejo compuesto de diversas operaciones, como por ejemplo la búsqueda del bloque de manejo de excepciones más cercano, la modificación de la pila, la destrucción de objetos y la transferencia del control del programa al bloque *catch*.

Este proceso es lento y afectaría enormemente al **rendimiento** del programa. Sin embargo, en el ámbito del desarrollo de videojuegos esta situación no resulta tan crítica, debido a que el uso de excepciones se limita, generalmente, a casos realmente excepcionales. En otras palabras, las excepciones no se utilizan para detectar que, por ejemplo, un enemigo ha caído al agua, sino para modelar aspectos críticos como que el sistema se esté quedando sin memoria física. Al final, este tipo de situaciones puede conducir a una eventual parada del sistema, por lo que el impacto de una excepción no resulta tan importante.

En este contexto, las **consolas de videojuegos** representan el caso más extremo, ya que normalmente tienen los recursos acotados y hay que ser especialmente cuidadoso con el rendimiento de los juegos. El caso más representativo es el **tamaño de la memoria principal**, en el que el impacto de utilizar excepciones puede ser desastroso. Sin embargo, en un PC este problema no es tan crítico, por lo que el uso de excepciones puede ser más recomendable. Algunos autores recomiendan no hacer uso de excepciones [5], sino de códigos de error, en el desarrollo para consolas de videojuegos, debido a su limitada capacidad de memoria.

Plataformas HW

En el ámbito del desarrollo de videojuegos, el uso de excepciones está estrechamente con la plataforma HW final sobre la que se ejecutará el juego en cuestión, debido al impacto en el rendimiento que tienen las mismas.

También es importante reflexionar sobre el **impacto** del uso de las excepciones cuando no se lanzan, es decir, debido principalmente a la inclusión de sentencias *try-catch*. En general, este impacto está vinculado al compilador y a la forma que éste tiene para tratar con esta situación. Otro aspecto relevante es dónde se usa este tipo de sentencias. Si es en fases del juego como la carga inicial de recursos, por ejemplo mapas o modelos, se puede asumir perfectamente la degradación del rendimiento. Por el contrario, si dichas sentencias se van a ejecutar en un módulo que se ejecuta continuamente, entonces el rendimiento se verá afectado enormemente.

En general, las excepciones deberían usarse en aquellas partes de código en las que es posible que ocurra un error de manera inesperada. En el caso particular de los videojuegos, algunos ejemplos representativos son la detección de un archivo corrupto, un fallo hardware o una desconexión de la red.

El uso de excepciones puede coexistir perfectamente con el uso de valores de retorno, aunque es importante tener claro cuándo utilizar un planteamiento y cuándo utilizar otro. Por ejemplo, en el ámbito del desarrollo de videojuegos, el uso de valores de retorno es una solución más práctica y limpia si lo que se desea es simplemente conocer si una función terminó su ejecución de manera adecuada o no, independientemente de los tipos de errores que puedan producirse.

## Capítulo 4

Patrones de Diseño

Cleto Martín Angelina
Francisco Moya Fernández

Cuando nos enfrentamos al diseño de un programa informático como un videojuego, no es posible abordarlo por completo desde una primera aproximación. El proceso de diseño de una aplicación suele ser *iterativo* y en diferentes etapas de forma que se vaya *refinando* con el tiempo. El diseño perfecto y a la primera es muy difícil de conseguir.

La tarea de diseñar aplicaciones es compleja y, con seguridad, una de las más importantes y que más impacto tiene no sólo sobre el producto final, sino también sobre su vida futura. En el diseño de la aplicación es donde se definen las *estructuras* y *entidades* que se van a encargar de resolver el problema modelado, así como sus *relaciones* y sus *dependencias*. Cómo de bien definamos estas entidades y relaciones influirá, en gran medida, en el éxito o fracaso del proyecto y en la viabilidad de su mantenimiento.

El diseño, por tanto, es una tarea capital en el ciclo de vida del software. Sin embargo, no existe un procedimiento sistemático y claro sobre cómo crear el mejor diseño para un problema dado. Podemos utilizar metodologías, técnicas y herramientas que nos permitan refinar nuestro diseño. La *experiencia* también juega un papel importante. Sin embargo, el contexto de la aplicación es crucial y los requisitos, que pueden cambiar durante el proceso de desarrollo, también.

Un videojuego es un programa con una componente muy creativa y artísticas. Además, el mercado de videojuegos se mueve muy deprisa y la adaptación a ese medio cambiante es un factor determinante. En general, los diseños de los programas deben ser *escalables*, *extensibles* y que permitan crear componentes *reutilizables*.

Esta última característica es muy importante ya que la experiencia nos hace ver que al construir una aplicación se nos presentan situaciones *recurrentes* y que se asemejan a situaciones pasadas. Es el *deja vú* en el diseño: «¿cómo solucioné esto?». En esencia, muchos componentes pueden modelarse de formas similares.

En este capítulo, se exploran las bases de los *patrones de diseño* que almacenan este conocimiento experimental procedente del estudio de aplicaciones, de los éxitos y fracasos de casos reales. Bien utilizados, permiten obtener un mejor diseño más temprano.

4.1. Introducción

El diseño de una aplicación es un proceso iterativo y de continuo refinamiento. Normalmente, una aplicación es lo suficientemente compleja como para que su diseño tenga que ser realizado por etapas, de forma que al principio se identifican los módulos más abstractos y, progresivamente, se concreta cada módulo con un diseño en particular.

En el camino, es común encontrar problemas y situaciones que conceptualmente pueden parecerse entre sí, por lo menos a priori. Quizás un estudio más exhaustivo de los requisitos (o del contexto) permitan determinar si realmente se trata de problemas equivalentes.

Por ejemplo, supongamos que para resolver un determinado problema se llega a la conclusión de que varios tipos de objetos deben esperar a un evento producido por otro. Esta situación puede darse en la creación de una interfaz gráfica donde la pulsación de un botón dispara la ejecución de otras acciones. Pero también es similar a la implementación de un manejador del teclado, cuyas pulsaciones son recogidas por los procesos interesados, o la de un gestor de colisiones, que notifica choques entre elementos del juego. Incluso se parece a la forma en que muchos programas de chat envían mensajes a un grupo de usuarios.

Ciertamente, cada uno de los ejemplos anteriores tendrá una implementación diferente y no es posible (ni a veces deseable) aplicar exactamente la misma solución a cada uno de ellos. Sin embargo, sí que es cierto que existe semejanza en la *esencia* del problema. En nuestro ejemplo, en ambos casos existen entidades que necesitan ser notificadas cuando ocurre un cierto evento. Esa semejanza en la esencia del problema que une los diseños de dos soluciones tiene que verse reflejada, de alguna manera, en la implementación final.

Los patrones de diseño son formas bien *conocidas* y *probadas* de resolver problemas de diseño que son recurrentes en el tiempo. Los patrones de diseño son ampliamente utilizados en las disciplinas creativas y técnicas. Así, de la misma forma que un guionista de cine crea guiones a partir de patrones argumentales como «comedia» o «ciencia-ficción», un ingeniero se basa en la experiencia de otros proyectos para identificar patrones comunes que le ayuden a diseñar nuevos procesos. De esta forma, *reutilizando* soluciones bien probadas y conocidas se ayuda a reducir el tiempo necesario para el diseño.

Según [4], un patrón de diseño es una descripción de la comunicación entre objetos y clases personalizadas para solucionar un problema genérico de diseño bajo un contexto determinado. Los patrones sintetizan la tradición y experiencia profesional de diseñadores de software experimentados que han evaluado y demostrado que la solución proporcionada es una *buena solución* bajo un determinado contexto. El diseñador o desarrollador que conozca diferentes patrones de diseño podrá reutilizar estas soluciones, pudiendo alcanzar un mejor diseño más rápidamente.

4.1.1. Elementos básicos de diseño

Si el lector alguna vez ha oído conceptos como *Singleton* o *Decorator* ya sabe, a grandes líneas, a qué nos referimos cuando hablamos de patrones de diseño. Sin embargo, estructuras básicas como un bucle for o un if no se consideran patrones de diseño, al menos a nivel de diseño que solemos referirnos.

Los propios los lenguajes de programación de alto nivel que se utilizan en la mayoría de los programas permiten despreocuparnos sobre el diseño de estas estructuras de control simples. Obviamente para alguien que trabaje en bajo nivel, un bucle es un patrón de diseño que le permite modelar un programa complejo (en términos de bajo nivel). Claramente, el nivel de abstracción que utilicemos es clave en el diseño y definirá qué estructuras asumimos como básicas y cuáles no.

	Object	Method	Field	Type
Object				*Is of type*
Method		*Method call*	*Field Use*	*Returns of type*
Field		*State change*	*Cohesion*	*Is of type*
Type				*Subtyping*

Tabla 4.1: Interacciones entre las entidades básicas de la POO (versión simplificada) [8]

Para los lenguajes de alto nivel que ofrecen la posibilidad de trabajar con diseño orientado a objetos cabe preguntarse cuáles son las estructuras básicas con las que contamos. ¿Cuáles son las relaciones mínimas entre estas entidades que podemos usar para el crear diseños? En general, ¿cuáles son las *piezas atómicas* del diseño?

En [8] se da respuesta a estas preguntas. Basándose en el diseño orientado a objetos, se definen 4 entidades básicas fundamentales:

- *Tipos*: normalmente clases, aunque es válido para lenguajes que no soportan clases.

- *Métodos*: operaciones que se pueden realizar sobre un tipo.

- *Campos*: que pueden ser variables o atributos.

- *Objetos*: instancias de un tipo determinado y que tiene entidad por sí mismo.

Si combinamos los 4 elementos anteriores unos con otros sistemáticamente y pensamos en la relación que pueden tener se obtiene un resultado similar al mostrado en el cuadro 4.1. De forma simplificada y obviando algunas otras, aparecen las principales relaciones de *dependencia* entre las entidades. Por ejemplo, la relación *object-type* es aquella en la que una instancia *depende* de un tipo de determinado. Esta relación es cuando decimos que un objeto *es* de tipo X. *field-method* se produce cuando el valor devuelto por un método podemos llamarla *cambio de estado*. Todas estas relaciones y conceptos muy básicos y seguro que son de sobra conocidas. Sin embargo, resulta interesante estudiarlas por separado y como piezas básicas de un rompecabezas aún mayor que es el diseño de aplicaciones.

La relación *method-method* es aquella en la que un método primero llama a otro como parte de su implementación. Esta simple relación nos permitirá definir patrones básicos de diseño como veremos más adelante. En este capítulo sólo nos centraremos en esta relación pero en [8] puede encontrarse un estudio detallado de las demás relaciones y consiguientes patrones de diseño elementales.

4.1.2. Estructura de un patrón de diseño

Cuando se describe un patrón de diseño se pueden citar más o menos propiedades del mismo: el problema que resuelve, sus ventajas, si proporciona escalabilidad en el diseño o no, etc. Nosotros vamos a seguir las directrices marcadas por los autores del famoso libro de Design Patterns [4] [1], por lo que para definir un patrón de diseño es necesario describir, como mínimo, cuatro componentes fundamentales:

- **Nombre**: el nombre del patrón es fundamental. Es deseable tener un nombre corto y autodefinido, de forma que sea fácil de manejar por diseñadores y desarrolladores.

[1] También conocido como *The Gang of Four (GoF)* (la «Banda de los Cuatro») en referencia a los autores del mismo. Sin duda se trata de un famoso libro en este área, al que no le faltan detractores.

Los buenos nombres pueden ser compartidos por todos de forma que se cree un *vocabulario* común con el que se pueda describir documentación fácilmente, además de construir y detallar soluciones más complejas basadas en patrones. También se deben indicar los *alias* del patrón.

- **Problema y contexto**: obviamente, el problema que resuelve un patrón en concreto debe ser descrito detalladamente. Sin embargo, es muy importante que se dé una definición clara del contexto en el que el patrón tiene sentido aplicarlo. El contexto se puede ver como un listado de precondiciones que deben ser cumplidas para poder aplicar el patrón.

- **Solución**: la solución que proporciona un patrón se describe genéricamente y nunca ligada a ninguna implementación. Normalmente, se utiliza los conceptos y nomenclatura de la programación orientada objetos. Por ello, la solución normalmente describe las clases y las relaciones entre objetos, así como la responsabilidad de cada entidad y cómo colaboran entre ellas para llegar a la solución.

  Gracias a la adopción de esta nomenclatura, la implementación de los patrones en los lenguajes orientados a objetos como C++ es más directa dada su especificación abstracta.

- **Ventajas y desventajas**: la aplicación de un patrón de diseño no es una decisión que debe tomarse sin tener en cuenta los beneficios que aporta y sus posibles inconvenientes. Junto con los anteriores apartados, se deben especificar las ventajas y desventajas que supone la aplicación del patrón en diferentes términos: complejidad, tiempo de ejecución, acoplamiento, cohesión, extensibilidad, portabilidad, etc. Si estos términos están documentados, será más sencillo tomar una decisión.

El uso de patrones de diseño es *recomendable*. Sin embargo, hay que tener en cuenta que un patrón no es bueno ni malo en sí mismo ni en su totalidad. El *contexto de aplicación* puede ser determinante para no optar por una solución basada en un determinado patrón. Los cañones pueden ser una buena arma de guerra, pero no para matar moscas.

4.1.3. Tipos de patrones

De entre los diferentes criterios que se podrían adoptar para clasificar los diferentes patrones de diseño, uno de los más aceptados es el ámbito de diseño donde tienen aplicación. De esta forma, se definen las tres categorías clásicas:

- Patrones **de creación**: se trata de aquellos que proporcionan una solución relacionada con la construcción de clases, objetos y otras estructuras de datos. Por ejemplo, patrones como *Abstract Factory*, *Builder* y otros ofrecen mecanismos de creación de instancias de objetos y estructuras escalables dependiendo de las necesidades.

- Patrones **estructurales**: este tipo de patrones versan sobre la forma de organizar las jerarquías de clases, las relaciones y las diferentes composiciones entre objetos para obtener un buen diseño en base a unos requisitos de entrada. Patrones como *Adapter*, *Facade* o *Flyweight* son ejemplos de patrones estructurales.

- Patrones **de comportamiento**: las soluciones de diseño que proporcionan los patrones de comportamiento están orientadas al envío de mensajes entre objetos y cómo organizar ejecuciones de diferentes métodos para conseguir realizar algún tipo de tarea de forma más conveniente. Algunos ejemplos son *Visitor*, *Iterator* y *Observer*.

Algunos profesionales, como Jeff Atwood, critican el uso «excesivo» de patrones. Argumentan que es más importante identificar bien las responsabilidades de cada entidad que el propio uso del patrón. Otros se plantean si el problema no está realmente en los propios lenguajes de programación, que no proporcionan las herramientas semánticas necesarias.

Como ya se introdujo en la sección 4.1.1, los patrones de diseño definidos en esas categorías pueden verse como patrones compuestos por otro más simples y atómicos. Por ello, a continuación se mencionan y describen algunos de los patrones **elementales** que son la base para la definición de patrones más complejos.

4.2. Patrones elementales

En esta sección se describen algunos (no todos) de los patrones elementales emergidos de la relación *method-method*, es decir, «cuando un método A llama desde su implementación a un método B». Esta relación es *transitiva*, es decir, no importa lo largo que sea la cadena de invocaciones entre un método y otro para decir que el método A depende de B. Por ejemplo, en el siguiente fragmento de código a.x() *depende* de b.y():

Listado 4.1: Dependencia directa entre métodos (ejemplo)

```
1  class B {
2      void y() {
3          // ...
4      }
5  }
6
7  class A {
8      B b;
9      void x() {
10         b.y();
11         // ...
12     }
13 }
14
15 main () {
16     A a;
17     a.x();
18 }
```

Sin embargo, la relación anterior no cambiaría aunque en el método x() no se llamara directamente a b.y(), como ocurre en el siguiente fragmento de código:

Listado 4.2: Dependencia indirecta entre métodos (ejemplo)

```
1  class B {
2      void y() {
3          // ...
4      }
5  }
6
7  class C {
8      B b;
9      void z() {
10             b.y();
11     }
12 }
13
14 class A {
15     C c;
16     void x() {
17             c.z();
18             // ...
19     }
20 }
21
22 main () {
23     A a;
24     a.x();
25 }
```

De igual forma, sigue habiendo una relación de dependencia entre a.x() y b.y(), esta vez por un camino más largo (y que podría introducir errores). Sin embargo, en *esencia*, existe un elemento básico común en el diseño de las dos aplicaciones anteriores y es esa relación entre los métodos. En estos ejemplos es muy evidente, pero ocurre con frecuencia en código de aplicaciones reales donde las relaciones de diseño son más simples de lo que a primera vista parece.

	Method Similar	Method Dissimilar
Object similar	*Recursion*	*Conglomeration*
Object dissimilar	*Redirection*	*Delegation*

Tabla 4.2: Patrones de diseño elementales en la relación *method-method* (versión simplificada) [8]. No se tiene en cuenta la tercera componente correspondiente al tipo

Simplificando lo expuesto en detalle en [8], el cuadro 4.2. Simplemente atendiendo a la relación *method-method* y haciendo las combinaciones posibles entre los objetos y los métodos indicados, obtenemos 4 patrones de diseño elementales, es decir, atómicos:

- **Recursion**: la recursión podemos definirla como la relación *method-method* en el que los objetos y los métodos implicados son los mismos.

- **Conglomeration**: si los objetos son el mismo pero se invoca a un método diferente. Esto ocurre con bastante frecuencia dentro de una clase en la que diferentes métodos se invocan entre sí.

- **Redirection**: una redirección se produce cuando un objeto recibe una invocación a un método y éste invoca «el mismo» método de otro objeto. Cuando se habla del «mismo» nos referimos a un método que «hace lo mismo» en términos de diseño aunque su implementación no sea exactamente la misma. Por ejemplo, la redirección es común en sistemas en donde el trabajo se divide en diferentes objetos (instancias) y un *manager* reparte el trabajo.

- **Delegation**: decimos que un método delega funcionalidad en otro cuando se invoca a un método diferente del mismo objeto. Un ejemplo típico son las clases que tienen referencias a objetos que hacen *diferentes* trabajos por ella.

Los dos primeros patrones no necesitan mucha más explicación. Son ampliamente conocidos y utilizados. Sin embargo, para ver más claramente la diferencia entre *Delegation* y *Redirection* véase los siguientes fragmentos de código:

Listado 4.3: *Delegation* (ejemplo)

```
1  class WheelMaker {
2      Wheel makeWheel() {
3          // do the wheel and return it
4      }
5  }
6
7  class CarMaker {
8      WheelMaker w;
9      Car makeCar() {
10         Wheel wheel1 = w.makeWheel();
11         // ... do more stuff
12     }
13 }
14
15 main() {
16     WheelMaker w;
17     w.makeCar();
18 }
```

El método `print()` es el mismo en términos del trabajo que hay que realizar de cara al cliente, es decir, al usuario de `PrinterManager`. Ambos imprimen un documento y aunque están definidos en diferentes tipos, el diseño nos apunta a que el resultado es un documento impreso. Por ello, cuando un objeto invoca el «mismo» método de otro está redirigiendo su trabajo a otra instancia para que lo haga por él.

Listado 4.4: *Redirection*(ejemplo)

```
1  class Printer {
2      void print(Document d) {
3          //...
4      }
5  }
6
7  class PrinterManager {
8      Printer p;
9      void print(Document d) {
10         p.print(d);
11         //...
12     }
13 }
14
15 main() {
16     Document d;
17     PrinterManager m;
18     m.print(d);
19 }
```

En este caso, claramente fabricar una rueda no es lo mismo que fabricar un coche. Por ello, los métodos `makeWheel()` y `makeCar()` son completamente diferentes, por lo que no se puede hablar de una *redirección* de CarMaker en `WheelMaker` sino más bien de una *delegación*. El fabricante de un coche no puede tener todo el conocimiento necesario para crear cada componente del mismo. Sabe crear coches a partir de unas piezas básicas (ruedas, tornillos, etc.) pero no sabe fabricar las piezas. Por ello, *delega* funcionalidad en otros.

Esto son solo 4 patrones elementales que se deducen a partir de la relación existente entre dos métodos. Todos los patrones que vienen a continuación se pueden expresar como una combinación de patrones elementales. Para ver la colección completa y cómo diseccionar patrones de alto nivel en componentes elementales se recomienda la lectura de [8].

4.3. Patrones de creación

En esta sección se describen algunos patrones que ayudan en el diseño de problemas en los que la creación de instancias de diferentes tipos es el principal problema.

4.3.1. Singleton

El patrón *singleton* se suele utilizar cuando se requiere tener una *única instancia* de un determinado tipo de objeto.

Problema

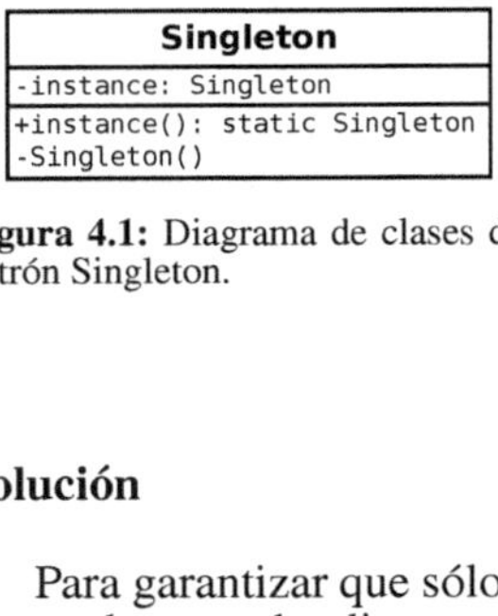

En C++, utilizando el operador `new` es posible crear una instancia de un objeto. Sin embargo, es posible que necesitemos que sólo exista una instancia de una clase determinada por diferentes motivos (prevención de errores, seguridad, etc.).

Singleton
-instance: Singleton
+instance(): static Singleton -Singleton()

Figura 4.1: Diagrama de clases del patrón Singleton.

El balón en un juego de fútbol o la entidad que representa al mundo 3D son ejemplos donde podría ser conveniente mantener una única instancia de este tipo de objetos.

Solución

Para garantizar que sólo existe una instancia de una clase es necesario que los clientes no puedan acceder directamente al constructor. Por ello, en un singleton el constructor es, por lo menos, `protected`. A cambio se debe proporcionar un único punto (controlado) por el cual se pide la instancia única. El diagrama de clases de este patrón se muestra en la figura 4.1.

Implementación

A continuación, se muestra una implementación básica del patrón Singleton:

```
 1  /* Header */
 2  class Ball {
 3  protected:
 4
 5      float _x, _y;
 6      static Ball* theBall_;
 7
 8      Ball(float x, float y) : _x(x), _y(y) { };
 9      Ball(const Ball& ball);
10      void operator=(const Ball& ball ) ;
11
12  public:
13      static Ball& getTheBall();
14
15      void move(float _x, float _y) { /*...*/ };
16  };
17
18  Ball& Ball::getTheBall()
19  {
20      static Ball theBall_;
21      return theBall_;
22  }
```

Listado 4.5: Singleton (ejemplo)

Como se puede ver, la característica más importante es que los métodos que pueden crear una instancia de Ball son todos privados para los clientes externos. Todos ellos deben utilizar el método estático getTheBall() para obtener la única instancia. Esta implementación no es válida para programas multihilo, es decir, no es *thread-safe*.

Como ejercicio se plantea la siguiente pregunta: en la implementación proporcionada, ¿se garantiza que no hay *memory leak*? ¿Qué sería necesario para que la implementación fuera *thread-safe*?

Consideraciones

El patrón Singleton puede ser utilizado para modelar:

- Gestores de acceso a base de datos, sistemas de ficheros, render de gráficos, etc.

- Estructuras que representan la configuración del programa para que sea accesible por todos los elementos en cualquier instante.

El Singleton es un caso particular de un patrón de diseño más general llamado *Object Pool*, que permite crear n instancias de objetos de forma controlada.

La idoneidad del patrón Singleton es muy controvertida y está muy cuestionada. Muchos autores y desarrolladores, entre los que destaca Eric Gamma (uno de los autores de [4]) consideran que es un antipatrón, es decir, una mala solución a un problema de diseño.

4.3.2. Abstract Factory

El patrón *Abstract Factory* permite crear diferentes tipos de instancias, aislando al cliente sobre cómo se debe crear cada una de ellas.

Problema

Conforme un programa crece, el número de clases que representan los diferentes tipos de objetos suele también crecer. Muchos de los diseños tienen jerarquías de objetos tales como la que se muestra en la figura 4.2.

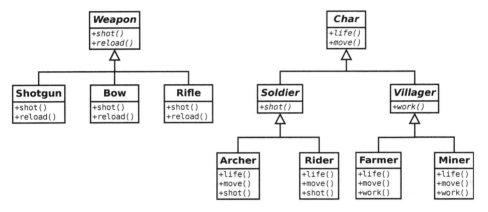

Figura 4.2: Ejemplos de jerarquías de clases

En ella, se muestra jerarquías de clases que modelan los diferentes tipos de personajes de un juego y algunas de sus armas. Para construir cada tipo de personaje es necesario saber cómo construirlo y con qué otro tipo de objetos tiene relación. Por ejemplo, restricciones del tipo «la gente del pueblo no puede llevar armas» o «los arqueros sólo pueden puede tener un arco», es conocimiento específico de la clase que se está construyendo.

Supongamos que en nuestro juego, queremos obtener razas de personajes: hombres y orcos. Cada raza tiene una serie de características propias que hacen que pueda moverse más rápido, trabajar más o tener más resistencia a los ataques.

El patrón Abstract Factory puede ser de ayuda en este tipo de situaciones en las que es necesario crear diferentes tipos de objetos utilizando una jerarquía de componentes. Dada la complejidad que puede llegar a tener la creación de una instancia es deseable aislar la forma en que se construye cada clase de objeto.

Solución

En la figura 4.3 se muestra la aplicación del patrón para crear las diferentes razas de soldados. Por simplicidad, sólo se ha aplicado a esta parte de la jerarquía de personajes.

En primer lugar se define una *factoría abstracta* que será la que utilice el cliente (Game) para crear los diferentes objetos. CharFactory es una factoría que sólo define métodos abstractos y que serán implementados por sus clases hijas. Éstas son factorías concretas a cada tipo de raza (ManFactory y OrcFactory) y ellas son las que crean las instancias concretas de objetos Archer y Rider para cada una de las razas.

En definitiva, el patrón Abstract Factory recomienda crear las siguientes entidades:

- Factoría abstracta que defina una interfaz para que los clientes puedan crear los distintos tipos de objetos.

- Factorías concretas que realmente crean las instancias finales.

Implementación

Basándonos en el ejemplo anterior, el objeto Game sería el encargado de crear los diferentes personajes utilizando una factoría abstracta. El siguiente fragmento de código muestra cómo la clase Game recibe una factoría concreta (utilizando polimorfismo) y la implementación del método que crea los soldados.

Listado 4.6: Abstract Factory (Game)

```
1  /* ... */
2  Game game;
3  SoldierFactory* factory;
4
5  if (isSelectedMan) {
6    factory = new ManFactory();
7  } else {
8    factory = new OrcFactory();
9  }
10
11 game->createSoldiers(factory);
12 /* ... */
13
14
15 /* Game implementation */
16 vector<Soldier*> Game::createSoldiers(SoldierFactory* factory)
17 {
18   vector<Solider*> soldiers;
19   for (int i=0; i<5; i++) {
20     soldiers.push_back(factory->makeArcher());
21     soldiers.push_back(factory->makeRider());
22   }
23   return soldiers;
24 }
```

Como puede observarse, la clase Game simplemente invoca los métodos de la factoría abstracta. Por ello, createSoldier() funciona exactamente igual para cualquier tipo de factoría concreta (de hombres o de orcos).

Una implementación del método `makeArcher()` de cada factoría concreta podría ser como sigue:

Listado 4.7: Abstract Factory (factorías concretas)

```
 1  /* OrcFactory */
 2  Archer* OrcFactory::makeArcher()
 3  {
 4    Archer archer = new Archer();
 5    archer->setLife(200);
 6    archer->setName('Orc');
 7    return archer;
 8  }
 9
10  /* ManFactory */
11  Archer* ManFactory::makeArcher()
12  {
13    Archer archer = new Archer();
14    archer->setLife(100);
15    archer->setName('Man');
16    return archer;
17  }
```

Nótese como las factorías concretas ocultan las particularidades de cada tipo. Una implementación similar tendría el método `makeRider()`.

Consideraciones

El patrón Abstract Factory puede ser aplicable cuando:

- el sistema de creación de instancias debe aislarse.

- es necesaria la creación de varias instancias de objetos para tener el sistema configurado.

- la creación de las instancias implican la imposición de restricciones y otras particularidades propias de los objetos que se construyen.

- los productos que se deben fabricar en las factorías no cambian excesivamente en el tiempo. Añadir nuevos productos implica añadir métodos a todas las factorías ya creadas, por lo que no es un patrón escalable y que se adapte bien al cambio. En nuestro ejemplo, si quisiéramos añadir un nuevo tipo de soldado deberíamos modificar la factoría abstracta y las concretas. Por ello, es recomendable que se aplique este patrón sobre diseños con un cierto grado de estabilidad.

Un patrón muy similar a éste es el patrón *Builder*. Con una estructura similar, el patrón Builder se centra en el proceso de *cómo* se crean las instancias y no en la jerarquía de factorías que lo hacen posible. Como ejercicio se plantea estudiar el patrón Builder y encontrar las diferencias.

4.3.3. Factory Method

El patrón *Factory Method* se basa en la definición de una interfaz para crear instancias de objetos y permite a las subclases decidir cómo se crean dichas instancias implementando un método determinado.

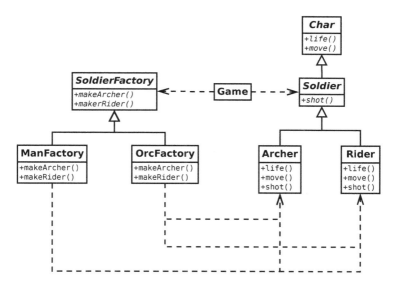

Figura 4.3: Aplicación del patrón Abstract Factory

Problema

Al igual que ocurre con el patrón Abstract Factory, el problema que se pretende resolver es la creación de diferentes instancias de objetos abstrayendo la forma en que realmente se crean.

Solución

La figura 4.4 muestra un diagrama de clases para nuestro ejemplo que emplea el patrón Factory Method para crear ciudades en las que habitan personajes de diferentes razas.

Como puede verse, los objetos de tipo Village tienen un método populate() que es implementado por las subclases. Este método es el que crea las instancias de Villager correspondientes a cada raza. Este método es el *método factoría*. Además de este método, también se proporcionan otros como population() que devuelve la población total, o location() que devuelve la posición de la cuidad en el mapa. Todos estos métodos son comunes y heredados por las ciudades de hombres y orcos.

Finalmente, objetos Game podrían crear ciudades y, consecuentemente, crear ciudadanos de distintos tipos de una forma transparente.

Consideraciones

Este patrón presenta las siguientes características:

- No es necesario tener una factoría o una jerarquía de factorías para la creación de objetos. Permite diseños más adaptados a la realidad.

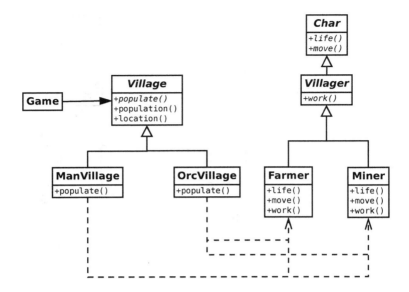

Figura 4.4: Ejemplo de aplicación de Factory Mehod

- El método factoría, al estar integrado en una clase, hace posible conectar dos jerarquía de objetos distintas. Por ejemplo, si los personajes tienen un método factoría de las armas que pueden utilizar, el dominio de las armas y los personajes queda unido a través el método. Las subclases de los personajes crearían las instancias de Weapon correspondientes.

Nótese que el patrón Factory Method se utiliza para implementar el patrón Abstract Factory ya que la factoría abstracta define una interfaz con métodos de construcción de objetos que son implementados por las subclases.

4.3.4.   Prototype

El patrón *Prototype* proporciona abstracción a la hora de crear diferentes objetos en un contexto donde se desconoce cuántos y cuáles deben ser creados a priori. La idea principal es que los objetos deben poder clonarse en tiempo de ejecución.

Problema

Los patrones Factory Method y Abstract Factory tienen el problema de que se basan en la herencia e implementación de métodos abstractos por subclases para definir cómo se construye cada producto concreto. Para sistemas donde el número de productos concretos puede ser elevado o indeterminado esto puede ser un problema.

Supongamos que en nuestra jerarquía de armas, cuya clase padre es Weapon, comienza a crecer con nuevos tipos de armas y, además, pensamos en dejar libertad para que se carguen en tiempo de ejecución nuevas armas que se implementarán como librerías dinámicas. Además, el número de armas variará dependiendo de ciertas condiciones del juego y de configuración. En este contexto, puede ser más que dudoso el uso de factorías.

Solución

Para atender a las nuevas necesidades dinámicas en la creación de los distintos tipo de armas, sin perder la abstracción sobre la creación misma, se puede utilizar el patrón Prototype como se muestra en la figura 4.5.

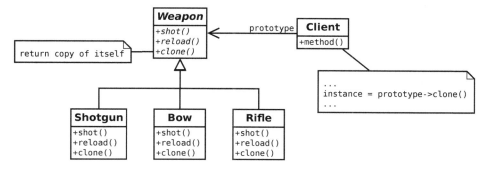

Figura 4.5: Ejemplo de aplicación de Prototype

La diferencia fundamental se encuentra en la adición del método clone() a todas los productos que pueden ser creados. El cliente del prototipo sólo tiene que invocar clone() sobre su instancia Weapon para que se cree una instancia concreta. Como se puede ver, no es necesario un agente intermedio (factorías) para crear instancias de un determinado tipo. La creación se realiza en la clase concreta que representa a la instancia, por lo que basta con cambiar la instancia prototype de Client para que se creen nuevos tipos de objetos en tiempo de ejecución.

Consideraciones

Algunas notas interesantes sobre Prototype:

- Puede parecer que entra en conflicto con Abstract Factory debido a que intenta eliminar, precisamente, factorías intermedias. Sin embargo, es posible utilizar ambas aproximaciones en una *Prototype Abstract Factory* de forma que la factoría se configura con los prototipos concretos que puede crear y ésta sólo invoca a clone().

- También es posible utilizar un *gestor de prototipos* que permita cargar y descargar los prototipos disponibles en tiempo de ejecución. Este gestor es interesante para tener diseños ampliables en tiempo de ejecución (*plugins*).

- Para que los objetos puedan devolver una copia de sí mismo es necesario que en su implementación esté el constructor de copia (*copy constructor*) que en C++ viene por defecto implementado (aunque la implementación por defecto puede ser no adecuada).

4.4. Patrones estructurales

Hasta ahora, hemos visto patrones para diseñar aplicaciones donde el problema principal es la creación de diferentes instancias de clases. En esta sección se mostrarán los patrones de diseño estructurales que se centran en las relaciones entre clases y en cómo organizarlas para obtener un diseño eficiente para resolver un determinado problema.

4.4.1. Composite

El patrón *Composite* se utiliza para crear una organización arbórea y homogénea de instancias de objetos.

Problema

Para ilustrar el problema supóngase un juego de estrategia en el que los jugadores pueden recoger objetos o *items*, los cuales tienen una serie de propiedades como «precio», «descripción», etc. Cada item, a su vez, puede contener otros items. Por ejemplo, un bolso de cuero puede contener una pequeña caja de madera que, a su vez, contiene un pequeño reloj dorado.

En definitiva, el patrón Composite habla sobre cómo diseñar este tipo de estructuras recursivas donde la composición homogénea de objetos recuerda a una estructura arbórea.

Solución

Para el ejemplo expuesto anteriormente, la aplicación del patrón Composite quedaría como se muestran en la figura 4.6. Como se puede ver, todos los elementos son Items que implementan una serie de métodos comunes. En la jerarquía existen *objetos compuestos*, como Bag, que mantienen una lista (items) donde residen los objetos que contiene. Naturalmente, los objetos compuestos suelen ofrecer también operaciones para añadir, eliminar y actualizar. Por otro lado, hay *objetos hoja* que no contienen a más objetos, como es el caso de Clock.

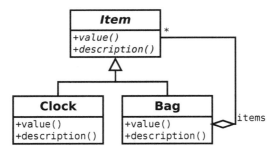

Figura 4.6: Ejemplo de aplicación del patrón Composite

Consideraciones

Al utilizar este patrón, se debe tener en cuenta las siguientes consideraciones:

- Una buena estrategia para identificar la situación en la que aplicar este patrón es cuando tengo «un X y tiene varios objetos X».

- La estructura generada es muy flexible siempre y cuando no importe el tipo de objetos que pueden tener los objetos compuestos. Es posible que sea deseable prohibir la composición de un tipo de objeto con otro. Por ejemplo, un jarrón grande dentro de una pequeña bolsa. La comprobación debe hacerse en tiempo de ejecución y no es posible utilizar el sistema de tipos del compilador. En este sentido, usando Composite se relajan las restricciones de composición entre objetos.

- Los usuarios de la jerarquía se hacen más sencillos, ya que sólo tratan con un tipo abstracto de objeto, dándole homogeneidad a la forma en que se maneja la estructura.

4.4.2. Decorator

También conocido como *Wrapper*, el patrón *Decorator* sirve para añadir y/o modificar la responsabilidad, funcionalidad o propiedades de un objeto en tiempo de ejecución.

Problema

Supongamos que el personaje de nuestro videojuego porta un arma que utiliza para eliminar a sus enemigos. Dicha arma, por ser de un tipo determinado, tiene una serie de propiedades como el radio de acción, nivel de ruido, número de balas que puede almacenar, etc. Sin embargo, es posible que el personaje incorpore elementos al arma que puedan cambiar estas propiedades como un silenciador o un cargador extra.

El patrón Decorator permite organizar el diseño de forma que la incorporación de nueva funcionalidad en tiempo de ejecución a un objeto sea transparente desde el punto de vista del usuario de la clase *decorada*.

Solución

En la figura 4.7 se muestra la aplicación del patrón Decorator al supuesto anteriormente descrito. Básicamente, los diferentes tipos de armas de fuego implementan una clase abstracta llamada `Firearm`. Una de sus hijas es `FirearmDecorator` que es el padre de todos los componentes que «decoran» a un objeto `Firearm`. Nótese que este decorador implementa la interfaz propuesta por `Firearm` y está compuesta por un objeto `gun`, el cual decora.

Implementación

A continuación, se expone una implementación en C++ del ejemplo del patrón Decorator. En el ejemplo, un arma de tipo `Rifle` es decorada para tener tanto silenciador como una nueva carga de munición. Nótese cómo se utiliza la instancia `gun` a lo largo de los constructores de cada decorador.

Listado 4.8: Decorator

```
1   class Firearm {
2   public:
3     virtual float noise() const = 0;
4     virtual int bullets() const = 0;
5   };
6
7   class Rifle : public Firearm {
8   public:
9     float noise () const { return 150.0; }
10    int bullets () const { return 5; }
11  };
12
13  /* Decorators */
14
15  class FirearmDecorator : public Firearm {
16  protected:
17    Firearm* _gun;
18  public:
19    FirearmDecorator(Firearm* gun): _gun(gun) {};
20    virtual float noise () const { return _gun->noise(); }
21    virtual int bullets () const { return _gun->bullets(); }
22  };
23
24  class Silencer : public FirearmDecorator {
25  public:
26    Silencer(Firearm* gun) : FirearmDecorator(gun) {};
27    float noise () const { return _gun->noise() - 55; }
28    int bullets () const { return _gun->bullets(); }
29  };
30
31  class Magazine : public FirearmDecorator {
32  public:
33    Magazine(Firearm* gun) : FirearmDecorator(gun) {};
34    float noise () const { return _gun->noise(); }
35    int bullets () const { return _gun->bullets() + 5; }
36  };
37
38  /* Using decorators */
39
40  ...
41  Firearm* gun = new Rifle();
42  cout << "Noise: " << gun->noise() << endl;
43  cout << "Bullets: " << gun->bullets() << endl;
44  ...
45  // char gets a silencer
46  gun = new Silencer(gun);
47  cout << "Noise: " << gun->noise() << endl;
48  cout << "Bullets: " << gun->bullets() << endl;
49  ...
50  // char gets a new magazine
51  gun = new Magazine(gun);
52  cout << "Noise: " << gun->noise() << endl;
53  cout << "Bullets: " << gun->bullets() << endl;
```

En cada momento, ¿qué valores se imprimen?. Supón que el personaje puede quitar el silenciador. ¿Qué cambios habría que hacer en el código para «quitar» el decorador a la instancia?

Consideraciones

A la hora de aplicar el patrón Decorator se deben tener en cuenta las siguientes consideraciones:

- Es un patrón similar al Composite. Sin embargo, existen grandes diferencias:

  - Está más centrado en la *extensión de la funcionalidad* que en la composición de objetos para la generación de una jerarquía como ocurre en el Composite.

  - Normalmente, sólo existe un *objeto decorado* y no un vector de objetos (aunque también es posible).

- Este patrón permite tener una jerarquía de clases compuestas, formando una estructura más dinámica y flexible que la herencia estática. El diseño equivalente utilizando mecanismos de herencia debería considerar todos los posibles casos en las clases hijas. En nuestro ejemplo, habría 4 clases: rifle, rifle con silenciador, rifle con cargador extra y rifle con silenciador y cargador. Sin duda, este esquema es muy poco flexible.

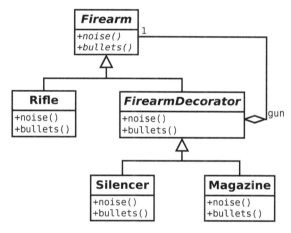

Figura 4.7: Ejemplo de aplicación del patrón Decorator

4.4.3. Facade

El patrón *Facade* eleva el nivel de abstracción de un determinado sistema para ocultar ciertos detalles de implementación y hacer más sencillo su uso.

Problema

Muchos de los sistemas que proporcionan la capacidad de escribir texto en pantalla son complejos de utilizar. Su complejidad reside en su naturaleza generalista, es decir, están diseñados para abarcar un gran número de tipos de aplicaciones. Por ello, el usuario normalmente debe considerar cuestiones de «bajo nivel» como es configurar el propio sistema interconectando diferentes objetos entre sí que, a priori, parece que nada tienen que ver con la tarea que se tiene que realizar.

Para ver el problema que supone para un usuario un bajo nivel de abstracción no es necesario recurrir a una librería o sistema externo. Nuestro propio proyecto, si está bien diseñado, estará dividido en subsistemas que proporcionan una cierta funcionalidad. Basta con que sean genéricos y reutilizables para que su complejidad aumente considerablemente y, por ello, su uso sea cada vez más tedioso.

Por ejemplo, supongamos que hemos creado diferentes sistemas para realizar distintas operaciones gráficas (manejador de archivos, cargador de imágenes, etc.). El siguiente código correspondería con la animación de una explosión en un punto determinado de la pantalla.

Listado 4.9: Ejemplo de uso de diferentes subsistemas

```
 1  File* file_exp1 = FileManager::load_file("explosion1.tif");
 2  File* file_exp2 =  FileManager::load_file("explosion2.tif");
 3  Image* explosion1 = ImageManager::get_image_from_file(file_exp1);
 4  Image* explosion2 = ImageManager::get_image_from_file(file_exp2);
 5  Screen* screen = Screen::get_screen();
 6
 7  screen->add_element(explosion1, x, y);
 8  screen->add_element(explosion2, x+2, y+2);
 9  ...
10  /* more configuration */
11  ...
12  screen->draw();
```

Sin duda alguna, y pese a que ya se tienen objetos que abstraen subsistemas tales como sistemas de archivos, para los clientes que únicamente quieran mostrar explosiones no proporciona un nivel de abstracción suficiente. Si esta operación se realiza frecuentemente, el código se repetirá a lo largo y ancho de la aplicación y problema se agrava.

Solución

Utilizando el patrón Facade, se proporciona un mayor nivel de abstracción al cliente de forma que se construye una clase «fachada» entre él y los subsistemas con menos nivel de abstracción. De esta forma, se proporciona una visión unificada del conjunto y, además, se controla el uso de cada componente.

Para el ejemplo anterior, se podría crear una clase que proporcione la una funcionalidad más abstracta. Por ejemplo, algo parecido a lo siguiente::

Listado 4.10: Simplificación utilizando Facade

```
 1  AnimationManager* animation = new AnimationManager();
 2  animation->explosion_at(3,4);
```

Como se puede ver, el usuario ya no tiene que conocer las relaciones que existen entre los diferentes módulos para crear este tipo de animaciones. Esto aumenta, levemente, el nivel de abstracción y hace más sencillo su uso.

En definitiva, el uso del patrón Facade proporciona una estructura de diseño como la mostrada en la figura 4.8.

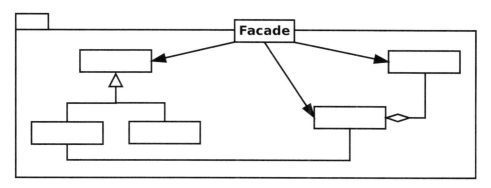

Figura 4.8: Ejemplo de aplicación del patrón Facade

Consideraciones

El patrón Facade puede ser útil cuando:

- Es necesario *refactorizar*, es decir, extraer funcionalidad común de los sistemas y agruparla en función de las necesidades.
- Los sistemas deben ser independientes y portables.
- Se required controlar el acceso y la forma en que se utiliza un sistema determinado.
- Los clientes pueden seguir utilizando los subsistemas directamente, sin pasar por la fachada, lo que da la flexibilidad de elegir entre una implementación de bajo nivel o no.

Sin embargo, utilizando el patrón Facade es posible caer en los siguientes errores:

- Crear clases con un tamaño desproporcionado. Las clases fachada pueden contener demasiada funcionalidad si no se divide bien las responsabilidades y se tiene claro el objetivo para el cual se creo la fachada. Para evitarlo, es necesario ser crítico/a con el nivel de abstracción que se proporciona.
- Obtener diseños poco flexibles y con mucha contención. A veces, es posible crear fachadas que obliguen a los usuarios a un uso demasiado rígido de la funcionalidad que proporciona y que puede hacer que sea más cómodo, a la larga, utilizar los subsistemas directamente. Además, una fachada puede convertirse en un único punto de fallo, sobre todo en sistemas distribuidos en red.
- Exponer demasiados elementos y, en definitiva, no proporcionar un nivel de abstracción adecuado.

4.4.4. MVC

El patrón MVC (Model View Controller) se utiliza para aislar el dominio de aplicación, es decir, la lógica, de la parte de presentación (interfaz de usuario).

Problema

Programas como los videojuegos requieren la interacción de un usuario que, normalmente, realiza diferentes acciones sobre una interfaz gráfica. Las interfaces disponibles son muy variadas: desde aplicaciones de escritorio con un entorno GTK (GIMP ToolKit) a aplicaciones web, pasando por una interfaz en 3D creada para un juego determinado.

Supongamos que una aplicación debe soportar varios tipos de interfaz a la vez. Por ejemplo, un juego que puede ser utilizado con una aplicación de escritorio y, también, a través de una página web. El patrón MVC sirve para aislar la lógica de la aplicación, de la forma en que se ésta se presenta, su interfaz gráfica.

Solución

En el patrón MVC, mostrado en la figura 4.9, existen tres entidades bien definidas:

- **Vista**: se trata de la interfaz de usuario que interactúa con el usuario y recibe sus órdenes (pulsar un botón, introducir texto, etc.). También recibe órdenes desde el controlador, para mostrar información o realizar un cambio en la interfaz.

- **Controlador**: el controlador recibe órdenes utilizando, habitualmente, manejadores o *callbacks* y traduce esa acción al dominio del modelo de la aplicación. La acción puede ser crear una nueva instancia de un objeto determinado, actualizar estados, pedir operaciones al modelo, etc.

- **Modelo**: el modelo de la aplicación recibe las acciones a realizar por el usuario, pero ya independientes del tipo de interfaz utilizado porque se utilizan, únicamente, estructuras propias del dominio del modelo y llamadas desde el controlador.

  Normalmente, la mayoría de las acciones que realiza el controlador sobre el modelo son operaciones de consulta de su estado para que pueda ser convenientemente representado por la vista.

  MVC no es patrón con una separación tan rígida. Es posible encontrar implementaciones en las que, por ejemplo, el modelo notifique directamente a las interfaces de forma asíncrona eventos producidos en sus estructuras y que deben ser representados en la vista (siempre y cuando exista una aceptable independencia entre las capas). Para ello, es de gran utilidad el patrón *Observer* (ver sección 4.5.1).

Consideraciones

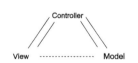

Figura 4.9: Estructura del patrón MVC.

El patrón MVC es la filosofía que se utiliza en un gran número de entornos de ventanas. Sin embargo, muchos sistemas web como Django también se basan en este patrón. Sin duda, la división del código en estos roles proporciona flexibilidad a la hora de crear diferentes tipos de presentaciones para un mismo dominio.

De hecho, desde un punto de vista general, la estructura más utilizada en los videojuegos se asemeja a un patrón MVC: la interfaz gráfica utilizando gráficos 3D/2D (vista), bucle de eventos (controlador) y las estructuras de datos internas (modelo).

4.4.5. Adapter

El patrón *Adapter* se utiliza para proporcionar una interfaz que, por un lado, cumpla con las demandas de los clientes y, por otra, haga compatible otra interfaz que, a priori, no lo es.

Problema

Es muy probable que conforme avanza la construcción de la aplicación, el diseño de las interfaces que ofrecen los componentes pueden no ser las adecuadas o, al menos, las esperadas por los usuarios de los mismos. Una solución rápida y directa es adaptar dichas interfaces a nuestras necesidades. Sin embargo, esto puede que no sea tan sencillo.

En primer lugar, es posible que no tengamos la posibilidad de modificar el código de la clase o sistema que pretendemos cambiar. Por otro lado, puede ser que sea un requisito no funcional por parte del cliente: determinado sistema o biblioteca debe utilizarse sí o sí. Si se trata de una biblioteca externa (*third party*), puede ocurrir que la modificación suponga un coste adicional para el proyecto ya que tendría que ser mantenida por el propio proyecto y adaptar las mejoras y cambios que se añadan en la versión no modificada. Contando, claro, con que la licencia de la biblioteca permita todo esto.

Por lo tanto, es posible llegar a la conclusión de que a pesar de que el sistema, biblioteca o clase no se adapta perfectamente a nuestras necesidades, trae más a cuenta utilizarla que hacerse una versión propia.

Solución

Usando el patrón Adapter es posible crear una nueva interfaz de acceso a un determinado objeto, por lo que proporciona un mecanismo de *adaptación* entre las demandas del objeto cliente y el objeto servidor que proporciona la funcionalidad.

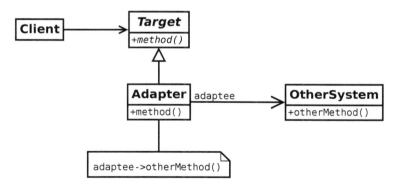

Figura 4.10: Diagrama de clases del patrón Adapter

En la figura 4.10 se muestra un diagrama de clases genérico del patrón basado en la composición. Como puede verse, el cliente no utiliza el sistema adaptado, sino el adaptador. Este es el que transforma la invocación a method() en otherMethod(). Es posible que el adaptador también incluya nueva funcionalidad. Algunas de las más comunes son:

- La comprobación de la corrección de los parámetros.

■ La transformación de los parámetros para ser compatibles con el sistema adaptado.

Consideraciones

Algunas consideraciones sobre el uso del patrón Adapter:

■ Tener sistemas muy reutilizables puede hacer que sus interfaces no puedan ser compatibles con una común. El patrón Adapter es una buena opción en este caso.

■ Un mismo adaptador puede utilizarse con varios sistemas.

■ Otra versión del patrón es que la clase Adapter sea una subclase del sistema adaptado. En este caso, la clase Adapter y la adaptada tienen una relación más estrecha que si se realiza por composición.

■ Este patrón se parece mucho al Decorator. Sin embargo, difieren en que la finalidad de éste es proporcionar una interfaz completa del objeto adaptador, mientras que el decorador puede centrarse sólo en una parte.

4.4.6. Proxy

El patrón *Proxy* proporciona mecanismos de abstracción y control para acceder a un determinado objeto «simulando» que se trata del objeto real.

Problema

Muchos de los objetos de los que puede constar una aplicación pueden presentar diferentes problemas a la hora de ser utilizados por clientes:

■ **Coste** computacional: es posible que un objeto, como una imagen, sea costoso de manipular y cargar.

■ Acceso **remoto**: el acceso por red es una componente cada vez más común entre las aplicaciones actuales. Para acceder a servidores remotos, los clientes deben conocer las interioridades y pormenores de la red (*sockets*, protocolos, etc.).

■ Acceso **seguro**: es posible que muchos objetos necesiten diferentes privilegios para poder ser utilizados. Por ejemplo, los clientes deben estar autorizados para poder acceder a ciertos métodos.

■ Dobles de **prueba**: a la hora de diseñar y probar el código, puede ser útil utilizar objetos *dobles* que reemplacen instancias reales que pueden hacer que las pruebas sea pesadas y/o lentas.

Solución

Supongamos el problema de mostrar una imagen cuya carga es costosa en términos computacionales. La idea detrás del patrón Proxy (ver figura 4.11) es crear una un objeto intermedio (ImageProxy) que representa al objeto real (Image) y que se utiliza de la misma forma desde el punto de vista del cliente. De esta forma, el objeto proxy puede cargar una única vez la imagen y mostrarla tantas veces como el cliente lo solicite.

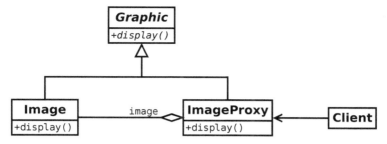

Figura 4.11: Ejemplo de aplicación del patrón Proxy

Implementación

A continuación, se muestra una implementación del problema anteriormente descrito donde se utiliza el patrón Proxy. En el ejemplo puede verse (en la parte del cliente) cómo la imagen sólo se carga una vez: la primera vez que se invoca a display(). El resto de invocaciones sólo muestran la imagen ya cargada.

```
Listado 4.11: Ejemplo de implementación de Proxy
 1  class Graphic {
 2  public:
 3    void display() = 0;
 4  };
 5
 6  class Image : public Graphic {
 7  public:
 8    void load() {
 9      ...
10      /* perform a hard file load */
11      ...
12    }
13
14    void display() {
15      ...
16      /* perform display operation */
17      ...
18    }
19  };
20
21  class ImageProxy : public Graphic {
22  private:
23    Image* _image;
24  public:
25    void display() {
26      if (not _image) {
27        _image = new Image();
28        _image.load();
29      }
30      _image->display();
31    }
32  };
33
34  /* Client */
35  ...
36  Graphic image = new ImageProxy();
37  image->display(); // loading and display
38  image->display(); // just display
39  image->display(); // just display
40  ...
```

Consideraciones

Existen muchos ejemplos donde se hace un uso intensivo del patrón proxy en diferentes sistemas:

- En los sistemas de autenticación, dependiendo de las credenciales presentadas por el cliente, devuelven un proxy u otro que permiten realizar más o menos operaciones.

- En middlewares orientados a objetos como CORBA o ZeroC ICE (Internet Communication Engine), se utiliza la abstracción del Proxy para proporcionar invocaciones remotas entre objetos distribuidos. Desde el punto de vista del cliente, la invocación se produce como si el objeto estuviera accesible localmente. El proxy es el encargado de proporcionar esta abstracción.

4.5. Patrones de comportamiento

Los patrones de diseño relacionados con el comportamiento de las aplicaciones se centran en cómo diseñar los sistemas para obtener una cierta funcionalidad y, al mismo tiempo, un diseño escalable.

4.5.1. Observer

El patrón *Observer* se utiliza para definir relaciones 1 a n de forma que un objeto pueda notificar y/o actualizar el estado de otros automáticamente.

Problema

Tal y como se describió en la sección 4.4.4, el dominio de la aplicación en el patrón MVC puede notificar de cambios a las diferentes vistas. Es importante que el dominio no conozca los tipos concretos de las vistas, de forma que haya que modificar el dominio en caso de añadir o quitar una vista.

Otros ejemplos donde se da este tipo de problemas ocurren cuando el estado un elemento tiene influencia directa sobre otros. Por ejemplo, si en el juego se lanza un misil seguramente haya que notificar que se ha producido el lanzamiento a diferentes sistemas como el de sonido, partículas, luz, etc. Además, otros objetos alrededor pueden estar «interesados» en esta información.

Solución

El patrón Observer proporciona un diseño con poco acoplamiento entre los *observadores* y el objeto *observado*. Siguiendo la filosofía de *publicación/suscripción*, los objetos observadores se deben registrar en el objeto observado, también conocido como *subject*. Así, cuando ocurra el evento oportuno, el *subject* recibirá una invocación a través de notify() y será el encargado de «notificar» a todos los elementos suscritos a él a través del método update(). Los observadores que reciben la invocación pueden realizar las acciones pertinentes como consultar el estado del dominio para obtener nuevos valores. En la figura 4.12 se muestra un esquema general del patrón Observer.

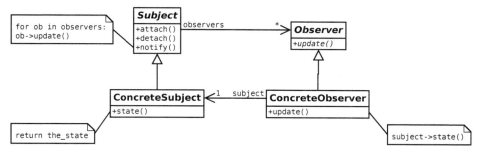

Figura 4.12: Diagrama de clases del patrón Observer

A modo de ejemplo, en la figura 4.13 se muestra un diagrama de secuencia en el que se describe el orden de las invocaciones en un sistema que utiliza el patrón Observer. Nótese que los observadores se suscriben al *subject* (RocketLauncher) y, a continuación, reciben las actualizaciones. También pueden dejar de recibirlas, utilizando la operación detach().

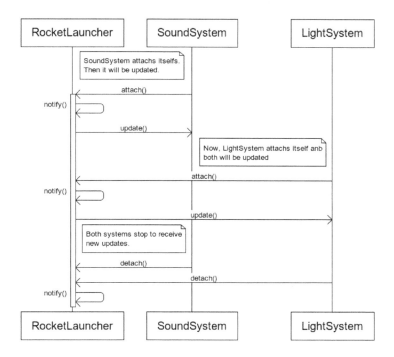

Figura 4.13: Diagrama de secuencia de ejemplo utilizando un Observer

Consideraciones

Al emplear el patrón Observer en nuestros diseños, se deben tener en cuenta las siguientes consideraciones:

- El objeto *subject* puede encapsular funcionalidad **compleja** semánticamente que será notificada asíncronamente a los observadores. El objeto observable, puede definir diferentes estrategias a la hora de notificar un cambio.

- Subject y sus observadores forman un modelo *push/pull*, por lo que evita la creación de protocolos de comunicación concretos entre ellos. Toda comunicación de este tipo pueden realizarse de la misma forma.

- No es necesario que el *subject* sea el que realiza la llamada a notify(). Un cliente externo puede ser el que fuerce dicha llamada.

- Los observadores pueden estar suscritos a más de un *subject*.

- Los observadores no tienen control sobre las actualizaciones no deseadas. Es posible que un observador no esté interesado en ciertas notificaciones y que sea necesario consultar al Subject por su estado en demasiadas ocasiones. Esto puede ser un problema en determinados escenarios.

Los *canales de eventos* es un patrón más genérico que el Observer pero que sigue respetando el modelo *push/pull*. Consiste en definir estructuras que permiten la comunicación n a n a través de un medio de comunicación (canal) que se puede multiplexar en diferentes temas (*topics*). Un objeto puede establecer un rol *suscriptor* de un tema dentro de un canal y sólo recibir las notificaciones de un único o varios *topics*. Además, también puede configurarse como *publicador*, por lo que podría enviar actualizaciones al mismo canal.

4.5.2. State

El patrón *State* es útil para realizar transiciones de estado e implementar autómatas respetando el principio de encapsulación.

Problema

Es muy común que en cualquier aplicación, incluido los videojuegos, existan estructuras que pueden ser modeladas directamente como un *autómata*, es decir, una colección de estados y unas transiciones dependientes de una entrada. En este caso, la entrada pueden ser invocaciones y/o eventos recibidos.

Por ejemplo, los estados de un personaje de un videojuego podrían ser: «de pie», «tumbado», «andando» y «saltando». Dependiendo del estado en el que se encuentre y de la invocación recibida, el siguiente estado será uno u otro. Por ejemplo, si está de pie y recibe la orden de tumbarse, ésta se podrá realizar. Sin embargo, si ya está tumbado no tiene sentido volver a tumbarse, por lo que debe permanecer en ese estado. Tampoco podría no tener sentido pasar al estado de «saltando» directamente desde «tumbado» sin pasar antes por «de pie».

Solución

El patrón State permite encapsular el mecanismo de las transiciones que sufre un objeto a partir de los estímulos externos. En la figura 4.14 se muestra un ejemplo de aplicación del mismo. La idea es crear una clase abstracta que representa al estado del personaje (CharacterState). En ella se definen las mismas operaciones que puede recibir el personaje con una implementación por defecto. En este caso, la implementación es vacía.

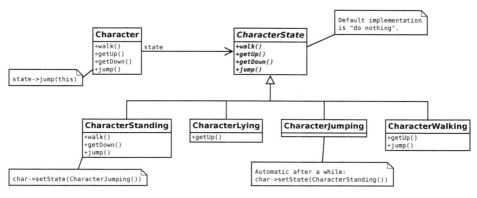

Figura 4.14: Ejemplo de aplicación del patrón State

Por cada estado en el que puede encontrarse el personaje, se crea una clase que hereda de la clase abstracta anterior, de forma que en cada una de ellas se implementen los métodos que producen cambio de estado.

Por ejemplo, según el diagrama, en el estado «de pie» se puede recibir la orden de caminar, tumbarse y saltar, pero no de levantarse. En caso de recibir esta última, se ejecutará la implementación por defecto, es decir, no hacer nada.

En definitiva, la idea es que las clases que representan a los estados sean las encargadas de cambiar el estado del personaje, de forma que los cambios de estados queden encapsulados y delegados al estado correspondiente.

Consideraciones

- Los componentes del diseño que se comporten como autómatas son buenos candidatos a ser modelados con el patrón State. Una conexión TCP (Transport Control Protocol) o un carrito en una tienda web son ejemplos de este tipo de problemas.

- Es posible que una entrada provoque una situación de error estando en un determinado estado. Para ello, es posible utilizar las excepciones para notificar dicho error.

- Las clases que representan a los estados **no** deben mantener un estado intrínseco, es decir, no se debe hacer uso de variables que dependan de un contexto. De esta forma, el estado puede compartirse entre varias instancias. La idea de compartir un estado que no depende del contexto es la base fundamental del patrón *Flyweight*, que sirve para las situaciones en las que crear muchas instancias puede ser un problema de rendimiento.

4.5.3. Iterator

El patrón *Iterator* se utiliza para ofrecer una interfaz de acceso secuencial a una determinada estructura ocultando la representación interna y la forma en que realmente se accede.

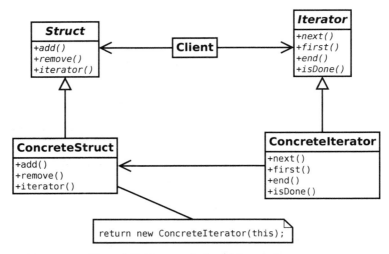

Figura 4.15: Diagrama de clases del patrón Iterator

Problema

Manejar colecciones de datos es algo muy habitual en el desarrollo de aplicaciones. Listas, pilas y, sobre todo, árboles son ejemplos de estructuras de datos muy presentes en los juegos y se utilizan de forma intensiva.

Una operación muy frecuente es recorrer las estructuras para analizar y/o buscar los datos que contienen. Es posible que sea necesario recorrer la estructura de forma secuencial, de dos en dos o, simplemente, de forma aleatoria. Los clientes suelen implementar el método concreto con el que desean recorrer la estructura por lo que puede ser un problema si, por ejemplo, se desea recorrer una misma estructura de datos de varias formas distintas. Conforme aumenta las combinaciones entre los tipos de estructuras y métodos de acceso, el problema se agrava.

Solución

Con ayuda del patrón Iterator es posible obtener acceso secuencial, desde el punto de vista del usuario, a cualquier estructura de datos, independientemente de su implementación interna. En la figura 4.15 se muestra un diagrama de clases genérico del patrón. Como puede verse, la estructura de datos es la encargada de crear el iterador adecuado para ser accedida a través del método iterator(). Una vez que el cliente ha obtenido el iterador, puede utilizar los métodos de acceso que ofrecen tales como next() (para obtener el siguiente elemento) o isDone() para comprobar si no existen más elementos.

Implementación

A continuación, se muestra una implementación simplificada y aplicada a una estructura de datos de tipo lista. Nótese cómo utilizando las primitivas que ofrece la estructura, el iterador proporciona una visión de acceso secuencial a través del método next().

Listado 4.12: Iterator (ejemplo)

```cpp
1  class List : public Struct {
2  public:
3    void add(const Object& ob) { /* add element in a list*/ };
4    void remove(const Object& ob) { /* remove element in a list*/ };
5    Object get_at(const int index) { /* get list[index] element*/ };
6
7    /* more access methods */
8
9    void iterator(const Object& ob) {
10     return new ListIterator(this);
11   };
12 };
13
14 class ListIterator : public Iterator {
15 private:
16   int _currentIndex;
17   List _list;
18
19 public:
20   ListIterator (List* list) : _currentIndex(0), _list(list) { };
21
22   Object next() {
23     if (isDone()) {
24       throw new IteratorOutOfBounds();
25     }
26     Object retval = _list->get_at(_currentIndex);
27     _currentIndex++;
28     return retval;
29   };
30
31   Object first() {
32     return _list->get_at(0);
33   };
34
35   bool isDone() {
36     return _currentIndex > _list->length();
37   };
38 };
39
40 /* client using iterator */
41
42 List list = new List();
43 ListIterator it = list.iterator();
44
45 for (Object ob = it.first(); not it.isDone(); it.next()) {
46   // do the loop using 'ob'
47 };
```

Consideraciones

La ventaja fundamental de utilizar el patrón Iterator es la simplificación de los clientes que acceden a las diferentes estructuras de datos. El control sobre el acceso lo realiza el propio iterador y, además, almacena todo el estado del acceso del cliente. De esta forma se crea un nivel de abstracción para los clientes que acceden siempre de la misma forma a cualquier estructura de datos con iteradores.

Obviamente, nuevos tipos de estructuras de datos requieren nuevos iteradores. Sin embargo, para añadir nuevos tipos de iteradores a estructuras ya existentes puede realizarse de dos formas:

- Añadir un método virtual en la clase padre de todas las estructuras de forma que los clientes puedan crear el nuevo tipo iterador. Esto puede tener un gran impacto porque puede haber estructuras que no se pueda o no se desee acceder con el nuevo iterador.

- Añadir un nuevo tipo de estructura que sea dependiente del nuevo tipo del iterador. Por ejemplo, `RandomizedList` que devolvería un iterador `RandomIterator` y que accede de forma aleatoria a todos los elementos.

 La STL de C++ implementa el patrón Iterator en todos los contenedores que ofrece.

4.5.4. Template Method

El patrón *Template Method* se puede utilizar cuando es necesario redefinir algunos pasos de un determinado algoritmo utilizando herencia.

Problema

En un buen diseño los algoritmos complejos se dividen en funciones más pequeñas, de forma que si se llama a dichas funciones en un determinado orden se consigue implementar el algoritmo completo. Conforme se diseña cada paso concreto, se suele ir detectando funcionalidad común con otros algoritmos.

Por ejemplo, supongamos que tenemos dos tipos de jugadores de juegos de mesa: ajedrez y damas. En esencia, ambos juegan igual; lo que varía son las reglas del juego que, obviamente, condiciona su estrategia y su forma de jugar concreta. Sin embargo, en ambos juegos, los jugadores mueven en su turno, esperan al rival y esto se repite hasta que acaba la partida.

El patrón Template Method consiste extraer este comportamiento común en una clase padre y definir en las clases hijas la funcionalidad concreta.

Solución

Siguiendo con el ejemplo de los jugadores de ajedrez y damas, la figura 4.16 muestra una posible aplicación del patrón Template Method a modo de ejemplo. Nótese que la clase `GamePlayer` es la que implementa el método `play()` que es el que invoca a los otros métodos que son implementados por las clases hijas. Este método es el *método plantilla*.

Cada tipo de jugador define los métodos en base a las reglas y heurísticas de su juego. Por ejemplo, el método `isOver()` indica si el jugador ya no puede seguir jugando porque se ha terminado el juego. En caso de las damas, el juego se acaba para el jugador si se ha quedado sin fichas; mientras que en el caso ajedrez puede ocurrir por jaque mate (además de otros motivos).

Consideraciones

Algunas consideraciones sobre el patrón Template Method:

- Utilizando este patrón se suele obtener estructuras altamente reutilizables.

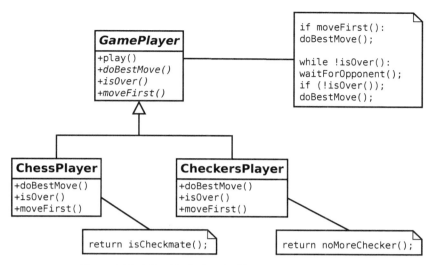

Figura 4.16: Aplicación de ejemplo del patrón Template Method

- Introduce el concepto de operaciones *hook* que, en caso de no estar implementadas en las clases hijas, tienen una implementación por defecto. Las clases hijas pueden sobreescribirlas para añadir su propia funcionalidad.

4.5.5. Strategy

El patrón *Strategy* se utiliza para encapsular el funcionamiento de una familia de algoritmos, de forma que se pueda intercambiar su uso sin necesidad de modificar a los clientes.

Problema

En muchas ocasiones, se suele proporcionar diferentes algoritmos para realizar una misma tarea. Por ejemplo, el nivel de habilidad de un jugador viene determinado por diferentes algoritmos y heurísticas que determinan el grado de dificultad. Utilizando diferentes tipos algoritmos podemos obtener desde jugadores que realizan movimientos aleatorios hasta aquellos que pueden tener cierta inteligencia y que se basan en técnicas de IA.

Lo deseable sería poder tener jugadores de ambos tipos y que, desde el punto de vista del cliente, no fueran tipos distintos de jugadores. Simplemente se comportan diferente porque usan distintos algoritmos internamente, pero todos ellos son jugadores.

Solución

Mediante el uso de la herencia, el patrón Strategy permite encapsular diferentes algoritmos para que los clientes puedan utilizarlos de forma transparente. En la figura 4.17 puede verse la aplicación de este patrón al ejemplo anterior de los jugadores.

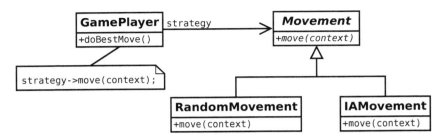

Figura 4.17: Aplicación de ejemplo del patrón Strategy

La idea es extraer los métodos que conforman el comportamiento que puede ser intercambiado y encapsularlo en una familia de algoritmos. En este caso, el movimiento del jugador se extrae para formar una jerarquía de diferentes movimientos (Movement). Todos ellos implementan el método move() que recibe un contexto que incluye toda la información necesaria para llevar a cabo el algoritmo.

El siguiente fragmento de código indica cómo se usa este esquema por parte de un cliente. Nótese que al configurarse cada jugador, ambos son del mismo tipo de cara al cliente aunque ambos se comportarán de forma diferente al invocar al método doBestMove().

Listado 4.13: Uso de los jugadores (Strategy)

```
1  GamePlayer bad_player = new GamePlayer(new RandomMovement());
2  GamePlayer good_player = new GamePlayer(new IAMovement());
3
4  bad_player->doBestMove();
5  good_player->doBestMove();
```

Consideraciones

El patrón Strategy es una buena alternativa a realizar subclases en las entidades que deben comportarse de forma diferente en función del algoritmo utilizado. Al extraer la heurística a una familia de algoritmos externos, obtenemos los siguientes beneficios:

- Se aumenta la reutilización de dichos algoritmos.

- Se evitan sentencias condicionales para elegir el comportamiento deseado.

- Los clientes pueden elegir diferentes implementaciones para un mismo comportamiento deseado, por lo que es útil para depuración y pruebas donde se pueden escoger implementaciones más simples y rápidas.

4.5.6. Reactor

El patrón *Reactor* es un patrón arquitectural para resolver el problema de cómo atender peticiones concurrentes a través de señales y manejadores de señales.

Problema

Existen aplicaciones, como los servidores web, cuyo comportamiento es *reactivo*, es decir, a partir de la ocurrencia de un evento externo se realizan todas las operaciones necesarias para atender a ese evento externo. En el caso del servidor web, una conexión entrante (evento) dispararía la ejecución del código pertinente que crearía un hilo de ejecución para atender a dicha conexión. Pero también pueden tener comportamiento *proactivo*. Por ejemplo, una señal interna puede indicar cuándo destruir una conexión con un cliente que lleva demasiado tiempo sin estar accesible.

En los videojuegos ocurre algo muy similar: diferentes entidades pueden lanzar eventos que deben ser tratados en el momento en el que se producen. Por ejemplo, la pulsación de un botón en el joystick de un jugador es un evento que debe ejecutar el código pertinente para que la acción tenga efecto en el juego.

Solución

En el patrón Reactor se definen una serie de actores con las siguientes responsabilidades (véase figura 4.18):

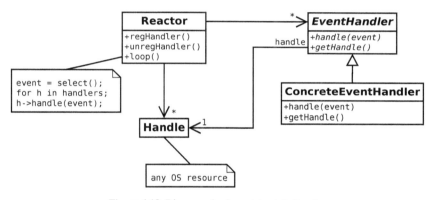

Figura 4.18: Diagrama de clases del patrón Reactor

- **Eventos**: los eventos externos que puedan ocurrir sobre los recursos (Handles). Normalmente su ocurrencia es asíncrona y siempre está relaciona a un recurso determinado.

- **Recursos** (Handles): se refiere a los objetos sobre los que ocurren los eventos.

  La pulsación de una tecla, la expiración de un temporizador o una conexión entrante en un socket son ejemplos de eventos que ocurren sobre ciertos recursos. La representación de los recursos en sistemas tipo GNU/Linux es el descriptor de fichero.

- **Manejadores de Eventos**: Asociados a los recursos y a los eventos que se producen en ellos, se encuentran los manejadores de eventos (EventHandler) que reciben una invocación a través del método handle() con la información del evento que se ha producido.

- **Reactor**: se trata de la clase que encapsula todo el comportamiento relativo a la demultiplexación de los eventos en manejadores de eventos (*dispatching*). Cuando ocurre un cierto evento, se busca los manejadores asociados y se les invoca el método handle().

En general, el comportamiento sería el siguiente:

1. Los manejadores se registran utilizando el método regHandler() del Reactor. De esta forma, el Reactor puede configurarse para esperar los eventos del recurso que el manejador espera. El manejador puede dejar de recibir notificaciones con unregHandler().

2. A continuación, el Reactor entra en el bucle infinito (loop()), en el que se espera la ocurrencia de eventos.

3. Utilizando alguna llamada al sistema, como puede ser select(), el Reactor espera a que se produzca algún evento sobre los recursos monitorizados.

4. Cuando ocurre, busca los manejadores asociados a ese recurso y les invoca el método handle() con el evento que ha ocurrido como parámetro.

5. El manejador recibe la invocación y ejecuta todo el código asociado al evento.

Nótese que aunque los eventos ocurran concurrentemente el Reactor *serializa* las llamadas a los manejadores. Por lo tanto, la ejecución de los manejadores de eventos ocurre de forma secuencial.

Consideraciones

Al utilizar un Reactor, se deben tener las siguientes consideraciones:

1. Los manejadores de eventos no pueden consumir mucho tiempo. Si lo hacen, pueden provocar un efecto *convoy* y, dependiendo de la frecuencia de los eventos, pueden hacer que el sistema sea inoperable. En general, cuanto mayor sea la frecuencia en que ocurren los eventos, menos tiempo deben consumir los manejadores.

2. Existen implementaciones de Reactors que permiten una demultiplexación concurrente, es decir, las llamadas a los handles no se serializan y ocurren en paralelo.

3. Desde un punto de vista general, el patrón Observer tiene un comportamiento muy parecido. Sin embargo, el Reactor está pensado para las relaciones 1 a 1 y no 1 a n como en el caso del Observer.

4.5.7. Visitor

El patrón *Visitor* proporciona un mecanismo para realizar diferentes operaciones sobre una jerarquía de objetos de forma que añadir nuevas operaciones no haga necesario cambiar las clases de los objetos sobre los que se realizan las operaciones.

Problema

En el diseño de un programa, normalmente se obtienen jerarquías de objetos a través de herencia o utilizando el patrón Composite (véase sección 4.4.1). Considerando una jerarquía de objetos que sea más o menos estable, es muy probable que necesitemos realizar operaciones sobre dicha jerarquía. Sin embargo, puede ser que cada objeto deba ser tratado de una forma diferente en función de su tipo. La complejidad de estas operaciones aumenta muchísimo.

Supongamos el problema de detectar las colisiones entre los objetos de un juego. Dada una estructura de objetos (con un estado determinado), una primera aproximación sería recorrer toda la estructura en busca de dichas colisiones y, en cada caso particular, realizar las operaciones específicas que el objeto concreto necesita. Por ejemplo, en caso de detectarse una colisión de un misil con un edificio se producirán una serie de acciones diferentes que si el misil impactara contra un vehículo.

En definitiva, realizar operaciones sobre una estructura de objetos que mantiene un cierto estado puede complicar la implementación de las mismas debido a que se deben de tener en cuenta las particularidades de cada tipo de objeto y operación realizada.

Solución

El patrón Visitor se basa en la creación de dos jerarquías independientes:

- **Visitables**: son los elementos de la estructura de objetos que *aceptan* a un determinado visitante y que le proporcionan toda la información a éste para realizar una determinada operación.

- **Visitantes**: jerarquía de objetos que realizan una operación determinada sobre los elementos visitables.

En la figura 4.19 se puede muestra un diagrama de clases genérico del patrón Visitor donde se muestran estas dos jerarquías. Cada visitante concreto realiza una operación sobre la estructura de objetos. Es posible que al visitante no le interesen todos los objetos y, por lo tanto, la implementación de alguno de sus métodos sea vacía. Sin embargo, lo importante del patrón Visitor es que se pueden añadir nuevos tipos de visitantes concretos y, por lo tanto, realizar nuevas operaciones sobre la estructura sin necesidad de modificar nada en la propia estructura.

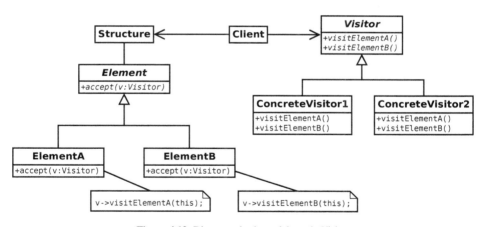

Figura 4.19: Diagrama de clases del patrón Visitor

Implementación

Como ejemplo de implementación supongamos que tenemos una escena (Scene) en la que existe una colección de elementos de tipo ObjectScene. Cada elemento tiene atributos como su nombre, peso y posición en la escena, es decir, name, weight y position, respectivamente. Se definen dos tipos visitantes:

- `NameVisitor`: mostrará los nombres de los elementos de una escena.

- `BombVisitor`: modificará la posición final de todos los elementos de una escena al estallar una bomba. Para calcularla tendrá que tener en cuenta los valores de los atributos de cada objeto de la escena.

Listado 4.14: Visitor (ejemplo)

```
1  class ObjectScene {
2  public:
3    void accept(SceneVisitor* v) { v->visitObject(this); };
4  };
5
6  class Scene {
7  private:
8    vector<ObjectScene> _objects;
9  public:
10   void accept(SceneVisitor* v) {
11     for (vector<ObjectScene>::iterator ob = _objects.begin();
12       ob != _objects.end(); ob++)
13       v->accept(v);
14     v->visitScene(this);
15   };
16 };
17
18 class SceneVisitor {
19   virtual void visitObject(ObjectScene* ob) = 0;
20   virtual void visitScene(Scene* scene) = 0;
21 };
22
23 class NameVisitor : public SceneVisitor {
24 private:
25   vector<string> _names;
26 public:
27   void visitObject(ObjectScene* ob) {
28     _names.push_back(ob->name);
29   };
30   void visitScene(Scene* scene) {
31     cout << "The scene '" << scene->name << "' has following objects:" << endl;
32     for (vector<string>::iterator it = _names.begin();
33       it != _names.end(); it++)
34       cout << *it << endl;
35   };
36 };
37
38 class BombVisitor : public SceneVisitor {
39 private:
40   Bomb _bomb;
41 public:
42   BombVisitor(Bomb bomb) : _bomb(bomb);
43   void visitObject(ObjectScene* ob) {
44     Point new_pos = calculateNewPosition(ob->position,
45                         ob->weight,
46                         _bomb->intensity);
47     ob->position = new_pos;
48   };
49   void visitScene(ObjectScene* scene) {};
50 };
51
52 Scene* scene = createScene();
53 SceneVisitor* name_visitor = new NameVisitor();
54 scene->accept(name_visitor);
55 ...
56 /* bomb explosion occurs */
57 SceneVisitor* bomb_visitor = new BombVisitor(bomb);
58 scene->accept(bomb_visitor);
```

Se ha simplificado la implementación de Scene y ObjectScene. Únicamente se ha incluido la parte relativa al patrón Visitor, es decir, la implementación de los métodos accept(). Nótese que es la escena quien que ejecuta accept() sobre todos sus elementos y cada uno de ellos invoca a visitObject(), con una referencia a sí mismo para que el visitante pueda extraer información. Dependiendo del tipo de Visitor instanciado, uno simplemente almacenará el nombre del objeto y el otro calculará si el objeto debe moverse a causa de una determinada explosión. Este mecanismo se conoce como despachado doble o *double dispatching*. El objeto que recibe la invocación del accept() delega la implementación de lo que se debe realizar a un tercero, en este caso, al visitante.

Finalmente, la escena también invoca al visitante para que realice las operaciones oportunas una vez finalizado el análisis de cada objeto. Nótese que, en el ejemplo, en el caso de BombVisitor no se realiza ninguna acción en este caso.

Consideraciones

Algunas consideraciones sobre el patrón Visitor:

- El patrón Visitor es muy conveniente para recorrer estructuras arbóreas y realizar operaciones en base a los datos almacenados.

- En el ejemplo, la ejecución se realiza de forma secuencial ya que se utiliza un iterador de la clase vector. La forma en que se recorra la estructura influirá notablemente en el rendimiento del análisis de la estructura. Se puede hacer uso del patrón Iterator para decidir cómo escoger el siguiente elemento.

- Uno de los problemas de este patrón es que no es recomendable si la estructura de objetos cambia frecuentemente o es necesario añadir nuevos tipos de objetos de forma habitual. Cada nuevo objeto que sea susceptible de ser visitado puede provocar grandes cambios en la jerarquía de los visitantes.

4.6. *Programming Idioms*

Hasta el momento, se han descrito algunos de los patrones de diseño más importantes que proporcionan una buena solución a determinados problemas a nivel de diseño. Todos ellos son aplicables a cualquier lenguaje de programación en mayor o menor medida. Algunos patrones de diseño son más o menos difíciles de implementar en un lenguaje de programación determinado. Otros se adaptan mejor a las estructuras de abstracción que el lenguaje proporcionan y son más fáciles de implementar.

Sin embargo, a nivel de lenguaje de programación, existen «patrones» que hacen que un programador comprenda mejor dicho lenguaje y aplique soluciones mejores, e incluso óptimas, a la hora de resolver un problema de codificación. Los expresiones idiomáticas (o simplemente, *idioms*) son un conjunto de buenas soluciones de programación que permiten:

- Resolver ciertos problemas de codificación asociados a un lenguaje específico. Por ejemplo, cómo obtener la dirección de memoria real de un objeto en C++ aunque esté sobreescrito el operador &. Este *idiom* se llama *AddressOf*.

- Entender y explotar las interioridades del lenguaje y, por tanto, programar mejor.

- Establecer un repertorio de buenas prácticas de programación para el lenguaje.

Al igual que los patrones, los *idioms* tienen un nombre asociado (además de sus alias), la definición del problema que resuelven y bajo qué contexto, así como algunas consideraciones (eficiencia, etc.). A continuación, se muestran algunos de los más relevantes. En la sección de «Patrones de Diseño Avanzados» se exploran más de ellos.

4.6.1. Orthodox Canonical Form

Veamos un ejemplo de mal uso de C++:

Listado 4.15: Ejemplo de uso incorrecto de C++

```
1  #include <vector>
2
3  struct A {
4    A() : a(new char[3000]) {}
5    ~A() { delete [] a; }
6    char* a;
7  };
8
9  int main() {
10   A var;
11   std::vector<A> v;
12   v.push_back(var);
13   return 0;
14 }
```

Si compilamos y ejecutamos este ejemplo nos llevaremos una desagradable sorpresa.

```
$ g++ bad.cc -o bad
$ ./bad
*** glibc detected *** ./bad: double free or corruption (!prev): 0x00000000025de010 ***
======= Backtrace: =========
...
```

¿Qué es lo que ha pasado? ¿No estamos reservando memoria en el constructor y liberando en el destructor? ¿Cómo es posible que haya corrupción de memoria? La solución al enigma es lo que no se ve en el código. Si no lo define el usuario el compilador de C++ añade automáticamente un constructor de copia que implementa la estrategia más simple, copia de todos los miembros. En particular cuando llamamos a push_back() creamos una copia de var. Esa copia recibe a su vez una copia del miembro var.a que es un puntero a memoria ya reservada. Cuando se termina main() se llama al destructor de var y del vector. Al destruir el vector se destruyen todos los elementos. En particular se destruye la copia de var, que a su vez libera la memoria apuntada por su miembro a, que apunta a la misma memoria que ya había liberado el destructor de var.

Antes de avanzar más en esta sección conviene formalizar un poco la estructura que debe tener una clase en C++ para no tener sorpresas. Básicamente se trata de especificar todo lo que debe implementar una clase para poder ser usada como un tipo cualquiera:

- Pasarlo como parámetro por valor o como resultado de una función.

- Crear *arrays* y contenedores de la STL.

- Usar algoritmos de la STL sobre estos contenedores.

Para que no aparezcan sorpresas una clase no trivial debe tener como mínimo:

1. *Constructor por defecto*. Sin él sería imposible instanciar *arrays* y no funcionarían los contenedores de la STL.

2. *Constructor de copia*. Sin él no podríamos pasar argumentos por valor, ni devolverlo como resultado de una función.

3. *Operador de asignación*. Sin él no funcionaría la mayoría de los algoritmos sobre contenedores.

4. *Destructor*. Es necesario para liberar la memoria dinámica reservada. El destructor por defecto puede valer si no hay reserva explícita.

A este conjunto de reglas se le llama normalmente forma canónica ortodoxa (*orthodox canonical form*).

Además, si la clase tiene alguna función virtual, el destructor debe ser virtual. Esto es así porque si alguna función virtual es sobrecargada en clases derivadas podrían reservar memoria dinámica que habría que liberar en el destructor. Si el destructor no es virtual no se podría garantizar que se llama. Por ejemplo, porque la instancia está siendo usada a través de un puntero a la clase base.

4.6.2. Interface Class

En C++, a diferencia de lenguajes como Java, no existen clases interfaces, es decir, tipos abstractos que no proporcionan implementación y que son muy útiles para definir el contrato entre un objeto cliente y uno servidor. Por ello, el concepto de interfaz es muy importante en POO. Permiten obtener un bajo grado de acoplamiento entre las entidades y facilitan en gran medida las pruebas unitarias, ya que permite utilizar objetos dobles (mocks, stubs, etc.) en lugar de las implementaciones reales.

Este *idiom* muestra cómo crear una clase que se comporta como una interfaz, utilizando métodos *virtuales puros*.

El compilador fuerza que los métodos virtuales puros sean implementados por las clases derivadas, por lo que fallará en tiempo de compilación si hay alguna que no lo hace. Como resultado, tenemos que Vehicle actúa como una clase interfaz. Nótese que el destructor se ha declarado como virtual. Como ya se citó en la forma canónica ortodoxa (sección 4.6.1), esto es una buena práctica para evitar posibles *leaks* de memoria en tiempo de destrucción de un objeto Vehicle usado polimórficamente (por ejemplo, en un contenedor). Con esto, se consigue que se llame al destructor de la clase más derivada.

4.6.3. Final Class

En Java o C# es posible definir una clase como final, es decir, no es posible heredar una clase hija de ella. Este mecanismo de protección puede tener mucho sentido en diferentes ocasiones:

- Desarrollo de una librería o una API que va ser utilizada por terceros.

- Clases externas de módulos internos de un programa de tamaño medio o grande.

En C++, no existe este mecanismo. Sin embargo, es posible simularlo utilizando el *idiom* Final Class.

Este *idiom* se basa en una regla de la herencia virtual: el constructor y destructor de una clase heredada virtualmente será invocado por la clase más derivada de la jerarquía. Como, en este caso, el destructor es privado, el compilador prohíbe la instanciación de B y el efecto es que no se puede heredar más allá de A.

```
 1  class Vehicle
 2  {
 3  public:
 4    virtual ~Vehicle();
 5    virtual std::string name() = 0;
 6    virtual void run() = 0;
 7  };
 8
 9  class Car: public Vehicle
10  {
11  public:
12    virtual ~Car();
13    std::string name() { return "Car"; }
14    void run() { /* ... */ }
15  };
16
17  class Motorbike: public Vehicle
18  {
19  public:
20    virtual ~Motorbike();
21    std::string name() { return "Motorbike"; }
22    void run() { /* ... */ }
23  };
```

```
 1  class Final
 2  {
 3    ~Final() {} // privado
 4    friend class A;
 5  };
 6
 7  class A : virtual Final
 8  { };
 9
10  class B : public B
11  { };
12
13  int main (void)
14  {
15    B b; // fallo de compilación
16  }
```

4.6.4. pImpl

Pointer To Implementation (pImpl), también conocido como *Handle Body* u *Opaque Pointer*, es un famoso *idiom* (utilizado en otros muchos) para ocultar la implementación de una clase en C++. Este mecanismo puede ser muy útil sobre todo cuando se tienen componentes reutilizables cuya declaración o interfaz puede cambiar, lo cual implicaría que todos sus usuarios deberían recompilar. El objetivo es minimizar el impacto de un cambio en la declaración de la clase a sus usuarios.

En C++, un cambio en las variables miembro de una clase o en los métodos `inline` puede suponer que los usuarios de dicha clase tengan que recompilar. Para resolverlo, la idea de pImpl es que la clase ofrezca una interfaz pública *bien definida* y que ésta contenga un puntero a su implementación, descrita de forma privada.

Por ejemplo, la clase `Vehicle` podría ser de la siguiente forma:

Listado 4.18: Ejemplo básico de clase Vehicle

```cpp
1  class Vehicle
2  {
3  public:
4    void run(int distance);
5
6  private:
7    int _wheels;
8  };
```

Como se puede ver, es una clase muy sencilla ya que ofrece sólo un método público. Sin embargo, si queremos modificarla añadiendo más atributos o nuevos métodos privados, se obligará a los usuarios de la clase a recompilar por algo que realmente no utilizan directamente. Usando pImpl, quedaría el siguiente esquema:

Listado 4.19: Clase Vehicle usando pImpl (Vehicle.h)

```cpp
1  /* Interfaz publica Vehicle.h */
2
3  class Vehicle
4  {
5  public:
6    void run(int distance);
7
8  private:
9    class VehicleImpl;
10   VehicleImpl* _pimpl;
11 };
```

Listado 4.20: Implementación de Vehicle usando pImpl (Vehicle.cpp

```cpp
1  /* Vehicle.cpp */
2
3  #include <Vehicle.h>
4
5  Vehicle::Vehicle()
6  {
7    _pimpl = new VehicleImpl();
8  }
9
10 void Vehicle::run()
11 {
12   _pimpl->run();
13 }
```

Listado 4.21: Declaración de VehicleImpl (VehicleImpl.h

```
1   /* VehicleImpl.h */
2
3   class VehicleImpl
4   {
5   public:
6     void run();
7
8   private:
9     int _wheels;
10    std::string name;
11  };
```

Si la clase Vehicle está bien definida, se puede cambiar su implementación sin obligar a sus usuarios a recompilar. Esto proporciona una mayor flexibilidad a la hora de definir, implementar y realizar cambios sobre la clase VehicleImpl.

## Capítulo 5

La Biblioteca STL

David Vallejo Fernández

E n este capítulo se proporciona una visión general de STL (*Standard Template Library*), la biblioteca estándar proporcionada por C++, en el contexto del desarrollo de videojuegos, discutiendo su utilización en dicho ámbito de programación. Asimismo, también se realiza un recorrido exhaustivo por los principales tipos de contenedores, estudiando aspectos relevantes de su implementación, rendimiento y uso en memoria. El objetivo principal que se pretende alcanzar es que el lector sea capaz de **utilizar la estructura de datos más adecuada** para solucionar un problema, justificando el porqué y el impacto que tiene dicha decisión sobre el proyecto en su conjunto.

5.1. Visión general de STL

La **biblioteca estándar de C++**, STL, es sin duda una de las más utilizadas en el desarrollo de aplicaciones en este lenguaje. Además, está muy optimizada para el manejo de estructuras de datos y de algoritmos básicos, aunque su complejidad es elevada y el código fuente es poco legible para desarrolladores poco experimentados. Desde un punto de vista abstracto, STL es un conjunto de clases que proporciona la siguiente funcionalidad [17]:

- Soporte a características del lenguaje, como por ejemplo la gestión de memoria e información relativa a los tipos de datos manejados en tiempo de ejecución.

- Soporte relativo a aspectos del lenguaje definidos por la implementación, como por ejemplo el valor en punto flotante con mayor precisión.

- Soporte para funciones que no se pueden implementar de manera óptima con las herramientas del propio lenguaje, como por ejemplo ciertas funciones matemáticas o asignación de memoria dinámica.

- Inclusión de contenedores para almacenar datos en distintas estructuras, iteradores para acceder a los elementos de los contenedores y algoritmos para llevar a cabo operaciones sobre los mismos.

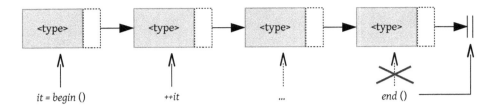

Figura 5.1: Representación gráfica del recorrido de un contenedor mediante iteradores.

- Soporte como base común para otras bibliotecas.

La figura 5.2 muestra una perspectiva global de la **organización de STL** y los diferentes elementos que la definen. Como se puede apreciar, STL proporciona una gran variedad de elementos que se pueden utilizar como herramientas para la resolución de problemas dependientes de un dominio en particular.

Las utilidades de la biblioteca estándar se definen en el espacio de nombres *std* y se encuentran a su vez en una serie de bibliotecas, que identifican las partes fundamentales de STL. Note que no se permite la modificación de la biblioteca estándar y no es aceptable modificar su contenido mediante macros, ya que afectaría a la portabilidad del código desarrollado.

En el ámbito del desarrollo de videojuegos, los **contenedores** juegan un papel fundamental como herramienta para el almacenamiento de información en memoria. En este contexto, la realización un estudio de los mismos, en términos de operaciones, gestión de memoria y rendimiento, es especialmente importante para utilizarlos adecuadamente. Los contenedores están representados por dos tipos principales. Por una parte, las **secuencias** permiten almacenar elementos en un determinado orden. Por otra parte, los **contenedores asociativos** no tienen vinculado ningún tipo de restricción de orden.

La herramienta para recorrer los contenedores está representada por el **iterador**. El uso de los iteradores en STL representa un mecanismo de abstracción fundamental para realizar el recorrido, el acceso y la modificación sobre los distintos elementos almacenados en un contenedor. Todos los contenedores mantienen dos funciones relevantes que permiten obtener dos iteradores:

1. *begin()*, que devuelve un iterador al primer elemento del contenedor,

2. *end()*, que devuelve un iterador al elemento siguiente al último.

El hecho de que *end()* devuelva un iterador al siguiente elemento al último albergado en el contenedor es una convención en STL que simplifica la iteración sobre los elementos del mismo o la implementación de algoritmos.

Una vez que se obtiene un iterador que apunta a una parte del contenedor, es posible utilizarlo como referencia para acceder a los elementos contiguos. En función del tipo de iterador y de la funcionalidad que implemente, será posible acceder solamente al elemento contiguo, al contiguo y al anterior o a uno aleatorio.

El siguiente fragmento de código muestra un **ejemplo sencillo** en el que se utiliza STL para instanciar un vector de enteros, añadir elementos y, finalmente, recorrerlo haciendo uso de un iterador. Como se puede apreciar en la línea ⑦, STL hace uso de plantillas para manejar los distintos contenedores, permitiendo separar la funcionalidad de los mismos respecto a los datos que contienen. En el ejemplo, se instancia un vector de tipos enteros.

Iteradores	
<iterator>	Iteradores y soporte a iteradores

Cadenas	
<string>	cadena
<cctype>	clasificación de caracteres
<cwctype>	clasificación caracteres extendidos
<cstring>	funciones de cadena
<cwchar>	funciones caracteres extendidos*
<cstdlib>	funciones cadena*

Entrada/Salida	
<iosfwd>	declaraciones utilidades E/S
<iostream>	objetos/operaciones iostream estándar
<ios>	bases de iostream
<streambuf>	búferes de flujos
<istream>	plantilla de flujo de entrada
<ostream>	plantilla de flujo de salida
<iomanip>	manipuladores
<sstream>	flujos hacia/desde cadenas
<cstdlib>	funciones de clasificación de caracteres
<fstream>	flujos hacia/desde archivos
<cstdio>	familia printf() de E/S
<cwchar>	E/S caracteres dobles familia printf()

Soporte del lenguaje	
<limits>	límites numéricos
<climits>	macros límites numéricos escalares*
<cfloats>	macros límites numéricos pto flotante*
<new>	gestión de memoria dinámica
<typeinfo>	soporte a identificación de tipos
<exception>	soporte al tratamiento de excepciones
<cstddef>	soporte de la biblioteca al lenguaje C
<cstdarg>	lista parám. función long. variable
<csetjmp>	rebobinado de la pila*
<cstdlib>	finalización del programa
<ctime>	reloj del sistema
<csignal>	tratamiento de señales*

Algoritmos	
<algorithm>	algoritmos generales
<cstdlib>	bsearch() y qsort()

Contenedores	
<vector>	array unidimensional
<list>	lista doblemente enlazada
<deque>	cola de doble extremo
<queue>	cola
<stack>	pila
<map>	array asociativo
<set>	conjunto
<bitset>	array de booleanos

Diagnósticos	
<exception>	clase excepción
<stdexcept>	excepciones estándar
<cassert>	macro assert
<cerrno>	tratamiento errores*

Utilidades generales	
<utility>	operadores y pares
<functional>	objetos función
<memory>	asignadores contenedores
<ctime>	fecha y hora*

Números	
<complex>	números complejos y operaciones
<valarray>	vectores numéricos y operaciones
<numeric>	operaciones numéricas generaliz.
<cmath>	funciones matemáticas estándar
<cstdlib>	números aleatorios*

Figura 5.2: Visión general de la organización de STL [17]. El asterisco referencia a elementos con el estilo del lenguaje C.

Manejo de iteradores

El concepto de iterador es fundamental para recorrer e interactuar de manera eficiente con las distintas estructuras de datos incluidas en la biblioteca estándar.

Más adelante se estudiarán los distintos tipos de contenedores y la funcionalidad que ofrecen. Sin embargo, el lector puede suponer que cada contenedor proporciona una funcionalidad distinta en función de su naturaleza, de manera que cada uno de ellos ofrece una API que se utilizará para acceder a la misma. En el ejemplo, se utiliza en concreto la función *push_back* para añadir un elemento al final del vector.

Finalmente, en la línea ⑬ se declara un iterador de tipo *vector<int>* que se utilizará como base para el recorrido del vector. La inicialización del mismo se encuentra en la línea ⑮, es decir, en la parte de inicialización del bucle *for*, de manera que originalmente el iterador apunta al primer elemento del vector. La iteración sobre el vector se estará realizando hasta que no se llegue al iterador devuelto por *end()* (línea ⑯), es decir, al elemento posterior al último.

Listado 5.1: Ejemplo sencillo de uso de STL

```
 1  #include <iostream>
 2  #include <vector>
 3
 4  using namespace std;
 5
 6  int main () {
 7    vector<int> v;    // Instanciar el vector de int.
 8
 9    v.push_back(7);   // Añadir información.
10    v.push_back(4);
11    v.push_back(6);
12
13    vector<int>::iterator it;  // Declarar el iterador.
14
15    for (it = v.begin(); // it apunta al principio del vector,
16         it != v.end();  // mientras it no llegue a end(),
17         ++it)           // incrementar el iterador.
18      cout << *it << endl; // Acceso al contenido de it.
19
20    return 0;
21  }
```

Note cómo el incremento del iterador es trivial (línea ⑰), al igual que el acceso del contenido al que apunta el iterador (línea ⑱), mediante una nomenclatura similar a la utilizada para manejar punteros.

Por otra parte, STL proporciona un conjunto estándar de **algoritmos** que se pueden aplicar a los contenedores e iteradores. Aunque dichos algoritmos son básicos, éstos se pueden combinar para obtener el resultado deseado por el propio programador. Algunos ejemplos de algoritmos son la búsqueda de elementos, la copia, la ordenación, etc. Al igual que ocurre con todo el código de STL, los algoritmos están muy optimizados y suelen sacrificar la simplicidad para obtener mejores resultados que proporcionen una mayor eficiencia.

5.2.   STL y el desarrollo de videojuegos

En la sección 1.2 se discutió una visión general de la arquitectura estructurada en capas de un motor de juegos. Una de esas capas es la que proporciona bibliotecas de desarrollo, herramientas transversales y *middlewares* con el objetivo de dar soporte al proceso de desarrollo de un videojuego (ver sección 1.2.2). STL estaría incluido en dicha capa como biblioteca estándar de C++, posibilitando el uso de diversos contenedores como los mencionados anteriormente.

Desde un punto de vista general, a la hora de abordar el desarrollo de un videojuego, el programador o ingeniero tendría que decidir si utilizar STL o, por el contrario, utilizar alguna otra biblioteca que se adapte mejor a los requisitos impuestos por el juego a implementar.

5.2.1. Reutilización de código

Uno de los principales argumentos para utilizar STL en el desarrollo de videojuegos es la reutilización de código que ya ha sido implementado, depurado y portado a distintas plataformas. En este contexto, STL proporciona directamente estructuras de datos y algoritmos que se pueden utilizar y aplicar, respectivamente, para implementar soluciones dependientes de un dominio, como por ejemplo los videojuegos.

Gran parte del código de STL está vinculado a la construcción de bloques básicos en el desarrollo de videojuegos, como las listas, las tablas *hash*, y a algoritmos fundamentales como la ordenación o la búsqueda de elementos. Además, el diseño de STL está basado en el **uso extensivo de plantillas**. Por este motivo, es posible utilizarlo para manejar cualquier tipo de estructura de datos sin tener que modificar el diseño interno de la propia aplicación.

Otra ventaja importante de STL es que muchos desarrolladores y programadores de todo el mundo lo utilizan. Este hecho tiene un impacto enorme, ya que ha posibilitado la creación de una **comunidad** a nivel mundial y ha afectado al diseño y desarrollo de bibliotecas utilizadas para programar en C++. Por una parte, si alguien tiene un problema utilizando STL, es relativamente fácil bus-

Figura 5.3: La reutilización de código es esencial para agilizar el desarrollo y mantenimiento de programas.

car ayuda y encontrar la solución al problema, debido a que es muy probable que alguien haya tenido ese mismo problema con anterioridad. Por otra parte, los desarrolladores de bibliotecas implementadas en C++ suelen tener en cuenta el planteamiento de STL en sus propios proyectos para facilitar la interoperabilidad, facilitando así el uso de dichas bibliotecas y su integración con STL.

 Recuerde que la reutilización de código es uno de los pilares fundamentales para afrontar el desarrollo de proyectos complejos y de gran envergadura, como por ejemplo los videojuegos.

5.2.2. Rendimiento

Uno de los aspectos críticos en el ámbito del desarrollo de videojuegos es el rendimiento, ya que es fundamental para lograr un sensación de interactividad y para dotar de sensación de realismo el usuario de videojuegos. Recuerde que un videojuego es una aplicación gráfica de renderizado en tiempo real y, por lo tanto, es necesario asegurar una tasa de *frames* por segundo adecuada y en todo momento. Para ello, el rendimiento de la aplicación es crítico y éste viene determinado en gran medida por las herramientas utilizadas.

En general, STL proporciona un muy buen rendimiento debido principalmente a que ha sido mejorado y optimizado por cientos de desarrolladores en estos últimos años, considerando las propiedades intrínsecas de cada uno de sus elementos y de las plataformas sobre las que se ejecutará.

STL será normalmente más eficiente que otra implementación y, por lo tanto, es el **candidato ideal** para manejar las estructuras de datos de un videojuego. Mejorar el rendimiento de STL implica tener un conocimiento muy profundo de las estructuras de datos a manejar y puede ser una alternativa en casos extremos y con plataformas hardware específicas. Si éste no es el caso, entonces STL es la alternativa directa.

No obstante, algunas compañías tan relevantes en el ámbito del desarrollo de videojuegos, como EA (Electronic Arts), han liberado su propia adaptación de STL denominada EASTL (Electronic Arts Standard Template Library) [1], justificando esta decisión en base a la detección de ciertas debilidades, como el modelo de asignación de memoria, o el hecho de garantizar la consistencia desde el punto de vista de la portabilidad.

Además del rendimiento de STL, es importante considerar que su uso permite que el desarrollador se centre principalmente en el manejo de elementos propios, es decir, a nivel de nodos en una lista o claves en un diccionario, en lugar de prestar más importancia a elementos de más bajo nivel, como punteros o buffers de memoria.

Uno de los aspectos claves a la hora de manejar de manera eficiente STL se basa en utilizar la herramienta adecuada para un problema concreto. Si no es así, entonces es fácil reducir enormemente el rendimiento de la aplicación debido a que no se utilizó, por ejemplo, la estructura de datos más adecuada.

 La herramienta ideal. Benjamin Franklin afirmó que si dispusiera de 8 horas para derribar un árbol, emplearía 6 horas para afilar su hacha. Esta reflexión se puede aplicar perfectamente a la hora de decidir qué estructura de datos utilizar para solventar un problema.

5.2.3. Inconvenientes

El uso de STL también puede presentar ciertos inconvenientes; algunos de ellos directamente vinculados a su propia complejidad [3]. En este contexto, uno de los principales inconvenientes al utilizar STL es la **depuración** de programas, debido a aspectos como el uso extensivo de plantillas por parte de STL. Este planteamiento complica bastante la inclusión de puntos de ruptura y la depuración interactiva. Sin embargo, este problema no es tan relevante si se supone que STL ha sido extensamente probado y depurado, por lo que en teoría no sería necesario llegar a dicho nivel.

Por otra parte, visualizar de manera directa el contenido de los contenedores o estructuras de datos utilizadas puede resultar complejo. A veces, es muy complicado conocer exactamente a qué elemento está apuntando un iterador o simplemente ver todos los elementos de un vector.

La última desventaja es la **asignación de memoria**, debido a que se pretende que STL se utilice en cualquier entorno de cómputo de propósito general. En este contexto, es lógico suponer que dicho entorno tenga suficiente memoria y la penalización por asignar memoria no es crítica. Aunque esta situación es la más común a la hora de plantear un desarrollo, en determinados casos esta suposición no se puede aplicar, como por ejemplo en el desarrollo de juegos para consolas de sobremesa. Note que este tipo de plataformas suelen tener restricciones de memoria, por lo que es crítico controlar este factor para obtener un buen rendimiento.

---

[1] http://www.open-std.org/jtc1/sc22/wg21/docs/papers/2007/n2271.html

Una posible solución a este inconveniente consiste en utilizar **asignadores** de memoria personalizados cuando se utilizan contenedores específicos, de manera que el desarrollador puede controlar cómo y cuándo se asigna memoria. Obviamente, esta solución implica que dicho desarrollador tenga un nivel de especialización considerable, ya que esta tarea no es trivial. En términos general, el uso de asignadores personalizados se lleva a cabo cuando el desarrollo de un videojuego se encuentra en un estado avanzado.

 En general, hacer uso de STL para desarrollar un videojuego es una de las mejores alternativas posibles. En el ámbito comercial, un gran número de juegos de ordenador y de consola han hecho uso de STL. Recuerde que siempre es posible personalizar algunos aspectos de STL, como la asignación de memoria, en función de las restricciones existentes.

5.3. Secuencias

La principal característica de los contenedores de secuencia es que los elementos almacenados mantienen un **orden determinado**. La inserción y eliminación de elementos se puede realizar en cualquier posición debido a que los elementos residen en una secuencia concreta. A continuación se lleva a cabo una discusión de tres de los contenedores de secuencia más utilizados: el vector (*vector*), la cola de doble fin (*deque*) y la lista (*list*).

5.3.1. Vector

El vector es uno de los contenedores más simples y más utilizados de STL, ya que posibilita la inserción y eliminación de elementos en cualquier posición. Sin embargo, la complejidad computacional de dichas operaciones depende de la posición exacta en la que se inserta o elimina, respectivamente, el elemento en cuestión. Dicha complejidad determina el rendimiento de la operación y, por lo tanto, el rendimiento global del contenedor.

Un aspecto importante del vector es que proporciona iteradores bidireccionales, es decir, es posible acceder tanto al elemento posterior como al elemento anterior a partir de un determinado iterador. Así mismo, el vector permite el acceso directo sobre un determinado elemento, de manera similar al acceso en los arrays de C.

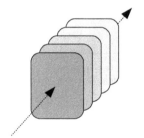

Figura 5.4: Los contenedores de secuencia mantienen un orden determinado a la hora de almacenar elementos, posibilitando optimizar el acceso y gestionando la consistencia caché.

A diferencia de lo que ocurre con los arrays, un vector **no tiene límite** en cuanto al número de elementos que se pueden añadir. Al menos, mientras el sistema tenga memoria disponible. En caso de utilizar un array, el programador ha de comprobar continuamente el tamaño del mismo para asegurarse de que la inserción es factible, evitando así potenciales violaciones de segmento. En este contexto, el vector representa una solución a este tipo de problemas.

Los vectores proporcionan operaciones para añadir y eliminar elementos al final, insertar y eliminar elementos en cualquier posición y acceder a los mismos en tiempo constante a partir de un índice[2].

---

[2] http://www.cplusplus.com/reference/stl/vector/

Implementación

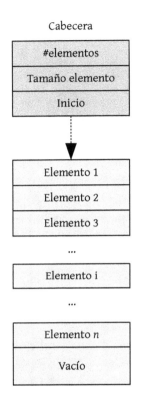

Cabecera

#elementos

Tamaño elemento

Inicio

Elemento 1

Elemento 2

Elemento 3

...

Elemento i

...

Elemento n

Vacío

Figura 5.5: Implementación típica del contenedor vector con cabecera.

Típicamente, el contenido de los vectores se almacena de **manera contigua** en un bloque de memoria, el cual suele contemplar el uso de espacio adicional para futuros elementos. Cada elemento de un vector se almacena utilizando un desplazamiento a la derecha, sin necesidad de hacer uso de punteros extra. De este modo, y partiendo de la base de que todos los elementos del vector ocupan el mismo tamaño debido a que son del mismo tipo, la localización de los mismos se calcula a partir del índice en la secuencia y del propio tamaño del elemento.

Los vectores utilizan una pequeña cabecera que contiene información general del contenedor, como el puntero al inicio del mismo, el número actual de elementos y el tamaño actual del bloque de memoria reservado (ver figura 5.5).

Rendimiento

En general, la inserción o eliminación de elementos al **final del vector** es muy eficiente. En este contexto, STL garantiza una complejidad constante en dichas operaciones, es decir, una complejidad $O(1)$. Así, la complejidad de estas operaciones es independiente del tamaño del vector. Además, la inserción es realmente eficiente y consiste en la simple copia del elemento a insertar.

La inserción o eliminación en **posiciones arbitrarias** requiere un mayor coste computacional ya que es necesario *recolocar* los elementos a partir de la posición de inserción o eliminación en una posición más o menos, respectivamente. La complejidad en estos casos es lineal, es decir, $O(n)$. Es importante destacar el caso en el que la inserción de un elemento al final del vector implique la reasignación y copia del resto de elementos, debido a que el bloque de memoria inicialmente vinculado al vector esté lleno. Sin embargo, esta situación se puede evitar en bucles que requieran un rendimiento muy alto.

A pesar de la penalización a la hora de insertar y eliminar elementos en posiciones aleatorias, el vector podría ser la mejor opción si el programa a implementar no suele utilizar esta funcionalidad o si el número de elementos a manejar es bastante reducido.

Finalmente, el **recorrido transversal** de vectores es tan eficiente como el recorrido de elementos en un array. Para ello, simplemente hay que utilizar un iterador y alguna estructura de bucle, tal y como se muestra en el siguiente listado de código.

Listado 5.2: Recorrido básico de un vector

```
1  vector<int>::iterator it;
2
3  for (it = _vector.begin(); it != _vector.end(); ++it) {
4    int valor = *it;
5    // Utilizar valor...
6  }
```

Complejidad

La nomenclatura O se suele utilizar para acotar superiormente la complejidad de una determinada función o algoritmo. Los órdenes de complejidad más utilizados son $O(1)$ (complejidad constante), $O(logn)$ (complejidad logarítmica), $O(n)$ (complejidad lineal), $O(nlogn)$, $O(n^2)$ (complejidad cuadrática), $O(n^3)$ (complejidad cúbica), $O(n^x)$ (complejidad polinomial), $O(b^n)$ (complejidad exponencial).

Respecto al **uso de memoria**, los vectores gestionan sus elementos en un gran bloque de memoria que permita almacenar los elementos actualmente contenidos y considere algún espacio extra para elementos futuros. Si el bloque inicial no puede albergar un nuevo elemento, entonces el vector reserva un bloque de memoria mayor, comúnmente con el doble de tamaño, copia el contenido del bloque inicial al nuevo y libera el bloque de memoria inicial. Este planteamiento evita que el vector tenga que reasignar memoria con frecuencia. En este contexto, es importante resaltar que un vector no garantiza la validez de un puntero o un iterador después de una inserción, ya que se podría dar esta situación. Por lo tanto, si es necesario acceder a un elemento en concreto, la solución ideal pasa por utilizar el índice junto con el operador [].

Los vectores permiten la preasignación de un número de entradas con el objetivo de evitar la reasignación de memoria y la copia de elementos a un nuevo bloque. Para ello, se puede utilizar la operación **reserve** de vector que permite especificar la cantidad de memoria reservada para el vector y sus futuros elementos. La reserva de memoria explícita puede contribuir a mejorar el rendimiento de los vectores y evitar un alto número de operaciones de reserva.

Listado 5.3: Reserva de memoria de vector

```cpp
1  #include <iostream>
2  #include <vector>
3
4  using namespace std;
5
6  int main () {
7    vector<int> v;
8    v.reserve(4);
9    cout << "Capacidad inicial: " << v.capacity() << endl;
10
11   v.push_back(7); v.push_back(6);
12   v.push_back(4); v.push_back(6);
13   cout << "Capacidad actual: " << v.capacity() << endl;
14
15   v.push_back(4); // Provoca pasar de 4 a 8.
16   // Se puede evitar con v.reserve (8) al principio.
17   cout << "Capacidad actual: " << v.capacity() << endl;
18
19   return 0;
20 }
```

El caso contrario a esta situación está representado por vectores que contienen datos que se usan durante un cálculo en concreto pero que después se descartan. Si esta situación se repite de manera continuada, entonces se está asignando y liberando el vector constantemente. Una posible solución consiste en mantener el vector como estático y limpiar todos los elementos después de utilizarlos. Este planteamiento hace que el vector quede vacío y se llame al destructor de cada uno de los elementos previamente contenidos.

Finalmente, es posible aprovecharse del hecho de que los elementos de un vector se almacenan de manera contigua en memoria. Por ejemplo, sería posible pasar el contenido de un vector a una función que acepte un array, siempre y cuando dicha función no modifique su contenido [3], ya que el contenido del vector no estaría sincronizado.

¿Cuándo usar vectores?

Como regla general, los vectores se pueden utilizar extensivamente debido a su **buen rendimiento**. En concreto, los vectores deberían utilizarse en lugar de usar arrays estáticos, ya que proporcionan un enfoque muy flexible y no es necesario tener en cuenta el número de elementos del mismo para aplicar una operación de inserción, por ejemplo.

En el ámbito del desarrollo de videojuegos, algunos autores plantean utilizar el vector como contenedor base y plantear el uso de otros contenedores en su lugar si así lo requiere la aplicación a desarrollar. Mientras tanto, los vectores son la solución ideal para aspectos como los siguientes [3]:

- Lista de jugadores de un juego.

- Lista de vértices con geometría simplificada para la detección de colisiones.

- Lista de hijos de un nodo en un árbol, siempre que el tamaño de la misma no varíe mucho y no haya muchos hijos por nodo.

- Lista de animaciones asociada a una determinada entidad del juego.

- Lista de componentes de un juego, a nivel global.

- Lista de puntos que conforman la trayectoria de una cámara.

- Lista de puntos a utilizar por algoritmos de Inteligencia Artificial para el cálculo de rutas.

5.3.2. Deque

Deque proviene del término inglés *double-ended queue* y representa una **cola de doble fin**. Este tipo de contenedor es muy parecido al vector, ya que proporciona acceso directo a cualquier elemento y permite la inserción y eliminación en cualquier posición, aunque con distinto impacto en el rendimiento. La principal diferencia reside en que tanto la inserción como eliminación del primer y último elemento de la cola son muy rápidas. En concreto, tienen una complejidad constante, es decir, $O(1)$.

La colas de doble fin incluyen la funcionalidad básica de los vectores pero también considera operaciones para insertar y eliminar elementos, de manera explícita, al principio del contenedor[3]. Sin embargo, la cola de doble fin no garantiza que todos los elementos almacenados residan en direcciones contiguas de memoria. Por lo tanto, no es posible realizar un acceso seguro a los mismos mediante aritmética de punteros.

Implementación

Este contenedor de secuencia, a diferencia de los vectores, mantiene varios bloques de memoria, en lugar de uno solo, de forma que se reservan nuevos bloques conforme el contenedor va creciendo en tamaño. Al contrario que ocurría con los vectores, no es necesario hacer copias de datos cuando se reserva un nuevo bloque de memoria, ya que los reservados anteriormente siguen siendo utilizados.

---

[3]http://www.cplusplus.com/reference/stl/deque/

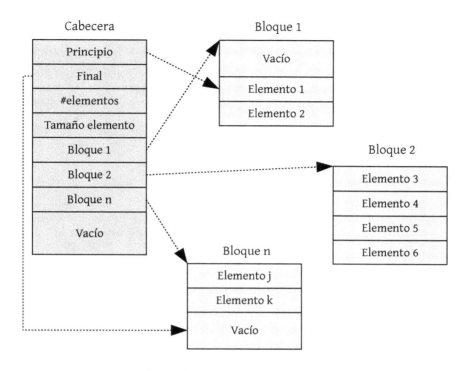

Figura 5.6: Implementación típica de *deque*.

La cabecera de la cola de doble fin almacena una serie de punteros a cada uno de los bloques de memoria, por lo que su tamaño aumentará si se añaden nuevos bloques que contengan nuevos elementos.

Rendimiento

Al igual que ocurre con los vectores, la inserción y eliminación de elementos al final de la cola implica una complejidad constante, mientras que en una posición aleatoria en el centro del contenedor implica una complejidad lineal. Sin embargo, a diferencia del vector, la inserción y eliminación de elementos al principio es tan rápida como al final. La consecuencia directa es que las colas de doble fin son el candidato perfecto para estructuras FIFO (First In, First Out). En el ámbito del desarrollo de videojuegos, las estructuras FIFO se suelen utilizar para modelar colas de mensajes o colas con prioridad para atender peticiones asociadas a distintas tareas.

El hecho de manejar distintos bloques de memoria hace que el rendimiento se degrade mínimamente cuando se accede a un elemento que esté en otro bloque distinto. Note que dentro de un mismo bloque, los elementos se almacenan de manera secuencial al igual que en los vectores. Sin embargo, el recorrido transversal de una cola de doble fin es prácticamente igual de rápido que en el caso de un vector.

Respecto al **uso de memoria**, es importante resaltar que las asignaciones se producen de manera periódica durante el uso normal de la cola de doble fin. Por una parte, si se añaden nuevos elementos, entonces se reservan nuevos bloques memoria. Por otra parte, si se eliminan elementos, entonces se liberan otros bloques. Sin embargo, y aunque el número de elementos permanezca constante, es posible que se sigan asignando nuevos bloques si, por ejemplo, los elementos se añaden al final y se eliminan al principio. Desde un punto de vista abstracto, este contenedor se puede interpretar como una ventana deslizante en memoria, aunque siempre tenga el mismo tamaño.

Finalmente, y debido a la naturaleza dinámica de la cola de doble fin, no existe una función equivalente a la función *reserve* de vector.

¿Cuándo usar *deques*?

En general, la cola de doble fin puede no ser la mejor opción en entornos con restricciones de memoria, debido al mecanismo utilizado para reservar bloques de memoria. Desafortunadamente, este caso suele ser común en el ámbito del desarrollo de videojuegos. Si se maneja un número reducido de elementos, entonces el vector puede ser una alternativa más adecuada incluso aunque el rendimiento se degrade cuando se elimine el primer elemento de la estructura.

El uso de este contenedor no es, normalmente, tan amplio como el del vector. No obstante, existen situaciones en las que su utilización representa una opción muy buena, como por ejemplo la cola de mensajes a procesar en orden FIFO.

5.3.3. List

La lista es otro contenedor de secuencia que difiere de los dos anteriores. En primer lugar, la lista proporciona **iteradores bidireccionales**, es decir, iteradores que permiten navegar en los dos sentidos posibles: hacia adelante y hacia atrás. En segundo lugar, la lista no proporciona un acceso aleatorio a los elementos que contiene, como sí hacen tanto los vectores como las colas de doble fin. Por lo tanto, cualquier algoritmo que haga uso de este tipo de acceso no se puede aplicar directamente sobre listas.

Algoritmos en listas

La propia naturaleza de la lista permite que se pueda utilizar con un buen rendimiento para implementar algoritmos o utilizar los ya existentes en la propia biblioteca.

La principal ventaja de la lista es el rendimiento y la conveniencia para determinadas operaciones, suponiendo que se dispone del iterador necesario para apuntar a una determinada posición.

La especificación de listas de STL ofrece una funcionalidad básica muy similar a la de cola de doble fin, pero también incluye funcionalidad relativa a aspectos más complejos como la fusión de listas o la búsqueda de elementos[4].

Implementación

Este contenedor se implementa mediante una **lista doblemente enlazada de elementos**. Al contrario del planteamiento de los dos contenedores previamente discutidos, la memoria asociada a los elementos de la lista se reserva individualmente, de manera que cada nodo contiene un puntero al anterior elemento y otro al siguiente (ver figura 5.7).

La lista también tiene vinculada una cabecera con información relevante, destacando especialmente los punteros al primer y último elemento de la lista.

---

[4]http://www.cplusplus.com/reference/stl/list/

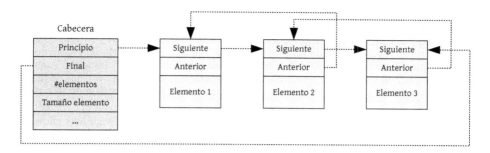

Figura 5.7: Implementación típica del contenedor lista.

Rendimiento

La principal ventaja de una lista en términos de rendimiento es que la inserción y eliminación de elementos en cualquier posición se realiza en tiempo constante, es decir, $O(1)$. Sin embargo, para garantizar esta propiedad es necesario obtener un iterador a la posición deseada, operación que puede tener una complejidad no constante.

```
Listado 5.4: Uso básico de listas con STL
1  #include <iostream>
2  #include <list>
3  #include <stdlib.h>
4  using namespace std;
5
6  class Clase {
7  public:
8    Clase (int id, int num_alumnos):
9      _id(id), _num_alumnos(num_alumnos) {}
10   int getId () const { return _id; }
11   int getNumAlumnos () const { return _num_alumnos;
12
13   bool operator< (const Clase &c) const { // Sobrecarga del operador para poder comparar clases.
14     return (_num_alumnos < c.getNumAlumnos());
15   }
16
17 private:
18   int _id;
19   int _num_alumnos;
20 };
21
22 void muestra_clases (list<Clase> lista);
23
24 int main () {
25   list<Clase> clases; // Lista de clases.
26   srand(time(NULL));
27
28   for (int i = 0; i < 7; ++i) // Inserción de clases.
29     clases.push_back(Clase(i, int(rand() % 30 + 10)));
30
31   muestra_clases(clases);
32
33   // Se ordena la lista de clases (usa la implementación del operador de sobrecarga)
34   clases.sort();
35   muestra_clases(clases);
36
37   return 0;
38 }
```

Una desventaja con respecto a los vectores y a las colas de doble fin es que el **recorrido transvesal** de las listas es mucho más lento, debido a que es necesario leer un puntero para acceder a cada nodo y, además, los nodos se encuentran en fragmentos de memoria no adyacentes. Desde un punto de vista general, el recorrido de elementos en una lista puede ser de hasta un orden de magnitud más lento que en vectores. Además, las operaciones que implican el movimiento de bloques de elementos en listas se realiza en tiempo constante, incluso cuando dichas operaciones se realizan utilizando más de un contenedor.

El planteamiento basado en manejar punteros hace que las listas sean más eficientes a la hora de, por ejemplo, reordenar sus elementos, ya que no es necesario realizar copias de datos. En su lugar, simplemente hay que modificar el valor de los punteros de acuerdo al resultado esperado o planteado por un determinado algoritmo. En este contexto, a mayor número de elementos en una lista, mayor beneficio en comparación con otro tipo de contenedores.

El anterior listado de código mostrará el siguiente resultado por la salida estándar:

```
0: 23 1: 28 2: 10 3: 17 4: 20 5: 22 6: 11
2: 10 6: 11 3: 17 4: 20 5: 22 0: 23 1: 28
```

es decir, mostrará la información relevante de los objetos de tipo *Clase* ordenados de acuerdo a la variable miembro *_num_alumnos*, ya que el valor de dicha variable se utiliza como criterio de ordenación. Este criterio se especifica de manera explícita al sobrecargar el operador < (líneas 14-16). Internamente, la lista de STL hace uso de esta información para ordenar los elementos y, desde un punto de vista general, se basa en la sobrecarga de dicho operador para ordenar, entre otras funciones, tipos de datos definidos por el propio usuario.

Respecto al **uso en memoria**, el planteamiento de la lista reside en reservar pequeños bloques de memoria cuando se inserta un nuevo elemento en el contenedor. La principal ventaja de este enfoque es que no es necesario reasignar datos. Además, los punteros e iteradores a los elementos se preservan cuando se realizan inserciones y eliminaciones, posibilitando la implementación de distintas clases de algoritmos.

Asignación de memoria

El desarrollo de juegos y la gestión de servidores de juego con altas cargas computacionales implica la implementación asignadores de memoria personalizados. Este planteamiento permite mejorar el rendimiento de alternativas clásicas basadas en el uso de *stacks* y *heaps*.

Evidentemente, la principal desventaja es que casi cualquier operación implica una nueva asignación de memoria. Este inconveniente se puede solventar utilizando asignadores de memoria personalizados, los cuales pueden usarse incluso para mejorar la penalización que implica tener los datos asociados a los nodos de la lista en distintas partes de la memoria.

En el ámbito del desarrollo de videojuegos, especialmente en plataformas con restricciones de memoria, las listas pueden degradar el rendimiento debido a que cada nodo implica una cantidad extra, aunque pequeña, de memoria para llevar a cabo su gestión.

¿Cuándo usar listas?

Aunque las listas proporcionan un contenedor de uso general y se podrían utilizar como sustitutas de vectores o *deques*, su bajo rendimiento al iterar sobre elementos y la constante de reserva de memoria hacen que las listas no sean el candidato ideal para aplicaciones de alto rendimiento, como los videojuegos. Por lo tanto, las listas deberían considerarse como una tercera opción tras valores los otros dos contenedores previamente comentados.

Propiedad	Vector	Deque	List
I/E al final	$O(1)$	$O(1)$	$O(1)$
I/E al principio	$O(n)$	$O(1)$	$O(1)$
I/E en el medio	$O(n)$	$O(n)$	$O(1)$
Recorrido	Rápido	Rápido	Menos rápido
Asignación memoria	Raramente	Periódicamente	Con cada I/E
Acceso memoria sec.	Sí	Casi siempre	No
Invalidación iterador	Tras I/E	Tras I/E	Nunca

Tabla 5.1: Resumen de las principales propiedades de los contenedores de secuencia previamente estudiados (I/E = inserción/eliminación).

A continuación se listan algunos de los posibles usos de listas en el ámbito del desarrollo de videojuegos:

- Lista de entidades del juego, suponiendo un alto número de inserciones y eliminaciones.

- Lista de mallas a renderizar en un *frame* en particular, suponiendo una ordenación en base a algún criterio como el material o el estado. En general, se puede evaluar el uso de listas cuando sea necesario aplicar algún criterio de ordenación.

- Lista dinámica de posibles objetivos a evaluar por un componente de Inteligencia Artificial, suponiendo un alto número de inserciones y eliminaciones.

5.4. Contenedores asociativos

Mientras las secuencias se basan en la premisa de mantener posiciones relativas respecto a los elementos que contienen, los contenedores asociativos se desmarcan de dicho enfoque y están diseñados con el objetivo de **optimizar el acceso** a elementos concretos del contenedor de la manera más rápida posible.

En el caso de las secuencias, la búsqueda de elementos en el peor de los casos es de complejidad lineal, es decir, $O(n)$, ya que podría ser necesario iterar sobre todos los elementos del contenedor para dar con el elemento deseado. En algunos casos, es posible obtener una complejidad logarítmica, es decir, $O(logn)$, si los elementos de la secuencia están ordenados y se aplica una búsqueda binaria. Sin embargo, en general no es deseable mantener los elementos ordenados debido a que el rendimiento se verá degradado a la hora de insertar y eliminar elementos.

Figura 5.8: Los contenedores asociativos se basan en hacer uso de un elemento clave para acceder al contenido.

Por el contrario, los contenedores asociativos permiten obtener una complejidad logarítmica o incluso constante para encontrar un elemento concreto. Para ello, los elementos del contenedor asociativo se suelen indexar utilizando una clave que permite acceder al propio valor del elemento almacenado.

5.4.1. Set y multiset

En STL, un conjunto o *set* sigue la misma filosofía que un conjunto matemático, es decir, sirve como almacén para una serie de elementos. En esencia, un elemento se encuentra en un conjunto o no se encuentra en el mismo. El contenedor set tiene como característica principal que los elementos almacenados en el mismo actúan como las propias claves. La inserción de objetos se realiza con la operación **insert**, la eliminación con **erase** y la búsqueda mediante **find**[5]. Esta operación tiene una complejidad logarítmica.

Un conjunto sólo tiene una instancia de cada objeto, de manera que insertar varias veces el mismo objeto produce el mismo resultado que insertarlo una única vez, es decir, no modifica el conjunto. De este modo, un conjunto es el candidato ideal para introducir un número de objetos y obviar los que sean redundantes. Este enfoque es mucho más eficiente que, por ejemplo, mantener una lista y hacer una búsqueda de elementos duplicados, ya que el algoritmo implicaría una complejidad cuadrática, es decir, $O(n^2)$.

STL también soporte el contenedor **multiset** o multi-conjunto[6], que sí permite mantener varias copias de un mismo objeto siempre y cuando se inserte en más de una ocasión. Este contenedor también permite acceder al número de veces que una determinada instancia se encuentra almacenada mediante la operación **count**.

A continuación se muestra un ejemplo de uso básico de los conjuntos. El aspecto más relevante del mismo es la declaración del conjunto en la línea ⟨17⟩, de manera que posibilite almacenar elementos enteros y, al mismo tiempo, haga uso de la definición de la clase *ValorAbsMenos* para definir un criterio de inclusión de elementos en el conjunto. Desde un punto de vista general, los conjuntos posibilitan la inclusión de criterios para incluir o no elementos en un conjunto. En el ejemplo propuesto, este criterio se basa en que la distancia entre los enteros del conjunto no ha de superar un umbral (DISTANCIA) para poder pertenecer al mismo. Note cómo la comparación se realiza en las líneas ⟨9-11⟩ con el operador <, es decir, mediante la función *menor*. Este enfoque es bastante común en STL, en lugar de utilizar el operador de igualdad.

Listado 5.5: Uso básico de conjuntos con STL

```
1  #include <iostream>
2  #include <set>
3  #include <algorithm>
4  using namespace std;
5  #define DISTANCIA 5
6
7  struct ValorAbsMenos {
8    bool operator() (const int& v1, const int& v2) const {
9      return (abs(v1 - v2) < DISTANCIA);
10   }
11 };
12
13 void recorrer (set<int, ValorAbsMenos> valores);
14
15 int main () {
16   set<int, ValorAbsMenos> valores;
17
18   valores.insert(5);   valores.insert(9);
19   valores.insert(3);   valores.insert(7);
20
21   recorrer(valores);
22
23   return 0;
24 }
```

---

[5]http://www.cplusplus.com/reference/stl/set/
[6]http://www.cplusplus.com/reference/stl/multiset/

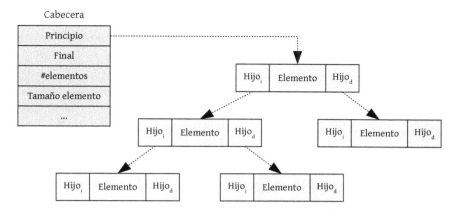

Figura 5.9: Implementación típica del contenedor set.

La salida al ejecutar el listado de código anterior se expone a continuación:

7 9 5

es decir, el elemento 3 no se encuentra en el conjunto debido a que su distancia con el elemento 9 es mayor a la definida en el umbral (5).

Finalmente, *set* y *multiset* son **contenedores asociativos ordenados**, debido a que los elementos se almacenan utilizando un cierto orden, el cual se basa en una función de comparación como la discutida anteriormente. Este enfoque permite encontrar elementos rápidamente e iterar sobre los mismos en un determinado orden.

Implementación

En términos generales, los conjuntos se implementan utilizando un **árbol binario balanceado** (ver figura 5.9) para garantizar que la complejidad de las búsquedas en el peor caso posible sea logarítmica, es decir, $O(logn)$. Cada elemento, al igual que ocurre con la lista, está vinculado a un nodo que enlaza con otros manteniendo una estructura de árbol. Dicho árbol se ordena con la función de comparación especificada en la plantilla. Aunque este enfoque es el más común, es posible encontrar alguna variación en función de la implementación de STL utilizada.

Rendimiento

La principal baza de los conjuntos es su gran rendimiento en operaciones relativas a la **búsqueda de elementos**, garantizando una complejidad logarítmica en el peor de los casos. Sin embargo, es importante tener en cuenta el tiempo invertido en la comparación de elementos, ya que ésta no es trivial en caso de manejar estructuras de datos más complejas, como por ejemplo las matrices. Así mismo, la potencia de los conjuntos se demuestra especialmente cuando el número de elementos del contenedor comienza a crecer. Aunque los conjuntos permiten realizar búsquedas eficientes, es importante tener en cuenta la complejidad asociada a la propia comparación de elementos, especialmente si se utilizan estructuras de datos complejas.

Una alternativa posible para buscar elementos de manera eficiente puede ser un vector, planteando para ello una ordenación de elementos seguida de una búsqueda binaria. Este planteamiento puede resultar eficiente si el número de búsquedas es muy reducido y el número de accesos es elevado.

La inserción de elementos en un árbol balanceado tiene una complejidad logarítmica, pero puede implicar la reordenación de los mismos para mantener balanceada la estructura. Por otra parte, el recorrido de los elementos de un conjunto es muy similar al de listas, es decir, se basa en el uso de manejo de enlaces a los siguientes nodos de la estructura.

Respecto al **uso de memoria**, la implementación basada en árboles binarios balanceados puede no ser la mejor opción ya que la inserción de elementos implica la asignación de un nuevo nodo, mientras que la eliminación implica la liberación del mismo.

¿Cuándo usar sets y multisets?

En general, este tipo de contenedores asociativos están ideados para situaciones específicas, como por ejemplo el hecho de manejar conjuntos con elementos no redundantes o cuando el número de búsquedas es relevante para obtener un rendimiento aceptable. En el ámbito del desarrollo de videojuegos, este tipo de contenedores se pueden utilizar para mantener un conjunto de objetos de manera que sea posible cargar de manera automática actualizaciones de los mismos, permitiendo su sobreescritura en función de determinados criterios.

5.4.2.   Map y multimap

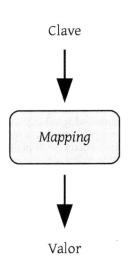

Clave

Mapping

Valor

Figura 5.10: El proceso de utilizar una clave en un map para obtener un valor se suele denominar comúnmente *mapping*.

En STL, el contenedor *map* se puede interpretar como una extensión de los conjuntos con el principal objetivo de optimizar aún más la búsqueda de elementos. Para ello, este contenedor distingue entre **clave** y **valor** para cada elemento almacenado en el mismo. Este planteamiento difiere de los conjuntos, ya que estos hacen uso del propio elemento como clave para ordenar y buscar. En esencia, un *map* es una secuencia de pares <clave, valor>, proporcionando una recuperación rápida del valor a partir de dicha clave. Así mismo, un *map* se puede entender como un tipo especial de array que permite la indexación de elementos mediante cualquier tipo de datos. De hecho, el contenedor permite el uso del operador [].

El **multimap** permite manejar distintas instancias de la misma clave, mientras que el *map* no. Es importante resaltar que no existe ninguna restricción respecto al valor, es decir, es posible tener un mismo objeto como valor asociado a distintas claves.

La principal aplicación de un *map* es manejar estructuras de tipo diccionario que posibiliten el acceso inmediato a un determinado valor dada una clave. Por ejemplo, sería posible asociar un identificador único a cada una de las entidades de un juego y recuperar los punteros asociados a las propias entidades cuando así sea necesario. De este modo, es posible utilizar sólo la memoria necesaria cuando se añaden nuevas entidades.

Tanto el *map*[7] como el *multimap*[8] son contenedores asociativos ordenados, por lo que es posible recorrer su contenido en el orden en el que estén almacenados. Sin embargo, este orden no es el orden de inserción inicial, como ocurre con los conjuntos, sino que viene determinado por aplicar una función de comparación.

Implementación

La implementación típica de este tipo de contenedores es idéntica a la de los conjuntos, es decir, mediante un **árbol binario balanceado**. Sin embargo, la diferencia reside en que las claves para acceder y ordenar los elementos son objetos distintos a los propios elementos.

Rendimiento

El rendimiento de estos contenedores es prácticamente idéntico al de los conjuntos, salvo por el hecho de que las comparaciones se realizan a nivel de clave. De este modo, es posible obtener cierta ventaja de **manejar claves simples** sobre una gran cantidad de elementos complejos, mejorando el rendimiento de la aplicación. Sin embargo, nunca hay que olvidar que si se manejan claves más complejas como cadenas o tipos de datos definidos por el usuario, el rendimiento puede verse afectado negativamente.

Por otra parte, el uso del operador [] no tiene el mismo rendimiento que en vectores, ya que implica realizar la búsqueda del elemento a partir de la clave y, por lo tanto, no sería de un orden de complejidad constante sino logarítmico. Al usar este operador, también hay que tener en cuenta que si se escribe sobre un elemento que no existe, entonces éste se añade al contenedor. Sin embargo, si se intenta leer un elemento que no existe, entonces el resultado es que el elemento por defecto se añade para la clave en concreto y, al mismo tiempo, se devuelve dicho valor. El siguiente listado de código muestra un ejemplo.

> **El operador []**
>
> El operador [] se puede utilizar para acceder, escribir o actualizar información sobre algunos contenedores. Sin embargo, es importante considerar el impacto en el rendimiento al utilizar dicho operador, el cual vendrá determinado por el contenedor usado.

Como se puede apreciar, el listado de código muestra características propias de STL para manejar los elementos del contenedor:

- En la línea ⑦ se hace uso de *pair* para declarar una pareja de valores: i) un iterador al contenedor definido en la línea ⑥ y ii) un valor booleano. Esta estructura se utilizará para recoger el valor de retorno de una inserción (línea ⑭).

- Las líneas ⑩-⑪ muestran inserciones de elementos.

- En la línea ⑮ se recoge el valor de retorno al intentar insertar un elemento con una clave ya existente. Note cómo se accede al iterador en la línea ⑰ para obtener el valor previamente almacenado en la entrada con clave 2.

- La línea ⑳ muestra un ejemplo de inserción con el operador [], ya que la clave 3 no se había utilizado previamente.

- La línea ㉓ ejemplifica la inserción de un elemento por defecto. Al tratarse de cadenas de texto, el valor por defecto es la cadena vacía.

---

[7] http://www.cplusplus.com/reference/stl/map/
[8] http://www.cplusplus.com/reference/stl/multimap/

Listado 5.6: Uso básico de map con STL

```
1  #include <iostream>
2  #include <map>
3
4  using namespace std;
5
6  int main () {
7    map<int, string> jugadores;
8    pair<map<int, string>::iterator, bool> ret;
9
10   // Insertar elementos.
11   jugadores.insert(pair<int, string>(1, "Luis"));
12   jugadores.insert(pair<int, string>(2, "Sergio"));
13
14   // Comprobando elementos ya insertados...
15   ret = jugadores.insert(pair<int, string>(2, "David"));
16
17   if (ret.second == false) {
18     cout << "El elemento 2 ya existe ";
19     cout << "con un valor de " << ret.first->second << endl;
20   }
21
22   jugadores[3] = "Alfredo"; // Inserción con []...
23
24   // Caso excepcional; se añade valor por defecto...
25   const string& j_aux = jugadores[4]; // jugadores[4] = "
26
27   return 0;
28 }
```

Ante esta situación, resulta deseable hacer uso de la operación **find** para determinar si un elemento pertenece o no al contenedor, accediendo al mismo con el iterador devuelto por dicha operación. Así mismo, la inserción de elementos es más eficiente con *insert* en lugar de con el operador [], debido a que este último implica un mayor número de copias del elemento a insertar. Por el contrario, [] es ligeramente más eficiente a la hora de actualizar los contenidos del contenedor en lugar de *insert*.

Respecto al **uso de memoria**, los mapas tienen un comportamiento idéntico al de los conjuntos, por lo que se puede suponer los mismos criterios de aplicación.

 Usando referencias. Recuerde consultar información sobre las operaciones de cada uno de los contenedores estudiados para conocer exactamente su signatura y cómo invocarlas de manera eficiente.

¿Cuándo usar maps y multimaps?

En general, estos contenedores se utilizan como diccionarios de rápido acceso que permiten indexar elementos a partir de manejadores o identificadores únicos. Sin embargo, también es posible utilizar claves más complejas, como por ejemplo cadenas. Algunas de las principales aplicaciones en el desarrollo de videojuegos son las siguientes:

- Mantenimiento de un diccionario con identificadores únicos para mapear las distintas entidades del juego. De este modo, es posible evitar el uso de punteros a dichas entidades.

- Mecanismo de traducción entre elementos del juego, como por ejemplo entre identificadores numéricos y cadenas de texto vinculadas a los nombres de los personajes.

Propiedad	Set	Map
I/E elementos	$O(logn)$	$O(logn)$
Búsqueda	$O(logn)$	$O(logn)$
Recorrido	Más lento que lista	Más lento que lista
Asignación memoria	Con cada I/E	Con cada I/E
Acceso memoria sec.	No	No
Invalidación iterador	Nunca	Nunca

Tabla 5.2: Resumen de las principales propiedades de los contenedores asociativos previamente estudiados (I/E = inserción/eliminación).

5.5. Adaptadores de secuencia

STL proporciona el concepto de adaptadores para proporcionar una funcionalidad más restringida sobre un contenedor existente sin la necesidad de que el propio desarrollador tenga que especificarla. Este enfoque se basa en que, por ejemplo, los contenederos de secuencia existentes tienen la flexibilidad necesaria para comportarse como otras estructuras de datos bien conocidas, como por ejemplo las **pilas** o las **colas**.

Un pila es una estructura de datos que solamente permite añadir y eliminar elementos por un extremo, la cima. En este contexto, cualquier contenedor de secuencia discutido anteriormente se puede utilizar para proporcionar dicha funcionalidad. En el caso particular de STL, es posible manejar pilas e incluso especificar la implementación subyacente que se utilizará, especificando de manera explícita cuál será el contenedor de secuencia usado.

Aunque sería perfectamente posible delegar en el programador el manejo del contenedor de secuencia para que se comporte como, por ejemplo, una pila, en la práctica existen dos razones importantes para la definición de adaptadores:

1. La declaración explícita de un adaptador, como una pila o *stack*, hace que sea el código sea mucho más claro y legible en términos de funcionalidad. Por ejemplo, declarar una pila proporciona más información que declarar un vector que se comporte como una pila. Esta aproximación facilita la interoperabilidad con otros programadores.

2. El compilador tiene más información sobre la estructura de datos y, por lo tanto, puede contribuir a la detección de errores con más eficacia. Si se utiliza un vector para modelar una pila, es posible utilizar alguna operación que no pertenezca a la interfaz de la pila.

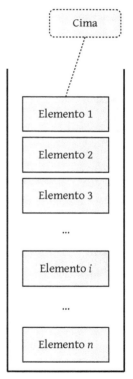

Figura 5.11: Visión abstracta de una pila o *stack*. Los elementos solamente se añaden o eliminan por un extremo: la cima.

LIFO. La pila está diseña para operar en un contexto LIFO (Last In, First Out) (*last-in first-out*), es decir, el elemento que se apiló más recientemente será el primero en salir de la pila.

5.5.1. Stack

El adaptador más sencillo en STL es la pila o *stack*[9]. Las principales operaciones sobre una pila son la inserción y eliminación de elementos por uno de sus extremos: la cima. En la literatura, estas operaciones se conocen como **push** y **pop**, respectivamente.

La pila es más restrictiva en términos funcionales que los distintos contenedores de secuencia previamente estudiados y, por lo tanto, se puede implementar con cualquiera de ellos. Obviamente, el rendimiento de las distintas versiones vendrá determinado por el contenedor elegido. Por defecto, la pila se implementa utilizando una cola de doble fin.

El siguiente listado de código muestra cómo hacer uso de algunas de las operaciones más relevantes de la pila para invertir el contenido de un vector.

Listado 5.7: Inversión del contenido de un vector con una pila

```
 1  #include <iostream>
 2  #include <stack>
 3  #include <vector>
 4  using namespace std;
 5
 6  int main () {
 7    vector<int> fichas;
 8    vector<int>::iterator it;
 9    stack<int> pila;
10
11    for (int i = 0; i < 10; i++) // Rellenar el vector
12      fichas.push_back(i);
13
14    for (it = fichas.begin(); it != fichas.end(); ++it)
15      pila.push(*it); // Apilar elementos para invertir
16
17    fichas.clear(); // Limpiar el vector
18
19    while (!pila.empty()) { // Rellenar el vector
20      fichas.push_back(pila.top());
21      pila.pop();
22    }
23
24    return 0;
25  }
```

5.5.2. Queue

Al igual que ocurre con la pila, la cola o *queue*[10] es otra estructura de datos de uso muy común que está representada en STL mediante un adaptador de secuencia. Básicamente, la cola mantiene una interfaz que permite la inserción de elementos al final y la extracción de elementos sólo por el principio. En este contexto, no es posible acceder, insertar y eliminar elementos que estén en otra posición.

---

[9]http://www.cplusplus.com/reference/stl/stack/
[10]http://www.cplusplus.com/reference/stl/queue/

Por defecto, la cola utiliza la implementación de la cola de doble fin, siendo posible utilizar la implementación de la lista. Sin embargo, no es posible utilizar el vector debido a que este contenedor no proporciona la operación *push_front*, requerida por el propio adaptador. De cualquier modo, el rendimiento de un vector para eliminar elementos al principio no es particularmente bueno, ya que tiene una complejidad lineal.

5.5.3. Cola de prioridad

STL también proporciona el adaptador cola de prioridad o *priority queue*[11] como caso especial de cola previamente discutido. La diferencia entre los dos adaptadores reside en que el elemento listo para ser eliminado de la cola es aquél que tiene una mayor prioridad, no el elemento que se añadió en primer lugar.

Así mismo, la cola con prioridad incluye cierta funcionalidad específica, a diferencia del resto de adaptadores estudiados. Básicamente, cuando un elemento se añade a la cola, entonces éste se ordena de acuerdo a una función de prioridad.

Por defecto, la cola con prioridad se apoya en la implementación de vector, pero es posible utilizarla también con *deque*. Sin embargo, no se puede utilizar una lista debido a que la cola con prioridad requiere un acceso aleatorio para insertar eficientemente elementos ordenados.

La comparación de elementos sigue el mismo esquema que el estudiado en la sección 5.4.1 y que permitía definir el criterio de inclusión de elementos en un conjunto, el cual estaba basado en el uso del operador *menor que*.

La cola de prioridad se puede utilizar para múltiples aspectos en el desarrollo de videojuegos, como por ejemplo la posibilidad de mantener una estructura ordenada por prioridad con aquellos objetos que están más cercanos a la posición de la cámara virtual. Así, este contenedor ofrece mayor flexibilidad para determinadas situaciones en las que son necesarias esquemas basados en la importancio de los elementos a gestionar.

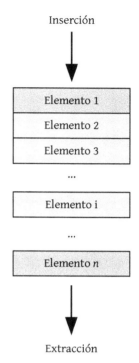

Figura 5.12: Visión abstracta de una cola o *queue*. Los elementos solamente se añaden por el final y se eliminan por el principio.

---

[11]http://www.cplusplus.com/reference/stl/priority_queue/

## Capítulo 6

Gestión de Recursos

David Vallejo Fernández

E n este capítulo se cubren aspectos esenciales a la hora de afrontar el diseño de un juego. En particular, se discutirán las arquitecturas típicas del bucle de juego, haciendo especial hincapié en un esquema basado en la gestión de los estados de un juego. Como caso de estudio concreto, en este capítulo se propone una posible implementación del bucle principal mediante este esquema haciendo uso de las bibliotecas que Ogre3D proporciona.

Así mismo, este capítulo discute la gestión de recursos y, en concreto, la gestión de sonido y de efectos especiales. La gestión de recursos es especialmente importante en el ámbito del desarrollo de videojuegos, ya que el rendimiento de un juego depende en gran medida de la eficiencia del subsistema de gestión de recursos.

Finalmente, la gestión del sistema de archivos, junto con aspectos básicos de entrada/-salida, también se estudia en este capítulo. Además, se plantea el diseño e implementación de un importador de datos que se puede utilizar para integrar información multimedia a nivel de código fuente.

6.1.   El bucle de juego

6.1.1.   El bucle de renderizado

Hace años, cuando aún el **desarrollo de videojuegos 2D** era el estándar en la industria, uno de los principales objetivos de diseño de los juegos era minimizar el número de píxeles a dibujar por el *pipeline* de renderizado con el objetivo de maximizar la tasa de *fps* del juego. Evidentemente, si en cada una de las iteraciones del bucle de renderizado el número de píxeles que cambia es mínimo, el juego *correrá* a una mayor velocidad.

Esta técnica es en realidad muy parecida a la que se plantea en el desarrollo de interfaces gráficas de usuario (GUI (Graphical User Interface)), donde gran parte de las mismas es estática y sólo se producen cambios, generalmente, en algunas partes bien definidas. Este planteamiento, similar al utilizado en el desarrollo de videojuegos 2D antiguos, está basado en *redibujar* únicamente aquellas partes de la pantalla cuyo contenido cambia. Dicha técnica se suele denominar *rectangle invalidation*.

Figura 6.1: El bucle de juego representa la estructura de control principal de cualquier juego y gobierna su funcionamiento y la transición entre los distintos estados del mismo.

En el **desarrollo de videojuegos 3D**, aunque manteniendo la idea de dibujar el mínimo número de primitivas necesarias en cada iteración del bucle de renderizado, la filosofía es radicalmente distinta. En general, al mismo tiempo que la cámara se mueve en el espacio tridimensional, el contenido audiovisual cambia continuamente, por lo que no es viable aplicar técnicas tan simples como la mencionada anteriormente.

La consecuencia directa de este esquema es la necesidad de un bucle de renderizado que muestre los distintas imágenes o frames percibidas por la cámara virtual con una velocidad lo suficientemente elevada para transmitir una sensación de realidad.

El siguiente listado de código muestra la **estructura general** de un bucle de renderizado.

Listado 6.1: Esquema general de un bucle de renderizado.

```
1  while (true) {
2      // Actualizar la cámara,
3      // normalmente de acuerdo a un camino prefijado.
4      update_camera ();
5
6      // Actualizar la posición, orientación y
7      // resto de estado de las entidades del juego.
8      update_scene_entities ();
9
10     // Renderizar un frame en el buffer trasero.
11     render_scene ();
12
13     // Intercambiar el contenido del buffer trasero
14     // con el que se utilizará para actualizar el
15     // dispositivo de visualización.
16     swap_buffers ();
17 }
```

6.1.2.   Visión general del bucle de juego

Como ya se introdujo en la sección 1.2, en un motor de juegos existe una gran variedad de subsistemas o componentes con distintas necesidades. Algunos de los más importantes son el motor de renderizado, el sistema de detección y gestión de colisiones, el subsistema de juego o el subsistema de soporte a la Inteligencia Artificial.

La mayoría de estos componentes han de actualizarse periódicamente mientras el juego se encuentra en ejecución. Por ejemplo, el sistema de animación, de manera sincronizada con respecto al motor de renderizado, ha de actualizarse con una frecuencia de 30 ó 60 Hz con el objetivo de obtener una tasa de *frames* por segundo lo suficientemente elevada para garantizar una sensación de realismo adecuada. Sin embargo, no es necesario mantener este nivel de exigencia para otros componentes, como por ejemplo el de Inteligencia Artificial.

De cualquier modo, es necesario un planteamiento que permita actualizar el estado de cada uno de los subsistemas y que considere las restricciones temporales de los mismos. Típicamente, este planteamiento se suele abordar mediante el **bucle de juego**, cuya principal responsabilidad consiste en actualizar el estado de los distintos componentes del motor tanto desde el punto de vista interno (ej. coordinación entre subsistemas) como desde el punto de vista externo (ej. tratamiento de eventos de teclado o ratón).

Listado 6.2: Esquema general del bucle de juego.

```
1   // Pseudocódigo de un juego tipo "Pong".
2   int main (int argc, char* argv[]) {
3     init_game();            // Inicialización del juego.
4
5     // Bucle del juego.
6     while (1) {
7       capture_events();      // Capturar eventos externos.
8
9       if (exitKeyPressed())  // Salida.
10        break;
11
12      move_paddles();        // Actualizar palas.
13      move_ball();           // Actualizar bola.
14      collision_detection(); // Tratamiento de colisiones.
15
16      // ¿Anotó algún jugador?
17      if (ballReachedBorder(LEFT_PLAYER)) {
18        score(RIGHT_PLAYER);
19        reset_ball();
20      }
21      if (ballReachedBorder(RIGHT_PLAYER)) {
22        score(LEFT_PLAYER);
23        reset_ball();
24      }
25
26      render();              // Renderizado.
27    }
28  }
```

Antes de discutir algunas de las arquitecturas más utilizadas para modelar el bucle de juego, resulta interesante estudiar el anterior listado de código, el cual muestra una manera muy simple de gestionar el bucle de juego a través de una sencilla estructura de control iterativa. Evidentemente, la complejidad actual de los videojuegos comerciales requiere un esquema que sea más general y escalable. Sin embargo, es muy importante mantener la simplicidad del mismo para garantizar su mantenibilidad.

 Keep it simple, Stupid! La filosofía KISS (Keep it simple, Stupid!) se adapta perfectamente al planteamiento del bucle de juego, en el que idealmente se implementa un enfoque sencillo, flexible y escalable para gestionar los distintos estados de un juego.

6.1.3.   Arquitecturas típicas del bucle de juego

Figura 6.2: El hardware de Atari Pong estaba especialmente pensado para el manejo de las dos palas que forman el juego.

La arquitectura del bucle de juego se puede implementar de diferentes formas mediante distintos planteamientos. Sin embargo, la mayoría de ellos tienen en común el uso de uno o varios **bucles de control** que gobiernan la actualización e interacción con los distintos componentes del motor de juegos. En esta sección se realiza un breve recorrido por las alternativas más populares, resaltando especialmente un planteamiento basado en la gestión de los distintos estados por los que puede atravesar un juego. Esta última alternativa se discutirá con un caso de estudio detallado que hace uso de Ogre.

Tratamiento de mensajes en Windows

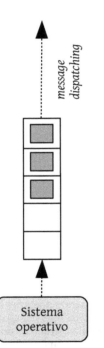

Figura 6.3: Esquema gráfico de una arquitectura basada en *message pumps*.

En las plataformas Windows™, los juegos han de atender los mensajes recibidos por el propio sistema operativo y dar soporte a los distintos componentes del propio motor de juego. Típicamente, en estas plataformas se implementan los denominados ***message pumps*** [5], como responsables del tratamiento de este tipo de mensajes.

Desde un punto de vista general, el planteamiento de este esquema consiste en atender los mensajes del propio sistema operativo cuando llegan, interactuando con el motor de juegos cuando no existan mensajes del sistema operativo por procesar. En ese caso se ejecuta una iteración del bucle de juego y se repite el mismo proceso.

La principal consecuencia de este enfoque es que los mensajes del sistema operativo tienen prioridad con respecto a aspectos críticos como el bucle de renderizado. Por ejemplo, si la propia ventana en la que se está ejecutando el juego se arrastra o su tamaño cambia, entonces el juego se *congelará* a la espera de finalizar el tratamiento de eventos recibidos por el propio sistema operativo.

Esquemas basados en retrollamadas

El concepto de retrollamada o ***callback***, introducido de manera implícita en la discusión del patrón MVC de la sección 4.4.4, consiste en asociar una porción de código para atender un determinado evento o situación. Este concepto se puede asociar a una función en particular o a un objeto. En este último caso, dicho objeto se denominará *callback object*, término muy usado en el desarrollo de interfaces gráficas de usuario y en el área de los sistemas distribuidos.

A continuación se muestra un ejemplo de uso de funciones de retrollamada planteado en la biblioteca GLUT, la cual está estrechamente ligada a la biblioteca GL, utilizada para tratar de manera simple eventos básicos.

Listado 6.3: Ejemplo de uso de retrollamadas con OpenGL.

```
1  #include <GL/glut.h>
2  #include <GL/glu.h>
3  #include <GL/gl.h>
4
5  // Se omite parte del código fuente...
6
7  void update (unsigned char key, int x, int y) {
8    Rearthyear += 0.2;
9    Rearthday += 5.8;
10   glutPostRedisplay();
11 }
12
13 int main (int argc, char** argv) {
14     glutInit(&argc, argv);
15
16     glutInitDisplayMode(GLUT_RGB | GLUT_DOUBLE);
17     glutInitWindowSize(640, 480);
18     glutCreateWindow("Session #04 - Solar System");
19
20     // Definición de las funciones de retrollamada.
21     glutDisplayFunc(display);
22     glutReshapeFunc(resize);
23     // Eg. update se ejecutará cuando el sistema
24     // capture un evento de teclado.
25     // Signatura de glutKeyboardFunc:
26     // void glutKeyboardFunc(void (*func)
27     // (unsigned char key, int x, int y));
28     glutKeyboardFunc(update);
29
30     glutMainLoop();
31
32     return 0;
33 }
```

Desde un punto de vista abstracto, las funciones de retrollamada se suelen utilizar como mecanismo para *rellenar* el código fuente necesario para tratar un determinado tipo de evento. Este esquema está directamente ligado al concepto de ***framework***, entendido como una aplicación construida parcialmente y que el desarrollador ha de *completar* para proporcionar una funcionalidad específica.

Algunos autores [5] definen a Ogre3D como un *framework* que envuelve a una biblioteca que proporciona, principalmente, funcionalidad asociada a un motor de renderizado. Sin embargo, ya se ha discutido cómo Ogre3D proporciona una gran cantidad de herramientas para el desarrollo de aplicaciones gráficas interactivas en 3D.

Figura 6.4: Un *framework* proporciona al desarrollador una serie de herramientas para solucionar problemas dependientes de un dominio. El propio desarrollador tendrá que utilizar las herramientas disponibles y ajustarlas para proporcionar una buena solución.

Las instancias de la clase **Ogre::FrameListener** son un ejemplo representativo de objetos de retrollamada, con el objetivo de que el desarrollador pueda decidir las acciones que se han de ejecutar antes y después de que se produzca una iteración en el bucle de renderizado. Dicha funcionalidad está representada por las funciones virtuales *frameStarted()* y *frameEnded()*, respectivamente. En el Módulo 2, *Programación Gráfica*, se discute en profundidad un ejemplo de uso de esta clase.

Tratamiento de eventos

En el ámbito de los juegos, un **evento** representa un cambio en el estado del propio juego o en el entorno. Un ejemplo muy común está representado por el jugador cuando pulsa un botón del *joystick*, pero también se pueden identificar eventos a nivel interno, como por ejemplo la reaparición o *respawn* de un NPC en el juego.

Gran parte de los motores de juegos incluyen un subsistema específico para el tratamiento de eventos, permitiendo al resto de componentes del motor o incluso a entidades específicas registrarse como partes interesadas en un determinado tipo de eventos. Este planteamiento está muy estrechamente relacionado con el patrón *Observer*.

El tratamiento de eventos es un aspecto transversal a otras arquitecturas diseñadas para tratar el bucle de juego, por lo que es bastante común integrarlo dentro de otros esquemas más generales, como por ejemplo el que se discute a continuación y que está basado en la gestión de distintos estados dentro del juego.

 Canales de eventos. Con el objetivo de independizar los publicadores y los suscriptores de eventos, se suele utilizar el concepto de *canal de eventos* como mecanismo de abstracción.

Esquema basado en estados

Desde un punto de vista general, los juegos se pueden dividir en una serie de etapas o estados que se caracterizan no sólo por su funcionamiento sino también por la interacción con el usuario o jugador. Típicamente, en la mayor parte de los juegos es posible diferenciar los siguientes estados:

- **Introducción** o presentación, en la que se muestra al usuario aspectos generales del juego, como por ejemplo la temática del mismo o incluso cómo jugar.

- **Menú principal**, en la que el usuario ya puede elegir entre los distintos modos de juegos y que, normalmente, consiste en una serie de entradas textuales identificando las opciones posibles.

- **Juego**, donde ya es posible interactuar con la propia aplicación e ir completando los objetivos marcados.

- **Finalización** o *game over*, donde se puede mostrar información sobre la partida previamente jugada.

Finite-state machines

Las máquinas de estados o autómatas representan modelos matemáticos utilizados para diseñar programas y lógica digital. En el caso del desarrollo de videojuegos se pueden usar para modelar diagramas de estados para, por ejemplo, definir los distintos comportamientos de un personaje.

Evidentemente, esta clasificación es muy general ya que está planteada desde un punto de vista muy abstracto. Por ejemplo, si consideramos aspectos más específicos como por ejemplo el uso de dispositivos como *PlayStation Move*™, *Wiimote*™o *Kinect*™, sería necesario incluir un estado de calibración antes de poder utilizar estos dispositivos de manera satisfactoria.

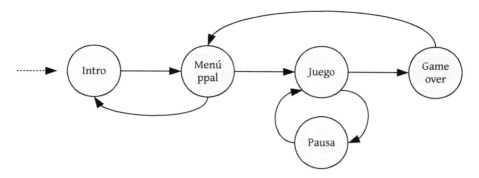

Figura 6.5: Visión general de una máquina de estados finita que representa los estados más comunes en cualquier juego.

Por otra parte, existe una relación entre cada uno de estos estados que se manifiesta en forma de **transiciones** entre los mismos. Por ejemplo, desde el estado de *introducción* sólo será posible acceder al estado de *menú principal*, pero no será posible acceder al resto de estados. En otras palabras, existirá una transición que va desde *introducción* a *menú principal*. Otro ejemplo podría ser la transición existente entre *finalización* y *menú principal*.

Este planteamiento basado en estados también debería poder manejar varios estados de manera simultánea para, por ejemplo, contemplar situaciones en las que sea necesario ofrecer algún tipo de menú sobre el propio juego en cuestión.

En la siguiente sección se discute en profundidad un caso de estudio en el que se utiliza Ogre3D para implementar un sencillo mecanismo basado en la gestión de estados. En dicha discusión se incluye un gestor responsable de capturar los eventos externos, como por ejemplo las pulsaciones de teclado o la interacción mediante el ratón.

6.1.4. Gestión de estados de juego con Ogre3D

Como ya se ha comentado, los juegos normalmente atraviesan una serie de estados durante su funcionamiento normal. En función del tipo de juego y de sus características, el número de estados variará significativamente. Sin embargo, es posible plantear un esquema común, compartido por todos los estados de un juego, que sirva para definir un modelo de gestión general, tanto para la interacción con los estados como para las transiciones existentes entre ellos.

La solución discutida en esta sección[1], que a su vez está basada en el artículo *Managing Game States in C++*. se basa en definir una clase abstracta, **GameState**, que contiene una serie de funciones virtuales a implementar en los estados específicos de un juego. En C++, las clases abstractas se definen mediante funciones virtuales puras y sirven para explicitar el contrato funcional entre una clase y sus clases derivadas.

El siguiente listado de código muestra el esqueleto de la clase *GameState* implementada en C++. Como se puede apreciar, esta clase es abstracta ya que mantiene una serie de funciones miembro como virtuales puras, con el objetivo de forzar su implementación en las clases que deriven de ella y que, por lo tanto, definan estados específicos de un juego. Estas funciones virtuales puras se pueden dividir en tres grandes bloques:

---

[1]La solución discutida aquí se basa en la planteada en el WiKi de Ogre3D, disponible en http://www.ogre3d.org/tikiwiki/Managing+Game+States+with+OGRE

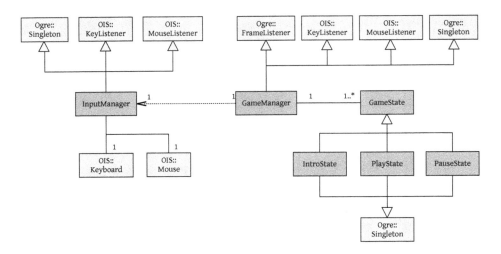

Figura 6.6: Diagrama de clases del esquema de gestión de estados de juego con Ogre3D. En un tono más oscuro se reflejan las clases específicas de dominio.

1. **Gestión básica del estado** (líneas `19-22`), para definir qué hacer cuando se entra, sale, pausa o reanuda el estado.

2. **Gestión básica de tratamiento de eventos** (líneas `26-33`), para definir qué hacer cuando se recibe un evento de teclado o de ratón.

3. **Gestión básica de eventos antes y después del renderizado** (líneas `37-38`), operaciones típicas de la clase *Ogre::FrameListener*.

Adicionalmente, existe otro bloque de funciones relativas a la **gestión básica de transiciones** (líneas `41-48`), con operaciones para cambiar de estado, añadir un estado a la pila de estados y volver a un estado anterior, respectivamente. Las transiciones implican una interacción con la entidad *GameManager*, que se discutirá posteriormente.

La figura 6.6 muestra la relación de la clase *GameState* con el resto de clases, así como tres posibles especializaciones de la misma. Como se puede observar, esta clase está relacionada con *GameManager*, responsable de la gestión de los distintos estados y de sus transiciones.

Sin embargo, antes de pasar a discutir esta clase, en el diseño discutido se contempla la definición explícita de la clase **InputManager**, como punto central para la gestión de eventos de entrada, como por ejemplo los de teclado o de ratón. La clase *InputManager* implementa el patrón *Singleton* mediante las utilidades de Ogre3D. Es posible utilizar otros esquemas para que su implementación no depende de Ogre y se pueda utilizar con otros *frameworks*.

El *InputManager* sirve como interfaz para las entidades que estén interesadas en procesar eventos de entrada (como se discutirá más adelante), ya que mantiene operaciones para añadir y eliminar *listeners* de dos tipos: i) *OIS::KeyListener* y ii) *OIS::MouseListener*. De hecho, esta clase hereda de ambas clases. Además, implementa el patrón *Singleton* con el objetivo de que sólo exista una única instancia de la misma.

> **Listado 6.4: Clase GameState.**

```
1  #ifndef GameState_H
2  #define GameState_H
3
4  #include <Ogre.h>
5  #include <OIS/OIS.h>
6
7  #include "GameManager.h"
8  #include "InputManager.h"
9
10 // Clase abstracta de estado básico.
11 // Definición base sobre la que extender
12 // los estados del juego.
13 class GameState {
14
15  public:
16   GameState() {}
17
18   // Gestión básica del estado.
19   virtual void enter () = 0;
20   virtual void exit () = 0;
21   virtual void pause () = 0;
22   virtual void resume () = 0;
23
24   // Gestión básica para el tratamiento
25   // de eventos de teclado y ratón.
26   virtual void keyPressed (const OIS::KeyEvent &e) = 0;
27   virtual void keyReleased (const OIS::KeyEvent &e) = 0;
28
29   virtual void mouseMoved (const OIS::MouseEvent &e) = 0;
30   virtual void mousePressed (const OIS::MouseEvent &e,
31                 OIS::MouseButtonID id) = 0;
32   virtual void mouseReleased (const OIS::MouseEvent &e,
33                 OIS::MouseButtonID id) = 0;
34
35   // Gestión básica para la gestión
36   // de eventos antes y después de renderizar un frame.
37   virtual bool frameStarted (const Ogre::FrameEvent& evt) = 0;
38   virtual bool frameEnded (const Ogre::FrameEvent& evt) = 0;
39
40   // Gestión básica de transiciones.
41   void changeState (GameState* state) {
42     GameManager::getSingletonPtr()->changeState(state);
43   }
44   void pushState (GameState* state) {
45     GameManager::getSingletonPtr()->pushState(state);
46   }
47   void popState () {
48     GameManager::getSingletonPtr()->popState();
49   }
50
51 };
52
53 #endif
```

En la sección privada de *InputManager* se declaran funciones miembro (líneas 40-47) que se utilizarán para notificar a los *listeners* registrados en el *InputManager* acerca de la existencia de eventos de entrada, tanto de teclado como de ratón. Este planteamiento garantiza la escalabilidad respecto a las entidades interesadas en procesar eventos de entrada. Las estructuras de datos utilizadas para almacenar los distintos tipos de *listeners* son elementos de la clase *map* de la biblioteca estándar de C++, indexando los mismos por el identificador textual asociado a los *listeners*.

Por otra parte, es importante destacar las variables miembro *_keyboard* y *_mouse* que se utilizarán para capturar los eventos de teclado y ratón, respectivamente. Dicha captura se realizará en cada *frame* mediante la función *capture()*, definida tanto en el *InputManager* como en *OIS::Keyboard* y *OIS::Mouse*.

Listado 6.5: Clase InputManager.

```
1   // SE OMITE PARTE DEL CÓDIGO FUENTE.
2   // Gestor para los eventos de entrada (teclado y ratón).
3   class InputManager : public Ogre::Singleton<InputManager>,
4      public OIS::KeyListener, public OIS::MouseListener {
5    public:
6     InputManager ();
7     virtual ~InputManager ();
8
9     void initialise (Ogre::RenderWindow *renderWindow);
10    void capture ();
11
12    // Gestión de listeners.
13    void addKeyListener (OIS::KeyListener *keyListener,
14            const std::string& instanceName);
15    void addMouseListener (OIS::MouseListener *mouseListener,
16            const std::string& instanceName );
17    void removeKeyListener (const std::string& instanceName);
18    void removeMouseListener (const std::string& instanceName);
19    void removeKeyListener (OIS::KeyListener *keyListener);
20    void removeMouseListener (OIS::MouseListener *mouseListener);
21
22    OIS::Keyboard* getKeyboard ();
23    OIS::Mouse* getMouse ();
24
25    // Heredados de Ogre::Singleton.
26    static InputManager& getSingleton ();
27    static InputManager* getSingletonPtr ();
28
29   private:
30    // Tratamiento de eventos.
31    // Delegará en los listeners.
32    bool keyPressed (const OIS::KeyEvent &e);
33    bool keyReleased (const OIS::KeyEvent &e);
34
35    bool mouseMoved (const OIS::MouseEvent &e);
36    bool mousePressed (const OIS::MouseEvent &e,
37            OIS::MouseButtonID id);
38    bool mouseReleased (const OIS::MouseEvent &e,
39            OIS::MouseButtonID id);
40
41    OIS::InputManager *_inputSystem;
42    OIS::Keyboard *_keyboard;
43    OIS::Mouse *_mouse;
44    std::map<std::string, OIS::KeyListener*> _keyListeners;
45    std::map<std::string, OIS::MouseListener*> _mouseListeners;
46   };
```

El siguiente listado de código muestra la clase **GameManager**, que representa a la entidad principal de gestión del esquema basado en estados que se discute en esta sección. Esta clase es una derivación de de *Ogre::Singleton* para manejar una única instancia y de tres clases clave para el tratamiento de eventos. En concreto, *GameManager* hereda de los dos tipos de *listeners* previamente comentados con el objetivo de permitir el registro con el *InputManager*.

```
     Listado 6.6: Clase GameManager.
 1   // SE OMITE PARTE DEL CÓDIGO FUENTE.
 2   class GameState;
 3
 4   class GameManager : public Ogre::FrameListener, public Ogre::Singleton<GameManager>,
 5     public OIS::KeyListener, public OIS::MouseListener
 6   {
 7    public:
 8     GameManager ();
 9     ~GameManager (); // Limpieza de todos los estados.
10
11     // Para el estado inicial.
12     void start (GameState* state);
13
14     // Funcionalidad para transiciones de estados.
15     void changeState (GameState* state);
16     void pushState (GameState* state);
17     void popState ();
18
19     // Heredados de Ogre::Singleton...
20
21    protected:
22     Ogre::Root* _root;
23     Ogre::SceneManager* _sceneManager;
24     Ogre::RenderWindow* _renderWindow;
25
26     // Funciones de configuración.
27     void loadResources ();
28     bool configure ();
29
30     // Heredados de FrameListener.
31     bool frameStarted (const Ogre::FrameEvent& evt);
32     bool frameEnded (const Ogre::FrameEvent& evt);
33
34    private:
35     // Funciones para delegar eventos de teclado
36     // y ratón en el estado actual.
37     bool keyPressed (const OIS::KeyEvent &e);
38     bool keyReleased (const OIS::KeyEvent &e);
39
40     bool mouseMoved (const OIS::MouseEvent &e);
41     bool mousePressed (const OIS::MouseEvent &e, OIS::MouseButtonID id);
42     bool mouseReleased (const OIS::MouseEvent &e, OIS::MouseButtonID id);
43
44     // Gestor de eventos de entrada.
45     InputManager *_inputMgr;
46     // Estados del juego.
47     std::stack<GameState*> _states;
48   };
```

Note que esta clase contiene una función miembro *start()* (línea ⑫), definida de manera explícita para inicializar el gestor de juego, establecer el estado inicial (pasado como parámetro) y arrancar el bucle de renderizado.

Listado 6.7: Clase GameManager. Función start().

```
 1  void
 2  GameManager::start
 3  (GameState* state)
 4  {
 5    // Creación del objeto Ogre::Root.
 6    _root = new Ogre::Root();
 7
 8    if (!configure())
 9      return;
10
11    loadResources();
12
13    _inputMgr = new InputManager;
14    _inputMgr->initialise(_renderWindow);
15
16    // Registro como key y mouse listener...
17    _inputMgr->addKeyListener(this, "GameManager");
18    _inputMgr->addMouseListener(this, "GameManager");
19
20    // El GameManager es un FrameListener.
21    _root->addFrameListener(this);
22
23    // Transición al estado inicial.
24    changeState(state);
25
26    // Bucle de rendering.
27    _root->startRendering();
28  }
```

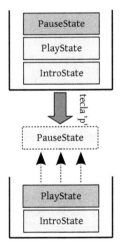

Figura 6.7: Actualización de la pila de estados para reanudar el juego (evento teclado 'p').

La clase *GameManager* mantiene una estructura de datos denominada *_states* que refleja las transiciones entre los diversos estados del juego. Dicha estructura se ha implementado mediante una pila (clase *stack* de STL) ya que refleja fielmente la naturaleza de cambio y gestión de estados. Para cambiar de un estado A a otro B, suponiendo que A sea la cima de la pila, habrá que realizar las operaciones siguientes:

1. Ejecutar *exit()* sobre A.

2. Desapilar A.

3. Apilar B (pasaría a ser el estado activo).

4. Ejecutar *enter()* sobre B.

El listado de código 6.8 muestra una posible implementación de la función *changeState()* de la clase *GameManager*. Note cómo la estructura de pila de estados permite un acceso directo al estado actual (cima) para llevar a cabo las operaciones de gestión necesarias. Las transiciones se realizan con las típicas operaciones de *push* y *pop*.

Otro aspecto relevante del diseño de esta clase es la delegación de eventos de entrada asociados a la interacción por parte del usuario con el teclado y el ratón. El diseño discutido permite delegar directamente el tratamiento del evento al estado activo, es decir, al estado que ocupe la cima de la pila. Del mismo modo, se traslada a dicho estado la implementación de las funciones *frameStarted()* y *frameEnded()*. El listado de código 6.9 muestra cómo la implementación de, por ejemplo, la función *keyPressed()* es trivial.

Listado 6.8: Clase GameManager. Función changeState().

```
1  void
2  GameManager::changeState
3  (GameState* state)
4  {
5    // Limpieza del estado actual.
6    if (!_states.empty()) {
7      // exit() sobre el último estado.
8      _states.top()->exit();
9      // Elimina el último estado.
10     _states.pop();
11   }
12   // Transición al nuevo estado.
13   _states.push(state);
14   // enter() sobre el nuevo estado.
15   _states.top()->enter();
16 }
```

Listado 6.9: Clase GameManager. Función keyPressed().

```
1  bool
2  GameManager::keyPressed
3  (const OIS::KeyEvent &e)
4  {
5    _states.top()->keyPressed(e);
6    return true;
7  }
```

6.1.5. Definición de estados concretos

Este esquema de gestión de estados general, el cual contiene una clase genérica *GameState*, permite la definición de estados específicos vinculados a un juego en particular. En la figura 6.6 se muestra gráficamente cómo la clase *GameState* se extiende para definir tres estados:

- **IntroState**, que define un estado de introducción o inicialización.

- **PlayState**, que define el estado principal de un juego y en el que se desarrollará la lógica del mismo.

- **PauseState**, que define un estado de pausa típico en cualquier tipo de juego.

La implementación de estos estados permite hacer explícito el comportamiento del juego en cada uno de ellos, al mismo tiempo que posibilita las transiciones entre los mismos. Por ejemplo, una transición típica será pasar del estado *PlayState* al estado *PauseState*.

Figura 6.8: Capturas de pantalla del juego *Supertux*. Izquierda, estado de introducción; medio, estado de juego; derecha, estado de pausa.

A la hora de llevar a cabo dicha implementación, se ha optado por utilizar el patrón *Singleton*, mediante la clase *Ogre::Singleton*, para garantizar que sólo existe una instacia de un objeto por estado.

El siguiente listado de código muestra una posible declaración de la clase *IntroState*. Como se puede apreciar, esta clase hace uso de las funciones típicas para el tratamiento de eventos de teclado y ratón.

Listado 6.10: Clase IntroState.

```
1  // SE OMITE PARTE DEL CÓDIGO FUENTE.
2  class IntroState : public Ogre::Singleton<IntroState>,
3                     public GameState
4  {
5    public:
6      IntroState() {}
7
8      void enter (); void exit ();
9      void pause (); void resume ();
10
11     void keyPressed (const OIS::KeyEvent &e);
12     void keyReleased (const OIS::KeyEvent &e);
13     // Tratamiento de eventos de ratón...
14     // frameStarted(), frameEnded()..
15
16     // Heredados de Ogre::Singleton.
17     static IntroState& getSingleton ();
18     static IntroState* getSingletonPtr ();
19
20   protected:
21     Ogre::Root* _root;
22     Ogre::SceneManager* _sceneMgr;
23     Ogre::Viewport* _viewport;
24     Ogre::Camera* _camera;
25     bool _exitGame;
26 };
```

Así mismo, también especifíca la funcionalidad vinculada a la gestión básica de estados. Recuerde que, al extender la clase *GameState*, los estados específicos han de cumplir el contrato funcional definido por dicha clase abstracta.

Finalmente, la **transición de estados** se puede gestionar de diversas formas. Por ejemplo, es perfectamente posible realizarla mediante los eventos de teclado. En otras palabras, la pulsación de una tecla en un determinado estado sirve como disparador para pasar a otro estado. Recuerde que el paso de un estado a otro puede implicar la ejecución de las funciones *exit()* o *pause()*, dependiendo de la transición concreta.

El siguiente listado de código muestra las transiciones entre el estado de juego y el estado de pausa y entre éste último y el primero, es decir, la acción comúnmente conocida como *reanudación* (*resume*). Para ello, se hace uso de la tecla 'p'.

Listado 6.11: Transiciones entre estados.

```
1  void PlayState::keyPressed (const OIS::KeyEvent &e) {
2    if (e.key == OIS::KC_P) // Tecla p ->PauseState.
3      pushState(PauseState::getSingletonPtr());
4  }
5
6  void PauseState::keyPressed (const OIS::KeyEvent &e) {
7    if (e.key == OIS::KC_P) // Tecla p ->Estado anterior.
8      popState();
9  }
```

Note cómo la activación del estado de pausa provoca apilar dicho estado en la pila (*pushState()* en la línea ⑦), mientras que la reanudación implica desapilarlo (*popState()* en la línea ⑯).

6.2. Gestión básica de recursos

En esta sección se discute la gestión básica de los recursos, haciendo especial hincapié en dos casos de estudio concretos: i) la gestión básica del **sonido** y ii) el **sistema de archivos**. Antes de llevar a cabo un estudio específico de estas dos cuestiones, la primera sección de este capítulo introduce la problemática de la gestión de recursos en los motores de juegos. Así mismo, se discuten las posibilidades que el *framework* Ogre3D ofrece para gestionar dicha problemática.

En el caso de la gestión básica del sonido, el lector será capaz de manejar una serie de abstracciones, en torno a la biblioteca multimedia SDL, para integrar música y efectos de sonido en los juegos que desarrolle. Por otra parte, en la sección relativa a la gestión del sistema de archivos se planteará la problemática del tratamiento de archivos y se estudiarán técnicas de entrada/salida asíncrona.

Debido a la naturaleza multimedia de los motores de juegos, una consecuencia directa es la necesidad de gestionar distintos tipos de datos, como por ejemplo geometría tridimensional, texturas, animaciones, sonidos, datos relativos a la gestión de física y colisiones, etc. Evidentemente, esta naturaleza tan variada se ha de gestionar de forma **consistente** y garantizando la integridad de los datos.

Por otra parte, las potenciales limitaciones hardware de la plataforma sobre la que se ejecutará el juego implica que sea necesario plantear un mecanismo eficiente para cargar y liberar los recursos asociados a dichos datos multimedia. Por lo tanto, una máxima del motor de juegos es asegurarse que solamente existe una copia en memoria de un determinado recurso multimedia, de manera independiente al número de instancias que lo estén utilizando en un determinado momento. Este esquema permite optimizar los recursos y manejarlos de una forma adecuada.

Un ejemplo representativo de esta cuestión está representado por las mallas poligonales y las texturas. Si, por ejemplo, siete mallas comparten la misma textura, es decir, la misma imagen bidimensional, entonces es deseable mantener una única copia de la textura en memoria principal, en lugar de mantener siete. En este contexto, la mayoría de motores de juegos integran algún tipo de **gestor de recursos** para cargar y gestionar la diversidad de recursos que se utilizan en los juegos de última generación. El gestor de recursos o *resource manager* se suele denominar comúnmente *media manager* o *asset manager*.

Figura 6.9: Captura de pantalla del videojuego *Lemmings* 2. Nunca la gestión de recursos fue tan importante...

6.2.1. Gestión de recursos con Ogre3D

Ogre facilita la carga, liberación y gestión de recursos mediante un planteamiento bastante sencillo centrado en optimizar el consumo de memoria de la aplicación gráfica. Recuerde que la memoria es un recurso escaso en el ámbito del desarrollo de videojuegos.

Carga de niveles

Una de las técnicas bastantes comunes a la hora de cargar niveles de juego consiste en realizarla de manera previa al acceso a dicho nivel. Por ejemplo, se pueden utilizar estructuras de datos para representar los puntos de acceso de un nivel al siguiente para adelantar el proceso de carga. El mismo planteamiento se puede utilizar para la carga de texturas en escenarios.

Debido a las restricciones hardware que una determinada plataforma de juegos puede imponer, resulta fundamental hacer uso de un mecanismo de gestión de recursos que sea flexible y escalable para garantizar el diseño y gestión de cualquier tipo de recurso, junto con la posibilidad de cargarlo y liberarlo en tiempo de ejecución, respectivamente. Por ejemplo, si piensa en un juego de plataformas estructurado en diversos niveles, entonces no sería lógico hacer una carga inicial de todos los niveles al iniciar el juego. Por el contrario, sería más adecuado cargar un nivel cuando el jugador vaya a acceder al mismo.

En Ogre, la gestión de recursos se lleva a cabo utilizando principalmente cuatro clases (ver figura 6.10):

- **Ogre::Singleton**, con el objetivo de garantizar que sólo existe una instancia de un determinado recurso o gestor.

- **Ogre::ResourceManager**, con el objetivo de centralizar la gestión del *pool* de recursos de un determinado tipo.

- **Ogre::Resource**, entidad que representa a una clase abstracta que se puede asociar a recursos específicos.

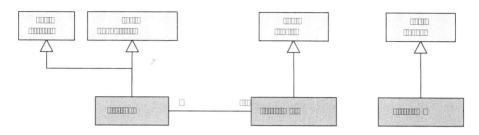

Figura 6.10: Diagrama de clases de las principales clases utilizadas en Ogre3D para la gestión de recursos. En un tono más oscuro se reflejan las clases específicas de dominio.

- **Ogre::SharedPtr**, clase que permite la gestión *inteligente* de recursos que necesitan una destrucción implícita.

Básicamente, el desarrollador que haga uso del planteamiento que Ogre ofrece para la gestión de recursos tendrá que implementar algunas funciones heredadas de las clases anteriormente mencionadas, completando así la implementación específica del dominio, es decir, específica de los recursos a gestionar. Más adelante se discute en detalle un ejemplo relativo a los recursos de sonido.

 Una de las ideas fundamentales de la carga de recursos se basa en almacenar en memoria principal una única copia de cada recurso. Éste se puede utilizar para representar o gestionar múltiples entidades.

6.2.2. Gestión básica del sonido

Introducción a SDL

SDL (Simple Directmedia Layer) es una **biblioteca multimedia** y multiplataforma ampliamente utilizada en el ámbito del desarrollo de aplicaciones multimedia. Desde un punto de vista funcional, SDL proporciona una serie de APIs para el manejo de vídeo, audio, eventos de entrada, multi-hilo o renderizado con OpenGL, entre otros aspectos. Desde un punto de vista abstracto, SDL proporciona una API consistente de manera independiente a la plataforma de desarrollo.

Figura 6.11: Logo de la biblioteca multiplataforma *Simple Directmedia Layer*.

SDL está bien estructurado y es fácil de utilizar. La filosofía de su diseño se puede resumir en ofrecer al desarrollador **diversas herramientas** que se pueden utilizar de manera independiente, en lugar de manejar una biblioteca software de mayor envergadura. Por ejemplo, un juego podría hacer uso de la biblioteca SDL únicamente para la gestión de sonido, mientras que la parte gráfica sería gestionada de manera independiente (utilizando Ogre3D, por ejemplo).

SDL se puede integrar perfectamente con **OpenGL** para llevar a cabo la inicialización de la parte gráfica de una aplicación interactiva, delegando en SDL el propio tratamiento de los eventos de entrada. Hasta ahora, en el módulo 2 (*Programación Gráfica*) se había utilizado la biblioteca GLUT (OpenGL Utility Toolkit) para implementar programas que hicieran uso de OpenGL. Sin embargo, SDL proporciona un gran número de **ventajas** con respecto a esta alternativa[2]:

- SDL fue diseñado para programadores de videojuegos.

- Es modular, simple y portable.

- Proporciona soporte para la gestión de eventos, la gestión del tiempo, el manejo de sonido, la integración con dispositivos de almacenamiento externos como por ejemplo CDs, el renderizado con OpenGL e incluso la gestión de red (*networking*).

 SDL y *Civilization*. El *port* a sistemas GNU Linux del juego *Civilization* se realizó haciendo uso de SDL. En este caso particular, los personajes se renderizaban haciendo uso de superficies.

Event handlers

SDL posibilita la definición de arquitecturas multi-capa para el tratamiento de eventos, facilitando así su delegación por parte del código dependiente del dominio.

El concepto de **superficie** como estructura de datos es esencial en SDL, ya que posibilita el tratamiento de la parte gráfica. En esencia, una superficie representa un bloque de memoria utilizado para almacenar una región rectangular de píxeles. El principal objetivo de diseño es agilizar la copia de superficies tanto como sea posible. Por ejemplo, una superficie se puede utilizar para renderizar los propios caracteres de un juego.

El siguiente listado de código muestra un ejemplo de integración de OpenGL en SDL, de manera que SDL oculta todos los aspectos dependientes de la plataforma a la hora de inicializar el núcleo de OpenGL. Es importante resaltar que OpenGL toma el control del subsistema de vídeo de SDL. Sin embargo, el resto de componentes de SDL no se ven afectados por esta cuestión.

La instalación de SDL en sistemas Debian y derivados es trivial mediante los siguientes comandos:

```
$ sudo apt-get update
$ sudo apt-get install libsdl1.2-dev
$ sudo apt-get install libsdl-image1.2-dev
$ sudo apt-get install libsdl-sound1.2-dev libsdl-mixer1.2-dev
```

---

[2]GLUT fue concebido para utilizarse en un entorno más académico, simplificando el tratamiento de eventos y la gestión de ventanas.

Para generar un fichero ejecutable, simplemente es necesario enlazar con las bibliotecas necesarias.

Listado 6.12: Ejemplo sencillo SDL + OpenGL.

```
1  #include <SDL/SDL.h>
2  #include <GL/gl.h>
3  #include <stdio.h>
4
5  int main (int argc, char *argv[]) {
6    SDL_Surface *screen;
7    // Inicialización de SDL.
8    if (SDL_Init(SDL_INIT_VIDEO) != 0) {
9      fprintf(stderr, "Unable to initialize SDL: %s\n",
10         SDL_GetError());
11     return -1;
12   }
13
14   // Cuando termine el programa, llamada a SQLQuit().
15   atexit(SDL_Quit);
16   // Activación del double buffering.
17   SDL_GL_SetAttribute(SDL_GL_DOUBLEBUFFER, 1);
18
19   // Establecimiento del modo de vídeo con soporte para OpenGL.
20   screen = SDL_SetVideoMode(640, 480, 16, SDL_OPENGL);
21   if (screen == NULL) {
22     fprintf(stderr, "Unable to set video mode: %s\n",
23         SDL_GetError());
24     return -1;
25   }
26
27   SDL_WM_SetCaption("OpenGL with SDL!", "OpenGL");
28   // ¡Ya es posible utilizar comandos OpenGL!
29   glViewport(80, 0, 480, 480);
30
31   glMatrixMode(GL_PROJECTION);
32   glLoadIdentity();
33   glFrustum(-1.0, 1.0, -1.0, 1.0, 1.0, 100.0);
34   glClearColor(1, 1, 1, 0);
35
36   glMatrixMode(GL_MODELVIEW); glLoadIdentity();
37   glClear(GL_COLOR_BUFFER_BIT | GL_DEPTH_BUFFER_BIT);
38
39   // Renderizado de un triángulo.
40   glBegin(GL_TRIANGLES);
41   glColor3f(1.0, 0.0, 0.0); glVertex3f(0.0, 1.0, -2.0);
42   glColor3f(0.0, 1.0, 0.0); glVertex3f(1.0, -1.0, -2.0);
43   glColor3f(0.0, 0.0, 1.0); glVertex3f(-1.0, -1.0, -2.0);
44   glEnd();
45
46   glFlush();
47   SDL_GL_SwapBuffers(); // Intercambio de buffers.
48   SDL_Delay(5000);      // Espera de 5 seg.
49
50   return 0;
51 }
```

Como se puede apreciar en el listado anterior, la línea [20] establece el modo de vídeo con soporte para OpenGL para, posteriormente, hacer uso de comandos OpenGL a partir de la línea [29]. Sin embargo, note cómo el intercambio del contenido entre el *front buffer* y el *back buffer* se realiza en la línea [47] mediante una primitiva de SDL.

Listado 6.13: Ejemplo de Makefile para integrar SDL.

```
 1  CFLAGS := -c -Wall
 2  LDFLAGS := 'sdl-config --cflags --libs' -lSDL_image -lGL
 3  LDLIBS := -lSDL_image -lGL
 4  CC := gcc
 5
 6  all: basic_sdl_opengl
 7
 8  basic_sdl_opengl: basic_sdl_opengl.o
 9      $(CC) $(LDFLAGS) -o $@ $^ $(LDLIBS)
10
11  basic_sdl_opengl.o: basic_sdl_opengl.c
12      $(CC) $(CFLAGS) $^ -o $@
13
14  clean:
15      @echo Cleaning up...
16      rm -f *~ *.o basic_sdl_opengl
17      @echo Done.
18
19  vclean: clean
```

Reproducción de música

En esta sección se discute cómo implementar[3] un nuevo recurso que permita la reproducción de archivos de música dentro de un juego. En este ejemplo se hará uso de la biblioteca *SDL_mixer* para llevar a cabo la reproducción de archivos de sonido[4].

En primer lugar se define una clase **Track** que será utilizada para gestionar el recurso asociado a una canción. Como ya se ha comentado anteriormente, esta clase hereda de la clase *Ogre::Resource*, por lo que será necesario implementar las funciones necesarias para el nuevo tipo de recurso. Además, se incluirá la funcionalidad típica asociada a una canción, como las clásicas operaciones *play*, *pause* o *stop*. El siguiente listado de código muestra la declaración de la clase *Track*.

Listado 6.14: Clase Track.

```
 1  #include <SDL/SDL_mixer.h>
 2  #include <OGRE/Ogre.h>
 3
 4  class Track : public Ogre::Resource {
 5   public:
 6      // Constructor (ver Ogre::Resource).
 7      Track (Ogre::ResourceManager* pManager,
 8          const Ogre::String& resource_name,
 9          Ogre::ResourceHandle handle,
10          const Ogre::String& resource_group,
11          bool manual_load = false,
12          Ogre::ManualResourceLoader* pLoader = 0);
13      ~Track ();
14
15      // Manejo básico del track.
16      void play (int loop = -1);
17      void pause ();
18      void stop ();
19
```

---

[3]La implementación de los recursos de sonido está basada en el artículo titulado *Extender la gestión de recursos, audio* del portal *IberOgre*, el cual se encuentra disponible en http://osl2.uca.es/iberogre/index.php/Extender_la_gestión_de_recursos,_audio.

[4]*SDL_mixer* sólo permite la reproducción de un *clip* de sonido de manera simultánea, por lo que no será posible realizar mezclas de canciones.

```
20    void fadeIn (int ms, int loop);
21    void fadeOut (int ms);
22    static bool isPlaying ();
23
24  private:
25    // Funcionalidad de Ogre::Resource.
26    void loadImpl ();
27    void unloadImpl ();
28    size_t calculateSize () const;
29
30    // Variables miembro.
31    Mix_Music* _pTrack; // SDL
32    Ogre::String _path; // Ruta al track.
33    size_t _size;       // Tamaño.
34  };
```

El constructor de esta clase viene determinado por la especificación del constructor de la clase *Ogre::Resource*. De hecho, su implementación delega directamente en el constructor de la clase padre para poder instanciar un recurso, además de inicializar las propias variables miembro.

Por otra parte, las funciones de manejo básico del *track* (líneas 16-22) son en realidad una interfaz para manejar de una manera adecuada la biblioteca *SDL_mixer*.

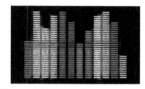

Figura 6.12: Es posible incluir efectos de sonidos más avanzados, como por ejemplo reducir el nivel de volumen a la hora de finalizar la reproducción de una canción.

Por ejemplo, la función miembro *play* simplemente interactúa con SDL para comprobar si la canción estaba pausada y, en ese caso, reanudarla. Si la canción no estaba pausada, entonces dicha función la reproduce desde el principio. Note cómo se hace uso del gestor de *logs* de Ogre3D para almacenar en un archivo la posible ocurrencia de algún tipo de error.

Listado 6.15: Clase Track. Función play().

```
1   void
2   Track::play
3   (int loop)
4   {
5     Ogre::LogManager* pLogManager =
6       Ogre::LogManager::getSingletonPtr();
7
8     if(Mix_PausedMusic()) // Estaba pausada?
9       Mix_ResumeMusic();  // Reanudación.
10
11    // Si no, se reproduce desde el principio.
12    else {
13      if (Mix_PlayMusic(_pTrack, loop) == -1) {
14        pLogManager->logMessage("Track::play() Error al....");
15        throw (Ogre::Exception(Ogre::Exception::ERR_FILE_NOT_FOUND,
16                  "Imposible reproducir...",
17                  "Track::play()"));
18      }
19    }
20  }
```

Dos de las funciones más importantes de cualquier tipo de recurso que extienda de *Ogre::Resource* son *loadImpl( )* y *unloadImpl( )*, utilizadas para cargar y liberar el recurso, respectivamente. Obviamente, cada tipo de recurso delegará en la funcionalidad necesaria para llevar a cabo dichas tareas. En el caso de la gestión básica del sonido, estas funciones delegarán principalmente en *SDL_mixer*. A continuación se muestra el código fuente de dichas funciones.

Debido a la necesidad de manejar de manera eficiente los recursos de sonido, la solución discutida en esta sección contempla la definición de punteros *inteligentes* a través de la clase **TrackPtr**. La justificación de esta propuesta, como ya se introdujo anteriormente, consiste en evitar la duplicidad de recursos, es decir, en evitar que un mismo recurso esté cargado en memoria principal más de una vez.

Listado 6.16: Clase Track. Funciones loadImpl() y unloadImpl().

```
 1  void
 2  Track::loadImpl () // Carga del recurso.
 3  {
 4    // Ruta al archivo.
 5    Ogre::FileInfoListPtr info;
 6    info = Ogre::ResourceGroupManager::getSingleton().
 7      findResourceFileInfo(mGroup, mName);
 8
 9    for (Ogre::FileInfoList::const_iterator i = info->begin();
10        i != info->end(); ++i) {
11      _path = i->archive->getName() + "/" + i->filename;
12    }
13
14    if (_path == "") {    // Archivo no encontrado...
15      // Volcar en el log y lanzar excepción.
16    }
17
18    // Cargar el recurso de sonido.
19    if ((_pTrack = Mix_LoadMUS(_path.c_str())) == NULL) {
20      // Si se produce un error al cargar el recurso,
21      // volcar en el log y lanzar excepción.
22    }
23
24    // Cálculo del tamaño del recurso de sonido.
25    _size = ...
26  }
27
28  void
29  Track::unloadImpl()
30  {
31    if (_pTrack) {
32      // Liberar el recurso de sonido.
33      Mix_FreeMusic(_pTrack);
34    }
35  }
```

Ogre3D permite el uso de **punteros inteligentes** compartidos, definidos en la clase *Ogre::SharedPtr*, con el objetivo de parametrizar el recurso definido por el desarrollador, por ejemplo *Track*, y almacenar, internamente, un contador de referencias a dicho recurso. Básicamente, cuando el recurso se copia, este contador se incrementa. Si se destruye alguna referencia al recurso, entonces el contador se decrementa. Este esquema permite liberar recursos cuando no se estén utilizando en un determinado momento y compartir un mismo recurso entre varias entidades.

El listado de código 6.17 muestra la implementación de la clase *TrackPtr*, la cual incluye una serie de funciones (básicamente constructores y asignador de copia) heredadas de *Ogre::SharedPtr*. A modo de ejemplo, también se incluye el código asociado al constructor de copia. Como se puede apreciar, en él se incrementa el contador de referencias al recurso.

```
1  // Smart pointer a Track.
2  class TrackPtr: public Ogre::SharedPtr<Track> {
3   public:
4    // Es necesario implementar constructores y operador de asignación.
5    TrackPtr(): Ogre::SharedPtr<Track>() {}
6    explicit TrackPtr(Track* m): Ogre::SharedPtr<Track>(m) {}
7    TrackPtr(const TrackPtr &m): Ogre::SharedPtr<Track>(m) {}
8    TrackPtr(const Ogre::ResourcePtr &r);
9    TrackPtr& operator= (const Ogre::ResourcePtr& r);
10  };
11
12  TrackPtr::TrackPtr
13  (const Ogre::ResourcePtr &resource): Ogre::SharedPtr<Track>() {
14    // Comprobar la validez del recurso.
15    if (resource.isNull())
16      return;
17
18    // Para garantizar la exclusión mutua...
19    OGRE_LOCK_MUTEX(*resource.OGRE_AUTO_MUTEX_NAME)
20    OGRE_COPY_AUTO_SHARED_MUTEX(resource.OGRE_AUTO_MUTEX_NAME)
21
22    pRep = static_cast<Track*>(resource.getPointer());
23    pUseCount = resource.useCountPointer();
24    useFreeMethod = resource.freeMethod();
25
26    // Incremento del contador de referencias.
27    if (pUseCount)
28      ++(*pUseCount);
29  }
```

Listado 6.17: Clase TrackPtr y constructor de copia.

Una vez implementada la lógica necesaria para instanciar y manejar recursos de sonido, el siguiente paso consiste en definir un gestor o *manager* específico para centralizar la administración del nuevo tipo de recurso. Ogre3D facilita enormemente esta tarea gracias a la clase *Ogre::ResourceManager*. En el caso particular de los recursos de sonido se define la clase **TrackManager**, cuyo esqueleto se muestra en el listado de código 6.18.

Esta clase no sólo hereda del gestor de recursos de Ogre, sino que también lo hace de la clase *Ogre::Singleton* con el objetivo de manejar una única instancia del gestor de recursos de sonido. Las funciones más relevantes son las siguientes:

- **load**() (líneas 10-11), que permite la carga de canciones por parte del desarrollador. Si el recurso a cargar no existe, entonces lo creará internamente utilizando la función que se comenta a continuación.

- **createImpl**() (líneas 18-23), función que posibilita la creación de un nuevo recurso, es decir, una nueva instancia de la clase *Track*. El desarrollador es responsable de realizar la carga del recurso una vez que ha sido creado.

Listado 6.18: Clase TrackManager. Funciones load() y createImpl().

```cpp
// Clase encargada de gestionar recursos del tipo "Track".
// Funcionalidad heredada de Ogre::ResourceManager
// y Ogre::Singleton.
class TrackManager: public Ogre::ResourceManager,
                    public Ogre::Singleton<TrackManager> {
 public:
  TrackManager();
  virtual ~TrackManager();
  // Función de carga genérica.
  virtual TrackPtr load (const Ogre::String& name,
            const Ogre::String& group);
  static TrackManager& getSingleton ();
  static TrackManager* getSingletonPtr ();

 protected:
  // Crea una nueva instancia del recurso.
  Ogre::Resource* createImpl (const Ogre::String& name,
                    Ogre::ResourceHandle handle,
                    const Ogre::String& group,
                    bool isManual,
                    Ogre::ManualResourceLoader* loader,
                    const Ogre::NameValuePairList* createParams);
};

TrackPtr
TrackManager::load
(const Ogre::String& name, const Ogre::String& group)
{
  // Obtención del recurso por nombre...
  TrackPtr trackPtr = getByName(name);

  // Si no ha sido creado, se crea.
  if (trackPtr.isNull())
    trackPtr = create(name, group);

  // Carga explícita del recurso.
  trackPtr->load();

  return trackPtr;
}

// Creación de un nuevo recurso.
Ogre::Resource*
TrackManager::createImpl (const Ogre::String& resource_name,
                Ogre::ResourceHandle handle,
                const Ogre::String& resource_group,
                bool isManual,
                Ogre::ManualResourceLoader* loader,
                const Ogre::NameValuePairList* createParams)
{
  return new Track(this, resource_name, handle,
          resource_group, isManual, loader);
}
```

Con las tres clases que se han discutido en esta sección ya es posible realizar la carga de recursos de sonido, delegando en la biblioteca *SDL_mixer*, junto con su gestión y administración básicas. Este esquema encapsula la complejidad del tratamiento del sonido, por lo que en cualquier momento se podría sustituir dicha biblioteca por otra.

Más adelante se muestra un ejemplo concreto en el que se hace uso de este tipo de recursos sonoros. Sin embargo, antes de discutir este ejemplo de integración se planteará el soporte de efectos de sonido, los cuales se podrán mezclar con el tema o *track* principal a la hora de desarrollar un juego. Como se planteará a continuación, la filosofía de diseño es exactamente igual que la planteada en esta sección.

Soporte de efectos de sonido

Además de llevar a cabo la reproducción del algún tema musical durante la ejecución de un juego, la incorporación de efectos de sonido es esencial para alcanzar un buen grado de inmersión y que, de esta forma, el jugador se sienta como parte del propio juego. Desde un punto de vista técnico, este esquema implica que la biblioteca de desarrollo permita la mezcla de sonidos. En el caso de *SDL_mixer* es posible llevar a cabo dicha integración.

Como se ha comentado anteriormente, a efectos de implementación, la integración de efectos de sonidos (*FX effects*) sigue el mismo planteamiento que el adoptado para la gestión básica de sonido. Para ello, en primer lugar se han creado las clases **SoundFX** y **SoundFXPtr**, con el objetivo de gestionar y manipular las distintas instancias de los efectos de sonido, respectivamente. En el siguiente listado de código se muestra la clase *SoundFX*, que se puede entender como una simplificación de la clase *Track*, ya que los efectos de sonido se reproducirán puntualmente, mediante la función miembro *play*, cuando así sea necesario.

La manipulación de efectos de sonido se centraliza en la clase **SoundFXManager**, la cual implementa el patrón *Singleton* y hereda de la clase *Ogre::ResourceManager*. La diferencia más sustancial con respecto al gestor de sonido reside en que el tipo de recurso mantiene un identificador textual distinto y que, en el caso de los efectos de sonido, se lleva a cabo una reserva explícita de 32 canales de audio. Para ello, se hace uso de una función específica de la biblioteca *SDL_mixer*.

Listado 6.19: Clase SoundFX.

```
1  class SoundFX: public Ogre::Resource {
2  public:
3    // Constructor (ver Ogre::Resource).
4    SoundFX(Ogre::ResourceManager* creator,
5        // Igual que en Track...
6        );
7    ~SoundFX();
8
9    int play(int loop = 0); // Reproducción puntual.
10
11  protected:
12    void loadImpl();
13    void unloadImpl();
14    size_t calculateSize() const;
15
16  private:
17    Mix_Chunk* _pSound; // Info sobre el efecto de sonido.
18    Ogre::String _path; // Ruta completa al efecto de sonido.
19    size_t _size;       // Tamaño del efecto (bytes).
20  };
```

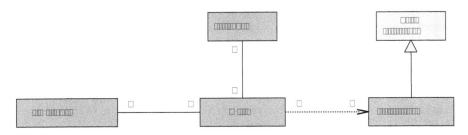

Figura 6.13: Diagrama simplificado de clases de las principales entidades utilizadas para llevar a cabo la integración de música y efectos de sonido.

Integrando música y efectos

Para llevar a cabo la integración de los aspectos básicos previamente discutidos sobre la gestión de música y efectos de sonido se ha tomado como base el código fuente de la sesión de iluminación del módulo 2, *Programación Gráfica*. En este ejemplo se hacía uso de una clase *MyFrameListener* para llevar a cabo la gestión de los eventos de teclado.

Figura 6.14: Captura de pantalla de la ejecución del ejemplo de la sesión de iluminación del módulo 2, *Programación Gráfica*.

Por una parte, este ejemplo se ha extendido para incluir la reproducción ininterrumpida de un tema musical, es decir, un tema que se estará reproduciendo desde que se inicia la aplicación hasta que ésta finaliza su ejecución. Por otra parte, la reproducción de efectos de sonido adicionales está vinculada a la generación de ciertos eventos de teclado. En concreto, cada vez que el usuario pulsa las teclas '1' ó '2', las cuales están asociadas a dos esquemas diferentes de cálculo del sombreado, la aplicación reproducirá un efecto de sonido puntual. Este efecto de sonido se mezclará de manera adecuada con el *track* principal.

El siguiente listado de código muestra la nueva función miembro introducida en la clase *MyApp* para realizar la carga de recursos asociada a la biblioteca *SDL_mixer*.

Listado 6.20: Clase MyApp. Función initSDL()

```
1  bool
2  MyApp::initSDL () {
3
4      // Inicializando SDL...
5      if (SDL_Init(SDL_INIT_AUDIO) < 0)
6          return false;
7      // Llamar a SDL_Quit al terminar.
8      atexit(SDL_Quit);
9
10     // Inicializando SDL mixer...
11     if (Mix_OpenAudio(MIX_DEFAULT_FREQUENCY, MIX_DEFAULT_FORMAT,
12             MIX_DEFAULT_CHANNELS, 4096) < 0)
13       return false;
14
15     // Llamar a Mix_CloseAudio al terminar.
16     atexit(Mix_CloseAudio);
17
18     return true;
19
20 }
```

Es importante resaltar que a la hora de arrancar la instancia de la clase *MyApp* mediante la función *start()*, los gestores de sonido y de efectos se instancian. Además, se lleva a cabo la reproducción del track principal.

```
   Listado 6.21: Clase MyApp. Función start()
1  // SE OMITE PARTE DEL CÓDIGO FUENTE.
2  int
3  MyApp::start() {
4
5    _root = new Ogre::Root();
6    _pTrackManager = new TrackManager;
7    _pSoundFXManager = new SoundFXManager;
8
9    // Window, cámara y viewport...
10
11   loadResources();
12   createScene();
13   createOverlay();
14
15   // FrameListener...
16
17   // Reproducción del track principal...
18   this->_mainTrack->play();
19
20   _root->startRendering();
21   return 0;
22 }
```

Finalmente, sólo hay que reproducir los eventos de sonido cuando así sea necesario. En este ejemplo, dichos eventos se reproducirán cuando se indique, por parte del usuario, el esquema de cálculo de sombreado mediante las teclas '1' ó '2'. Dicha activación se realiza, por simplificación, en la propia clase *FrameListener*; en concreto, en la función miembro *frameStarted* a la hora de capturar los eventos de teclado.

```
   Listado 6.22: Clase MyApp. Función frameStarted()
1  // SE OMITE PARTE DEL CÓDIGO FUENTE.
2
3  bool
4  MyFrameListener::frameStarted
5  (const Ogre::FrameEvent& evt) {
6
7    _keyboard->capture();
8    // Captura de las teclas de fecha...
9
10   if(_keyboard->isKeyDown(OIS::KC_1)) {
11     _sceneManager->setShadowTechnique(Ogre::SHADOWTYPE_TEXTURE_MODULATIVE);
12     _shadowInfo = "TEXTURE_MODULATIVE";
13     _pMyApp->getSoundFXPtr()->play();  // REPRODUCCIÓN.
14   }
15
16   if(_keyboard->isKeyDown(OIS::KC_2)) {
17     _sceneManager->setShadowTechnique(Ogre::SHADOWTYPE_STENCIL_MODULATIVE);
18     _shadowInfo = "STENCIL_MODULATIVE";
19     _pMyApp->getSoundFXPtr()->play();  // REPRODUCCIÓN.
20   }
21
22   // Tratamiento del resto de eventos...
23 }
```

El esquema planteado para la gestión de sonido mantiene la filosofía de delegar el tratamiento de eventos de teclado, al menos los relativos a la parte sonora, en la clase principal (*MyApp*). Idealmente, si la gestión del bucle de juego se plantea en base a un esquema basado en estados, la reproducción de sonido estaría condicionada por el estado actual. Este planteamiento también es escalable a la hora de integrar nuevos estados de juegos y sus eventos de sonido asociados. La activación de dichos eventos dependerá no sólo del estado actual, sino también de la propia interacción por parte del usuario.

6.3.   El sistema de archivos

El gestor de recursos hace un uso extensivo del **sistema de archivos**. Típicamente, en los PCs los sistemas de archivos son accesibles mediante llamadas al sistema, proporcionadas por el propio sistema operativo. Sin embargo, en el ámbito de los motores de juegos se suelen plantear esquemas más generales y escalables debido a la diversidad de plataformas existente para la ejecución de un juego.

Esta idea, discutida anteriormente a lo largo del curso, se basa en hacer uso de **wrappers** o de capas software adicionales para considerar aspectos clave como el desarrollo multiplataforma. El planteamiento más común consiste en envolver la API del sistema de archivos con una API específica del motor de juegos con un doble objetivo:

- En el desarrollo multiplataforma, esta API específica proporciona el nivel de abstracción necesario para no depender del sistema de archivos y de la plataforma subyacente.

- La API vinculada al sistema de archivos puede no proporcionar toda la funcionalidad necesaria por el motor de juegos. En este caso, la API específica complementa a la nativa.

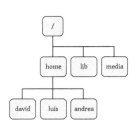

Figura 6.15: Generalmente, los sistemas de archivos mantienen estructuras de árbol o de grafo.

Por ejemplo, la mayoría de sistemas operativos no proporcionan mecanismos para cargar datos *on the fly* mientras un juego está en ejecución. Por lo tanto, el motor de juegos debería ser capaz de soportar *streaming* de ficheros.

Por otra parte, cada plataforma de juegos maneja un sistema de archivos distinto e incluso necesita gestionar distintos dispositivos de entrada/salida (E/S), como por ejemplo discos *blu-ray* o tarjetas de memoria. Esta variedad se puede ocultar gracias al nivel extra de abstracción proporcionado por la API del propio motor de juegos.

6.3.1.   Gestión y tratamiento de archivos

El sistema de archivos define la organización de los datos y proporciona mecanismos para almacenar, recuperar y actualizar información. Así mismo, también es el encargado de gestionar el espacio disponible en un determinado dispositivo de almacenamiento. Idealmente, el sistema de archivos ha de organizar los datos de una manera eficiente, teniendo en cuenta incluso las características específicas del dispositivo de almacenamiento.

En el ámbito de un motor de juegos, la API vinculada a la gestión del sistema de archivos proporciona la siguiente **funcionalidad** [5]:

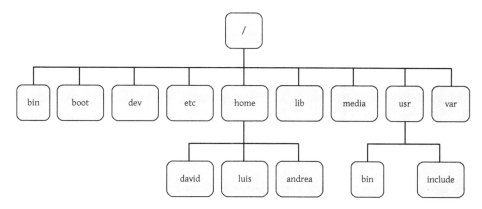

Figura 6.16: Jerarquía típica del sistema de archivos UNIX.

- Manipular nombres de archivos y rutas.
- Abrir, cerrar, leer y escribir sobre archivos.
- Listar el contenido de un directorio.
- Manejar peticiones de archivos de manera asíncrona.

Una ruta o **path** define la localización de un determinado archivo o directorio y, normalmente, está compuesta por una etiqueta que define el volumen y una serie de componentes separados por algún separador, como por ejemplo la barra invertida. En sistemas UNIX, un ejemplo típico estaría representado por la siguiente ruta:

```
/home/david/apps/firefox/firefox-bin
```

En el caso de las consolas, las rutas suelen seguir un convenio muy similar incluso para referirse a distintos volúmenes. Por ejemplo, PlayStation3™utiliza el prefijo $/dev\_bdvd$ para referirse al lector de blu-ray, mientras que el prefijo $/dev\_hddx$ permite el acceso a un determinado disco duro.

Las rutas o *paths* pueden ser absolutas o relativas, en función de si están definidas teniendo como referencia el directorio raíz del sistema de archivos u otro directorio, respectivamente. En sistemas UNIX, dos ejemplos típicos serían los siguientes:

```
/usr/share/doc/ogre-doc/api/html/index.html
apps/firefox/firefox-bin
```

El primero de ellos sería una ruta absoluta, ya que se define en base al directorio raíz. Por otra parte, la segunda sería una ruta relativa, ya que se define en relación al directorio $/home/david$.

Antes de pasar a discutir aspectos de la gestión de E/S, resulta importante comentar la existencia de **APIs específicas para la gestión de rutas**. Aunque la gestión básica de tratamiento de rutas se puede realizar mediante cadenas de texto, su complejidad hace necesaria, normalmente, la utilización de APIs específicas para abstraer dicha complejidad. La funcionalidad relevante, como por ejemplo la obtención del directorio, nombre y extensión de un archivo, o la conversión entre *paths* absolutos y relativos, se puede encapsular en una API que facilite la interacción con este tipo de componentes.

Encapsulación. Una vez más, el principio de encapsulación resulta fundamental para abstraerse de la complejidad asociada al tratamiento del sistema de archivos y del sistema operativo subyacente.

En el caso del desarrollo de videojuegos multiplataforma, se suele hacer uso de otra API adicional para envolver a las APIs específicas para el tratamiento de archivos en diversos sistemas operativos.

Caso de estudio. La biblioteca Boost.Filesystem

En el contexto de APIs específicas para la gestión de rutas, el uso de la biblioteca *Boost.Filesystem*[5] es un ejemplo representativo de API multiplataforma para el **tratamiento de rutas en C++**. Dicha biblioteca es compatible con el estándar de C++, es portable a diversos sistemas operativos y permite el manejo de errores mediante excepciones.

El siguiente listado de código muestra un programa que realiza un procesamiento recursivo de archivos, mostrando su nombre independientemente del tipo de archivo (regular o directorio). Como se puede apreciar, con un programa trivial es posible llevar a cabo tareas básicas para el tratamiento de rutas.

Listado 6.23: Ejemplo de uso de boost::filesystem.

```
1  #include <iostream>
2  #include <boost/filesystem.hpp>
3
4  using namespace std;
5  using namespace boost::filesystem;
6
7  void list_directory (const path& dir, const int& tabs);
8
9  int main (int argc, char* argv[]) {
10    if (argc < 2) {
11      cout << "Uso: ./exec/Simple <path>" << endl;
12      return 1;
13    }
14    path p(argv[1]);   // Instancia de clase boost::path.
15
16    if (is_regular_file(p))
17      cout << "  " << p << "  " << file_size(p) << " B" << endl;
18    else if (is_directory(p)) // Listado recursivo.
19      list_directory(p, 0);
20
21    return 0;
22  }
23
24  void
25  print_tabs (const int& tabs) {
26    for (int i = 0; i < tabs; ++i) cout << "\t";
27  }
28
29  void list_directory
30  (const path& p, const int& tabs) {
31    vector<path> paths;
32    // directory iterator para iterar sobre los contenidos del dir.
33    copy(directory_iterator(p), directory_iterator(),
34         back_inserter(paths));
35    sort(paths.begin(), paths.end()); // Se fuerza el orden.
36
```

---
[5]www.boost.org/libs/filesystem/

```
37   // Pretty print ;-)
38   for (vector<path>::const_iterator it = paths.begin();
39      it != paths.end(); ++it) {
40    if (is_directory(*it)) {
41      print_tabs(tabs);
42      cout << *it << endl;
43      list_directory(*it, (tabs + 1));
44    }
45    else if (is_regular_file(*it)) {
46      print_tabs(tabs);
47      cout << (*it) << "  " << file_size(*it) << " B" << endl;
48    }
49   }
50 }
```

La instalación de la biblioteca *Boost.Filesystem* en sistemas Debian y derivados es trivial mediante cualquier gestor de paquetes. Una búsqueda con *apt-cache search* es todo lo que necesitas para averiguar qué paquete/s hay que instalar.

6.3.2. E/S básica

Para conseguir que la E/S asociada a un motor de juegos sea eficiente, resulta imprescindible plantear un esquema de memoria intermedia que permita gestionar tanto los datos escritos (leídos) como el destino en el que dichos datos se escriben (leen). Típicamente, la solución a este problema está basada en el uso de **buffers**. Básicamente, un *buffer* representa un puente de comunicación entre el propio programa y un archivo en disco. En lugar de, por ejemplo, realizar la escritura byte a byte en un archivo de texto, se suelen emplear *buffers* intermedios para reducir el número de escrituras en disco y, de este modo, mejorar la eficiencia de un programa.

En esta sección se prestará especial atención a la **biblioteca estándar de C**, ya que es la más comúnmente utilizada para llevar a cabo la gestión de E/S en el desarrollo de videojuegos.

Stream I/O API

La API de E/S con *buffers* que proporciona la biblioteca estándar de C se denomina comúnmente *Stream* I/O API, debido a que proporciona una abstracción que permite gestionar los archivos en disco como flujos de bytes.

El lenguaje de programación C permite manejar dos APIs para gestionar las operaciones más relevantes en relación al contenido de un archivo, como la apertura, lectura, escritura o el cierre. La primera de ellas proporciona E/S con *buffers* mientras que la segunda no.

La diferencia entre ambas reside en que la API con E/S mediante *buffer* gestiona de manera automática el uso de los propios *buffers* sin necesidad de que el programador asuma dicha responsabilidad. Por el contrario, la API de C que no proporciona E/S con *buffers* tiene como consecuencia directa que el programador ha de asignar memoria para dichos *buffers* y gestionarlos. La tabla 6.1 muestra las principales operaciones de dichas APIs.

Listado 6.24: Ejemplo de operación de E/S síncrona

```
 1  #include <stdio.h>
 2
 3  int lectura_sincrona (const char* archivo, char* buffer,
 4                  size_t tamanyo_buffer, size_t* p_bytes_leidos);
 5
 6  int main (int argc, const char* argv[]) {
 7    char buffer[256];
 8    size_t bytes_leidos = 0;
 9
10    if (lectura_sincrona("test.txt", buffer, sizeof(buffer), &bytes_leidos))
11      printf("%u bytes leidos!\n", bytes_leidos);
12
13    return 0;
14  }
15
16  int lectura_sincrona (const char* archivo, char* buffer,
17                  size_t tamanyo_buffer, size_t* p_bytes_leidos) {
18    FILE* manejador = NULL;
19
20    if ((manejador = fopen(archivo, "rb"))) {
21      // Llamada bloqueante en fread,
22      // hasta que se lean todos los datos.
23      size_t bytes_leidos = fread(buffer, 1, tamanyo_buffer, manejador);
24
25      // Ignoramos errores...
26      fclose(manejador);
27
28      *p_bytes_leidos = bytes_leidos;
29      return 1;
30    }
31    return -1;
32  }
```

Dependiendo del sistema operativo en cuestión, las invocaciones sobre operaciones de E/S se traducirán en llamadas nativas al sistema operativo, como ocurre en el caso de UNIX y variantes, o en envolturas sobre alguna otra API de más bajo nivel, como es el caso de sistemas Microsoft Windows^TM. Es posible aprovecharse del hecho de utilizar las **APIs de más bajo nivel**, ya que exponen todos los detalles de implementación del sistema de archivos nativo [5].

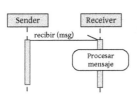

Figura 6.17: El uso de invocaciones síncronas tiene como consecuencia el bloqueo de la entidad que realiza la invocación.

Una opción relevante vinculada al uso de *buffers* consiste en gestionarlos para reducir el impacto que la generación de archivos de *log* produce. Por ejemplo, se puede obtener un resultado más eficiente si antes de volcar información sobre un archivo en disco se utiliza un *buffer* intermedio. Así, cuando éste se llena, entonces se vuelca sobre el propio archivo para mejorar el rendimiento de la aplicación. En este contexto, se puede considerar la delegación de esta tarea en un hilo externo al bucle principal del juego.

En relación a lo comentado anteriormente sobre el uso de APIs de más bajo nivel, surge de manera inherente la cuestión relativa al uso de envolturas o *wrappers* sobre la propia biblioteca de E/S, ya sea de bajo nivel y dependiente del sistema operativo o de más alto nivel y vinculada al estándar de C. Comúnmente, los motores de juegos hacen uso de algún tipo de capa software que sirva como envoltura de la API de E/S. Este planteamiento proporcionar tres ventajas importantes [5]:

API E/S con *buffers*

Operación	Signatura
Abrir archivo	FILE *fopen(const char *path, const char *mode);
Cerrar archivo	int fclose(FILE *fp);
Leer archivo	size_t fread(void *ptr, size_t size, size_t nmemb, FILE *stream);
Escribir archivo	size_t fwrite(const void *ptr, size_t size, size_t nmemb, FILE *stream);
Desplazar	int fseek(FILE *stream, long offset, int whence);
Obtener offset	long ftell(FILE *stream);
Lectura línea	char *fgets(char *s, int size, FILE *stream);
Escritura línea	int fputs(const char *s, FILE *stream);
Lectura cadena	int fscanf(FILE *stream, const char *format, ...);
Escritura cadena	int fprintf(FILE *stream, const char *format, ...);
Obtener estado	int fstat(int fd, struct stat *buf);

API E/S sin *buffers*

Operación	Signatura
Abrir archivo	int open(const char *pathname, int flags, mode_t mode);
Cerrar archivo	int close(int fd);
Leer archivo	ssize_t read(int fd, void *buf, size_t count);
Escribir archivo	ssize_t write(int fd, const void *buf, size_t count);
Desplazar	off_t lseek(int fd, off_t offset, int whence);
Obtener offset	off_t tell(int fd);
Lectura línea	No disponible
Escritura línea	No disponible
Lectura cadena	No disponible
Escritura cadena	No disponible
Obtener estado	int stat(const char *path, struct stat *buf);

Tabla 6.1: Resumen de las principales operaciones de las APIs de C para la gestión de E/S (con y sin *buffers*).

1. Es posible garantizar que el **comportamiento** del motor en distintas plataformas sea idéntico, incluso cuando la biblioteca nativa de más bajo nivel presente algún tipo de cuestión problemática.

2. Es posible adaptar la API de más alto nivel a las necesidades del motor de juegos. De este modo, se mejora la **mantenibilidad** del mismo ya que sólo se presta atención a los aspectos del sistema de E/S realmente utilizados.

3. Es un esquema **escalable** que permite integrar nueva funcionalidad, como por ejemplo la necesidad de tratar con dispositivos de almacenamiento externos, como unidades de DVD o Blu-Ray.

Finalmente, es muy importante tener en cuenta que las bibliotecas de E/S estándar de C son **síncronas**. En otras palabras, ante una invocación de E/S, el programa se queda *bloqueado* hasta que se atiende por completo la petición. El listado de código anterior muestra un ejemplo de llamada bloqueante mediante la operación *fread( )*.

Evidentemente, el esquema síncrono presenta un **inconveniente** muy importante, ya que bloquea al programa mientras la operación de E/S se efectúa, degradando así el rendimiento global de la aplicación. Un posible solución a este problema consiste en adoptar un enfoque asíncrono, tal y como se discute en la siguiente sección.

6.3.3. E/S asíncrona

La E/S asíncrona gira en torno al **concepto de *streaming***, el cual se refiere a la carga de contenido en un segundo plano, es decir, mientras el programa principal está en un primer plano de ejecución. Este esquema posibilita la carga de contenido en tiempo de ejecución, es decir, permite obtener contenido que será utilizado en un futuro inmediato por la propia aplicación, evitando así potenciales cuellos de botella y garantizando que la tasa por segundos del juego no decaiga.

Normalmente, cuando un juego se ejecuta, se hace uso tanto del **disco duro** como de algún tipo de dispositivo de almacenamiento externo, como por ejemplo unidades ópticas, para cargar contenido audiovisual en la memoria principal. Últimamente, uno de los esquemas más utilizados, incluso en consolas de sobremesa, consiste en *instalar* el juego en el disco duro a partir de la copia física del juego, que suele estar en DVD o Blu-Ray. Este proceso consiste en almacenar determinados elementos del juego en el disco duro con el objetivo de agilizar los tiempos de carga en memoria principal.

El uso del disco duro permite la carga de elementos en **segundo plano** mientras el juego continúa su flujo de ejecución normal. Por ejemplo, es perfectamente posible cargar las texturas que se utilizarán en el siguiente nivel mientras el jugador está terminando el nivel actual. De este modo, el usuario no se *desconecta* del juego debido a cuestiones externas.

Para implementar este esquema, la E/S asíncrona resulta fundamental, ya que es una aproximación que permite que el flujo de un programa no se bloquee cuando es necesario llevar a cabo una operación de E/S. En realidad, lo que ocurre es que el flujo del programa continúa mientras se ejecuta la operación de E/S en segundo plano. Cuando ésta finaliza, entonces notifica dicha finalización mediante una **función de retrollamada**. Las funciones de retrollamada se suelen denominar comúnmente *callbacks*. Este concepto no sólo se usa en el ámbito de la E/S asíncrona, sino también en el campo de los sistemas distribuidos y los *middlewares* de comunicaciones.

La figura 6.18 muestra de manera gráfica cómo dos agentes se comunican de manera asíncrona mediante un objeto de retrollamada. Básicamente, el *agente notificador* envía un mensaje al *agente receptor* de manera asíncrona. Esta invocación tiene dos parámetros: i) el propio mensaje m y ii) un objeto de retrollamada cb. Dicho objeto será usado por el *agente receptor* cuando éste termine de procesar el mensaje. Mientras tanto, el *agente notificador* continuará su flujo normal de ejecución, sin necesidad de bloquearse por el envío del mensaje.

La mayoría de las bibliotecas de E/S asíncrona existentes permiten que el programa principal espera una cierta cantidad de tiempo antes de que una operación de E/S se complete. Este planteamiento puede ser útil en situaciones en las que los datos de dicha operación se necesitan para continuar con el flujo normal de trabajo. Otras APIs pueden proporcionar incluso una estimación del tiempo que tardará en completarse una operación de E/S, con el objetivo de que el programador cuente con la mayor cantidad posible de información. Así mismo, también es posible encontrarse con operaciones que asignen *deadlines* sobre las propias peticiones, con el objetivo de plantear un esquema basado en prioridades. Si el *deadline* se cumple, entonces también suele ser posible asignar el código a ejecutar para contemplar ese caso en particular.

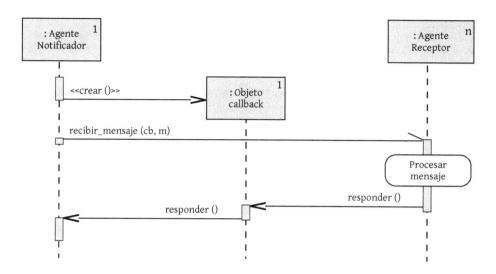

Figura 6.18: Esquema gráfico representativo de una comunicación asíncrona basada en objetos de retrollamada.

Desde un punto de vista general, la E/S asíncrona se suele implementar mediante **hilos auxiliares** encargados de atender las peticiones de E/S. De este modo, el hilo principal ejecuta funciones que tendrán como consecuencia peticiones que serán encoladas para atenderlas posteriormente. Este hilo principal retornará inmediatamente después de llevar a cabo la invocación.

El hilo de E/S obtendrá la siguiente petición de la cola y la atenderá utilizando funciones de E/S bloqueantes, como la función *fread* discutida en el anterior listado de código. Cuando se completa una petición, entonces se invoca al objeto o a la función de retrollamada proporcionada anteriormente por el hilo principal (justo cuando se realizó la petición inicial). Este objeto o función notificará la finalización de la petición.

En caso de que el hilo principal tenga que esperar a que la petición de E/S se complete antes de continuar su ejecución será necesario proporcionar algún tipo de mecanismo para garantizar dicho bloqueo. Normalmente, se suele hacer uso de semáforos [14] (ver figura 6.20), vinculando un semáforo a cada una de las peticiones. De este modo, el hilo principal puede hacer uso de *wait* hasta que el hilo de E/S haga uso de *signal*, posibilitando así que se reanude el flujo de ejecución.

6.3.4. Caso de estudio. La biblioteca Boost.Asio C++

Boost.Asio[6] es una biblioteca multiplataforma desarrollada en C++ con el objetivo de dar soporte a operaciones de red y de E/S de bajo nivel a través de un **modelo asíncrono** consistente y bajo un enfoque moderno. *Asio* se enmarca dentro del proyecto *Boost*.

El desarrollo de esta biblioteca se justifica por la necesidad de interacción entre programas, ya sea mediante ficheros, redes o mediante la propia consola, que no pueden quedarse a la espera ante operaciones de E/S cuyo

Figura 6.19: Las bibliotecas del proyecto Boost representan, generalmente, una excelente alternativa para solucionar un determinado problema.

---

[6]http://think-async.com/Asio/

tiempo de ejecución sea elevado. En el caso del desarrollo de videojuegos, una posible aplicación de este enfoque, tal y como se ha introducido anteriormente, sería la carga en **segundo plano** de recursos que serán utilizados en el futuro inmediato. La situación típica en este contexto sería la carga de los datos del siguiente nivel de un determinado juego.

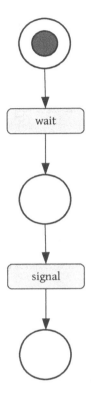

Figura 6.20: Esquema general de uso de un semáforo para controlar el acceso a determinadas secciones de código.

Según el propio desarrollador de la biblioteca[7], *Asio* proporciona las herramientas necesarias para manejar este tipo de problemática sin la necesidad de utilizar, por parte del programador, modelos de concurrencia basados en el uso de hilos y mecanismos de exclusión mutua. Aunque la biblioteca fue inicialmente concebida para la problemática asociada a las redes de comunicaciones, ésta es perfectamente aplicable para llevar a cabo una E/S asíncrona asociada a descriptores de ficheros o incluso a puertos serie.

Los principales **objetivos de diseño** de *Boost.Asio* son los siguientes:

- **Portabilidad**, gracias a que está soportada en un amplio rango de sistemas operativos, proporcionando un comportamiento consistente en los mismos.

- **Escalabilidad**, debido a que facilita el desarrollo de aplicaciones de red que escalen a un gran número de conexiones concurrentes. En principio, la implementación de la biblioteca en un determinado sistema operativo se beneficia del soporte nativo de éste para garantizar esta propiedad.

- **Eficiencia**, gracias a que la biblioteca soporta aspectos relevantes, como por ejemplo la reducción de las copias de datos.

- **Reutilización**, debido a que *Asio* se basa en modelos y conceptos ya establecidos, como la API BSD *Socket*.

- **Facilidad de uso**, ya que la biblioteca está orientada a proporcionar un *kit* de herramientas, en lugar de basarse en el modelo *framework*.

La instalación de la biblioteca *Boost.Asio* en sistemas Debian y derivados es trivial mediante los siguientes comandos:

```
$ sudo apt-get update
$ sudo apt-get install libasio-dev
```

---

[7]http://www.boost.org/doc/libs/1_48_0/doc/html/boost_asio.html

A continuación se plantean algunos ejemplos ya implementados con el objetivo de ilustrar al lector a la hora de plantear un esquema basado en el asincronismo para, por ejemplo, llevar a cabo operaciones de E/S asíncrona o cargar recursos en *segundo plano*[8]. El siguiente listado muestra un programa de uso básico de la biblioteca *Asio*, en el que se muestra la consecuencia directa de una llamada bloqueante.

Listado 6.25: Biblioteca Asio. Espera explícita.

```
1  #include <iostream>
2  #include <boost/asio.hpp>
3  #include <boost/date_time/posix_time/posix_time.hpp>
4
5  int main () {
6      // Todo programa que haga uso de asio ha de instanciar
7      // un objeto del tipo io service para manejar la E/S.
8      boost::asio::io_service io;
9
10     // Instancia de un timer (3 seg.)
11     // El primer argumento siempre es un io service.
12     boost::asio::deadline_timer t(io, boost::posix_time::seconds(3));
13
14     // Espera explícita.
15     t.wait();
16
17     std::cout << "Hola Mundo!" << std::endl;
18
19     return 0;
20 }
```

Para compilar, enlazar y generar el archivo ejecutable, simplemente es necesario ejecutar las siguientes instrucciones:

```
$ g++ Simple.cpp -o Simple -lboost_system -lboost_date_time
$ ./Simple
```

En determinados contextos resulta muy deseable llevar a cabo una **espera asíncrona**, es decir, continuar ejecutando instrucciones mientras en otro nivel de ejecución se realizan otras tareas. Si se utiliza la biblioteca *Boost.Asio*, es posible definir manejadores de código asociados a funciones de retrollamada que se ejecuten mientras el programa continúa la ejecución de su flujo principal. *Asio* también proporciona mecanismos para que el programa no termine mientras haya tareas por finalizar.

El listado de código 6.26 muestra cómo el ejemplo anterior se puede modificar para llevar a cabo una espera asíncrona, asociando en este caso un temporizador que controla la ejecución de una función de retrollamada.

La ejecución de este programa generará la siguiente salida:

```
$ Esperando a print()...
$ Hola Mundo!
```

Sin embargo, pasarán casi 3 segundos entre la impresión de una secuencia y otra, ya que inmediatamente después de la llamada a la espera asíncrona (línea 15) se ejecutará la primera secuencia de impresión (línea 17), mientras que la ejecución de la función de retrollamada *print()* (líneas 6-8) se demorará 3 segundos.

---

[8]La noción de segundo plano en este contexto está vinculada a independizar ciertas tareas de la ejecución del flujo principal de un programa.

Listado 6.26: Biblioteca Asio. Espera asíncrona.

```
1  #include <iostream>
2  #include <boost/asio.hpp>
3  #include <boost/date_time/posix_time/posix_time.hpp>
4
5  // Función de retrollamada.
6  void print (const boost::system::error_code& e) {
7    std::cout << "Hola Mundo!" << std::endl;
8  }
9
10 int main () {
11   boost::asio::io_service io;
12
13   boost::asio::deadline_timer t(io, boost::posix_time::seconds(3));
14   // Espera asíncrona.
15   t.async_wait(&print);
16
17   std::cout << "Esperando a print()..." << std::endl;
18   // Pasarán casi 3 seg. hasta que print se ejecute...
19
20   // io.run() para garantizar que los manejadores se llamen desde
21   // hilos que llamen a run().
22   // run() se ejecutará mientras haya cosas por hacer,
23   // en este caso la espera asíncrona a print.
24   io.run();
25
26   return 0;
27 }
```

Otra opción imprescindible a la hora de gestionar estos manejadores reside en la posibilidad de realizar un **paso de parámetros**, en función del dominio de la aplicación que se esté desarrollando. El siguiente listado de código muestra cómo llevar a cabo dicha tarea.

Listado 6.27: Biblioteca Asio. Espera asíncrona y paso de parámetros.

```
1  #define THRESHOLD 5
2
3  // Función de retrollamada con paso de parámetros.
4  void count (const boost::system::error_code& e,
5         boost::asio::deadline_timer* t, int* counter) {
6    if (*counter < THRESHOLD) {
7      std::cout << "Contador... " << *counter << std::endl;
8      ++(*counter);
9
10     // El timer se prolonga un segundo...
11     t->expires_at(t->expires_at() + boost::posix_time::seconds(1));
12     // Llamada asíncrona con paso de argumentos.
13     t->async_wait(boost::bind
14         (count, boost::asio::placeholders::error, t, counter));
15   }
16 }
17
18 int main () {
19   int counter = 0;
20   boost::asio::deadline_timer t(io, boost::posix_time::seconds(1));
21   // Llamada inicial.
22   t.async_wait(boost::bind
23       (count, boost::asio::placeholders::error,
24      &t, &counter));
25   // ...
26 }
```

Como se puede apreciar, las llamadas a la función *async_wait()* varían con respecto a otros ejemplos, ya que se indica de manera explícita los argumentos relevantes para la función de retrollamada. En este caso, dichos argumentos son la propia función de retrollamada, para realizar llamadas recursivas, el *timer* para poder prolongar en un segundo su duración en cada llamada, y una variable entera que se irá incrementando en cada llamada.

Flexibilidad en Asio

La biblioteca Boost.Asio es muy flexible y posibilita la llamada asíncrona a una función que acepta un número arbitrario de parámetros. Éstos pueden ser variables, punteros, o funciones, entre otros.

La biblioteca *Boost.Asio* también permite encapsular las funciones de retrollamada que se ejecutan de manera asíncrona como **funciones miembro** de una clase. Este esquema mejora el diseño de la aplicación y permite que el desarrollador se abstraiga de la implementación interna de la clase. El siguiente listado de código muestra una posible modificación del ejemplo anterior mediante la definición de una clase *Counter*, de manera que la función *count* pasa a ser una función miembro de dicha clase.

Listado 6.28: Biblioteca Asio. Espera asíncrona y clases.

```
1  class Counter {
2  public:
3    Counter (boost::asio::io_service& io)
4      : _timer(io, boost::posix_time::seconds(1)), _count(0) {
5      _timer.async_wait(boost::bind(&Counter::count, this));
6    }
7    ~Counter () { cout << "Valor final: " << _count << endl; }
8
9    void count () {
10     if (_count < 5) {
11       std::cout << _count++ << std::endl;
12       _timer.expires_at(_timer.expires_at() +
13           boost::posix_time::seconds(1));
14       // Manejo de funciones miembro.
15       _timer.async_wait(boost::bind(&Counter::count, this));
16     }
17   }
18 private:
19   boost::asio::deadline_timer _timer;
20   int _count;
21 };
22
23 int main () {
24   boost::asio::io_service io;
25   Counter c(io); // Instancia de la clase Counter.
26   io.run();
27   return 0;
28 }
```

En el contexto de carga de contenido en un juego de manera independiente al hilo de control principal, el ejemplo anterior no serviría debido a que presenta dos importantes limitaciones. Por una parte, la respuesta de la función de retrollamada no es controlable si dicha retrollamada tarda mucho tiempo en completarse. Por otra parte, este planteamiento no es escalable a sistemas multiproceso.

Para ello, una posible solución consiste en hacer uso de un ***pool* de hilos** que interactúen con *io_service::run()*. Sin embargo, este esquema plantea un nuevo problema: la necesidad de sincronizar el acceso concurrente de varios manejadores a los recursos compartidos, como por ejemplo una variable miembro de una clase.

El siguiente listado de código extiende la definición de la clase *Counter* para manejar de manera concurrente dos *timers* que irán incrementado la variable miembro *_count*.

En este caso, la biblioteca proporciona *wrappers* para *envolver* las funciones de retrollamada *count1* y *count2*, con el objetivo de que, internamente, *Asio* controle que dichos
manejadores no se ejecutan de manera concurrente. En el ejemplo propuesto, la variable
miembro _count no se actualizará, simultáneamente, por dichas funciones miembro.

Listado 6.29: Biblioteca Asio. Espera asíncrona y clases.

```
1   class Counter {
2   public:
3     Counter (boost::asio::io_service& io)
4       : _strand(io), // Para garantizar la exclusión mutua.
5         _timer1(io, boost::posix_time::seconds(1)),
6         _timer2(io, boost::posix_time::seconds(1)),
7         _count(0) {
8       // Los manejadores se 'envuelven' por strand para
9       // que no se ejecuten de manera concurrente.
10      _timer1.async_wait(_strand.wrap
11              (boost::bind(&Counter::count1, this)));
12      _timer2.async_wait(_strand.wrap
13              (boost::bind(&Counter::count2, this)));
14    }
15
16    // count1 y count2 nunca se ejecutarán en paralelo.
17    void count1() {
18      if (_count < 10) {
19        // IDEM que en el ejemplo anterior.
20        _timer1.async_wait(_strand.wrap
21              (boost::bind(&Counter::count1, this)));
22      }
23    }
24
25    // IDEM que count1 pero sobre timer2 y count2
26    void count2() { /* src */ }
27
28  private:
29    boost::asio::strand _strand;
30    boost::asio::deadline_timer _timer1, _timer2;
31    int _count;
32  };
33
34  int main() {
35    boost::asio::io_service io;
36    // run() se llamará desde dos threads (principal y boost)
37    Counter c(io);
38    boost::thread t(boost::bind(&boost::asio::io_service::run, &io));
39    io.run();
40    t.join();
41
42    return 0;
43  }
```

También resulta interesante destacar la instanciación de un hilo adicional a través de la
clase *boost::thread*, de manera que la función *io_service::run()* se llame tanto desde este
hilo como desde el principal. La filosofía de trabajo se mantiene, es decir, los hilos se se-
guirán ejecutando mientras haya trabajo pendiente. En concreto, el hilo en segundo plano
no finalizará hasta que todas las operaciones asíncronas hayan terminado su ejecución.

6.3.5. Consideraciones finales

En el siguiente capítulo se discutirá otro enfoque basado en la concurrencia mediante hilos en C++ para llevar a cabo tareas como por ejemplo la carga de contenido, en segundo plano, de un juego. En dicho capítulo se utilizará como soporte la biblioteca de utilidades del *middleware* ZeroC ICE, el cual también se estudiará en el módulo 3, *Técnicas Avanzadas de Desarrollo*.

6.4. Importador de datos de intercambio

En esta sección se justifica la necesidad de plantear esquemas de datos para importar contenido desde entornos de creación de contenido 3D, como por ejemplo Blender. Aunque existen diversos estándares para la definición de datos multimedia, en la práctica cada aplicación gráfica interactiva tiene necesidades específicas que han de cubrirse con un **software particular** para importar dichos datos.

Por otra parte, el **formato de los datos** es otro aspecto relevante, existiendo distintas aproximaciones para codificar la información multimedia a importar. Uno de los esquemas más utilizados consiste en hacer uso del metalenguaje XML (eXtensible Markup Language), por lo que en este capítulo se discutirá esta opción en detalle. XML mantiene un alto nivel semántico, está bien soportado y estandarizado y permite asociar estructuras de árbol bien definidas para encapsular la información relevante. Además, posibilita que el contenido a importar sea legible por los propios programadores.

Es importante resaltar que este capítulo está centrado en la parte de importación de datos hacia el motor de juegos, por lo que el proceso de exportación no se discutirá a continuación (sí se hará, no obstante, en el módulo 2 de *Programación Gráfica*).

6.4.1. Formatos de intercambio

La **necesidad de intercambiar información** es una constante no sólo entre los distintos componentes de un motor de juegos, sino también entre entornos de creación de contenido 3D y el propio motor. El modelado y la animación de personajes y la creación de escenarios se realiza mediante este tipo de *suites* de creación 3D para, posteriormente, integrarlos en el juego. Este planteamiento tiene como consecuencia la necesidad de abordar un doble proceso (ver figura 6.21) para llevar a cabo la interacción entre las partes implicadas:

1. **Exportación**, con el objetivo de obtener una representación de los datos 3D.

2. **Importación**, con el objetivo de acceder a dichos datos desde el motor de juegos o desde el propio juego.

En el caso particular de Ogre3D, existen diversas herramientas[9] que posibilitan la exportación de datos a partir de un determinado entorno de creación de contenido 3D, como por ejemplo Blender, 3DS Max, Maya o Softimage, entre otros. El proceso inverso también se puede ejecutar haciendo uso de herramientas como *OgreXmlConverter*[10], que permiten la conversión entre archivos *.mesh* y *.skeleton* a ficheros XML y viceversa.

El proceso de importación en Ogre3D está directamente relacionado con el formato XML a través de una serie de estructuras bien definidas para manejar escenas, mallas o esqueletos, entre otros.

---

[9]http://www.ogre3d.org/tikiwiki/OGRE+Exporters
[10]http://www.ogre3d.org/tikiwiki/OgreXmlConverter

Figura 6.21: Procesos de importación y exportación de datos 3D haciendo uso de documentos XML.

Aunque el uso del metalenguaje XML es una de las opciones más extendidas, a continuación se discute brevemente el uso de otras alternativas.

Archivos binarios

El mismo planteamiento discutido que se usa para llevar a cabo el almacenamiento de las variables de configuración de un motor de juegos, utilizando un formato binario, se puede aplicar para almacenar información multimedia con el objetivo de importarla posteriormente.

Este esquema basado en un formato binario es muy eficiente y permite hacer uso de técnicas de **serialización de objetos**, que a su vez incrementan la portabilidad y la sencillez de los formatos binarios. En el caso de hacer uso de orientación a objetos, la funcionalidad necesaria para serializar y *de-serializar* objetos se puede encapsular en la propia definición de clase.

Es importante destacar que la serialización de objetos puede generar información en formato XML, es decir, no tiene por qué estar ligada a un formato binario.

Archivos en texto plano

El uso de archivos en texto plano es otra posible alternativa a la hora de importar datos. Sin embargo, esta aproximación tiene dos importantes desventajas: i) resulta menos eficiente que el uso de un formato binario e ii) implica la utilización de un procesador de texto específico.

En el caso de utilizar un formato no estandarizado, es necesario explicitar los separadores o *tags* existentes entre los distintos campos del archivo en texto plano. Por ejemplo, se podría pensar en separadores como los dos puntos, el punto y coma y el retorno de carro para delimitar los campos de una determinada entidad y una entidad de la siguiente, respectivamente.

XML

EXtensible Markup Language (XML) se suele definir como un **metalenguaje**, es decir, como un lenguaje que permite la definición de otros lenguajes. En el caso particular de este capítulo sobre datos de intercambio, XML se podría utilizar para definir un lenguaje propio que facilite la importación de datos 3D al motor de juegos o a un juego en particular.

Actualmente, XML es un formato muy popular debido a los siguientes motivos:

- Es un estándar.

- Está muy bien soportado, tanto a nivel de programación como a nivel de usuario.

- Es legible.

- Tiene un soporte excelente para estructuras de datos jerárquicas; en concreto, de tipo arbóreas. Esta propiedad es especialmente relevante en el dominio de los videojuegos.

Sin embargo, no todo son ventajas. El proceso de *parseado* o **parsing** es relativamente lento. Esto implica que algunos motores hagan uso de formatos binarios propietarios, los cuales son más rápidos de *parsear* y mucho más compactos que los archivos XML, reduciendo así los tiempos de importación y de carga.

El *parser* Xerces-C++

Como se ha comentado anteriormente, uno de los motivos por los que XML está tan extendido es su amplio soporte a nivel de programación. En otras palabras, prácticamente la mayoría de lenguajes de programación proporcionan bibliotecas, APIs y herramientas para procesar y generar contenidos en formato XML.

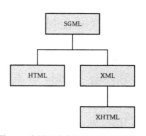

Figura 6.22: Visión conceptual de la relación de XML con otros lenguajes.

En el caso del lenguaje C++, estándar *de facto* en la industria del videojuego, el *parser* Xerces-C++[11] es una de las alternativas más completas para llevar a cabo el procesamiento de ficheros XML. En concreto, esta herramienta forma parte del proyecto *Apache* XML, el cual gestiona un número relevante de subproyectos vinculados al estándar XML.

Xerces-C++ está escrito en un subconjunto portable de C++ y tiene como objetivo facilitar la lectura y escritura de archivos XML. Desde un punto de vista técnico, Xerces-C++ proporciona una **biblioteca** con funcionalidad para *parsear*, generar, manipular y validar documentos XML utilizando las APIs DOM, SAX (Simple API for XML) y SAX2. Estas APIs son las más populares para manipular documentos XML y difieren, sin competir entre sí, en aspectos como el origen, alcance o estilo de programación.

Figura 6.23: La instalación de paquetes en sistemas Debian también se puede realizar a través de gestores de más alto nivel, como por ejemplo *Synaptic*.

Por ejemplo, mientras DOM (Document Object Model) está siendo desarrollada por el consorcio W3, SAX (Simple API for XML) no lo está. Sin embargo, la mayor diferencia reside en el modelo de programación, ya que SAX presenta el documento XML como una *cadena de eventos serializada*, mientras que DOM lo trata a través de una estructura de árbol. La principal desventaja del enfoque planteado en SAX es que no permite un acceso aleatorio a los elementos del documento. No obstante, este enfoque posibilita que el desarrollador no se preocupe de información irrelevante, reduciendo así el tamaño en memoria necesario por el programa.

La **instalación** de Xerces-C++, incluyendo documentación y ejemplos de referencia, en sistemas Debian y derivados es trivial mediante los siguientes comandos:

```
$ sudo apt-get update
$ sudo apt-get install libxerces-c-dev
$ sudo apt-get install libxerces-c-doc
$ sudo apt-get install libxerces-samples
```

---

[11]http://xerces.apache.org/xerces-c/

Desde un punto de vista general, se recomienda el uso de DOM en proyectos en los que se vayan a integrar distintos componentes de código y las necesidades funcionales sean más exigentes. Por el contrario, SAX podría ser más adecuado para flujos de trabajo más acotados y definidos.

6.4.2. Creación de un importador

Justificación y estructura XML

En esta sección se discute el diseño e implementación de un importador específico para un juego muy sencillo titulado *NoEscapeDemo*, el cual hará uso de la biblioteca Xerces-C++ para llevar a cabo la manipulación de documentos XML.

Básicamente, el juego consiste en interactuar con una serie de *wumpus* o fantasmas que aparecen de manera automática en determinados puntos de un escenario y que desaparecen en otros. La interacción por parte del usuario consiste en modificar el comportamiento de dichos fantasmas cambiando, por ejemplo, el sentido de navegación de los mismos.

La figura 6.24 muestra, desde un punto de vista abstracto, la representación del escenario en el que los fantasmas habitan. Como se puede apreciar, la representación interna de dicho escenario es un grafo, el cual define la navegabilidad de un punto en el espacio 3D a otro. En el grafo, algunos de los nodos están etiquetados con los identificadores **S** o **D**, representando puntos de aparición y desaparición de fantasmas.

El contenido gráfico de esta sencilla *demo* está compuesto de los siguientes elementos:

- El propio **escenario** tridimensional, considerando los puntos o nodos de generación y destrucción de fantasmas.

- Los propios **fantasmas**.

- Una o más **cámaras virtuales**, que servirán para visualizar el juego. Cada cámara tendrá asociado un camino o *path*, compuesto a su vez por una serie de puntos clave que indican la situación (posición y rotación) de la cámara en cada momento.

El nodo raíz

La etiqueta *<data>* es el nodo raíz del documento XML. Sus posibles nodos hijo están asociados con las etiquetas *<graph>* y *<camera>*.

En principio, la información del escenario y de las cámaras virtuales será importada al juego, haciendo uso del importador cuyo diseño se discute a continuación. Sin embargo, antes se muestra un posible ejemplo de la representación de estos mediante el formato definido para la *demo* en cuestión.

En concreto, el siguiente listado muestra la parte de información asociada a la estructura de grafo que conforma el escenario. Como se puede apreciar, la estructura *graph* está compuesta por una serie de vértices (*vertex*) y de arcos (*edge*).

Vértices y arcos

En el formato definido, los vértices se identifican a través del atributo *index*. Estos IDs se utilizan en la etiqueta *<edge>* para especificar los dos vértices que conforman un arco.

Por una parte, en los **vértices** del grafo se incluye su posición en el espacio 3D mediante las etiquetas *<x>*, *<y>* y *<z>*. Además, cada vértice tiene como atributo un índice, que lo identifica unívocamente, y un tipo, el cual puede ser *spawn* (punto de generación) o *drain* (punto de desaparición), respectivamente. Por otra parte, los **arcos** permiten definir la estructura concreta del grafo a importar mediante la etiqueta *<vertex>*.

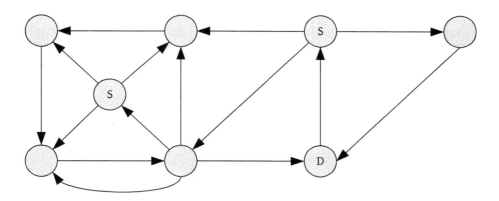

Figura 6.24: Representación interna bidimensional en forma de grafo del escenario de *NoEscapeDemo*. Los nodos de tipo **S** (*spawn*) representan puntos de nacimiento, mientras que los nodos de tipo **D** (*drain*) representan sumideros, es decir, puntos en los que los fantasmas desaparecen.

Listado 6.30: Ejemplo de fichero XML usado para exportar e importar contenido asociado al grafo del escenario.

```
1   <?xml version='1.0' encoding='UTF-8'?>
2   <data>
3
4     <graph>
5
6       <vertex index="1" type="spawn">
7         <x>1.5</x> <y>2.5</y> <z>-3</z>
8       </vertex>
9       <!-- More vertexes... -->
10      <vertex index="4" type="drain">
11        <x>1.5</x> <y>2.5</y> <z>-3</z>
12      </vertex>
13
14      <edge>
15        <vertex>1</vertex> <vertex>2</vertex>
16      </edge>
17      <edge>
18        <vertex>2</vertex> <vertex>4</vertex>
19      </edge>
20      <!-- More edges... -->
21
22    </graph>
23
24    <!-- Definition of virtual cameras -->
25  </data>
```

En caso de que sea necesario incluir más contenido, simplemente habrá que extender el formato definido. XML facilita enormemente la escalabilidad gracias a su esquema basado en el uso de etiquetas y a su estructura jerárquica.

El siguiente listado muestra la otra parte de la estructura del documento XML utilizado para importar contenido. Éste contiene la información relativa a las **cámaras virtuales**. Como se puede apreciar, cada cámara tiene asociado un camino, definido con la etiqueta *<path>*, el cual consiste en una serie de puntos o *frames* clave que determinan la animación de la cámara.

Cada punto clave del camino de una cámara contiene la posición de la misma en el espacio 3D (etiqueta *<frame>*) y la rotación asociada, expresada mediante un cuaternión (etiqueta *<rotation>*).

> **Listado 6.31: Ejemplo de fichero XML usado para exportar e importar contenido asociado a las cámaras virtuales.**

```
 1  <?xml version='1.0' encoding='UTF-8'?>
 2  <data>
 3    <!-- Graph definition here-->
 4
 5    <camera index="1" fps="25">
 6
 7      <path>
 8
 9        <frame index="1">
10        <position>
11          <x>1.5</x> <y>2.5</y> <z>-3</z>
12        </position>
13        <rotation>
14          <x>0.17</x> <y>0.33</y> <z>0.33</z> <w>0.92</w>
15        </rotation>
16        </frame>
17
18        <frame index="2">
19        <position>
20          <x>2.5</x> <y>2.5</y> <z>-3</z>
21        </position>
22        <rotation>
23          <x>0.17</x> <y>0.33</y> <z>0.33</z> <w>0.92</w>
24        </rotation>
25        </frame>
26
27        <!-- More frames here... -->
28
29      </path>
30
31    </camera>
32
33    <!-- More cameras here... -->
34  </data>
```

Lógica de dominio

La figura 6.25 muestra el diagrama de las principales clases vinculadas al importador de datos. Como se puede apreciar, las entidades más relevantes que forman parte del documento XML se han modelado como clases con el objetivo de facilitar no sólo la obtención de los datos sino también su integración en el despliegue final con Ogre3D.

La clase que centraliza la lógica de dominio es la clase **Scene**, la cual mantiene una relación de asociación con las clases *Graph* y *Camera*. Recuerde que el contenido a importar más relevante sobre el escenario era la estructura de grafo del mismo y la información de las cámaras virtuales. La encapsulación de los datos importados de un documento XML se centraliza en la clase *Scene*, la cual mantiene como estado un puntero a un objeto de tipo *Graph* y una estructura con punteros a objetos de tipo *Camera*. El listado de código 6.32 muestra la declaración de la clase *Scene*.

Listado 6.32: Clase Scene.

```
1  #include <vector>
2  #include <Camera.h>
3  #include <Node.h>
4  #include <Graph.h>
5
6  class Scene
7  {
8   public:
9    Scene ();
10   ~Scene ();
11
12   void addCamera (Camera* camera);
13   Graph* getGraph () { return _graph;}
14   std::vector<Camera*> getCameras () { return _cameras; }
15
16   private:
17    Graph *_graph;
18    std::vector<Camera*> _cameras;
19  };
```

Por otra parte, la clase **Graph** mantiene la lógica de gestión básica para implementar una estructura de tipo grafo mediante listas de adyacencia. El siguiente listado de código muestra dicha clase e integra una función miembro para obtener la lista de vértices o nodos adyacentes a partir del identificador de uno de ellos (línea 17).

Listado 6.33: Clase Graph.

```
1  #include <iostream>
2  #include <vector>
3  #include <GraphVertex.h>
4  #include <GraphEdge.h>
5
6  class Graph {
7   public:
8    Graph ();
9    ~Graph ();
10
11   void addVertex (GraphVertex* pVertex);
12   void addEdge (GraphVertex* pOrigin, GraphVertex* pDestination,
13        bool undirected = true);
14
15   // Lista de vértices adyacentes a uno dado.
16   std::vector<GraphVertex*> adjacents (int index);
17
18   GraphVertex* getVertex (int index);
19   std::vector<GraphVertex*> getVertexes () const
20     {return _vertexes;}
21   std::vector<GraphEdge*> getEdges () const { return _edges; }
22
23   private:
24    std::vector<GraphVertex*> _vertexes;
25    std::vector<GraphEdge*> _edges;
26  };
```

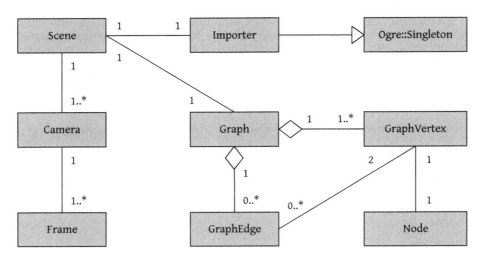

Figura 6.25: Diagrama de clases de las entidades más relevantes del importador de datos.

Las clases **GraphVertex** y **GraphEdge** no se mostrarán ya que son relativamente triviales. Sin embargo, resulta interesante resaltar la clase **Node**, la cual contiene información relevante sobre cada uno de los vértices del grafo. Esta clase permite generar instancias de los distintos tipos de nodos, es decir, nodos que permiten la generación y destrucción de los fantasmas de la *demo* planteada. La clase *GraphVertex* mantiene como variable de clase un objeto de tipo *Node*, el cual alberga la información de un nodo en el espacio 3D.

Listado 6.34: Clase Node.

```
1  // SE OMITE PARTE DEL CÓDIGO FUENTE.
2  class Node
3  {
4   public:
5     Node ();
6     Node (const int& index, const string& type,
7       const Ogre::Vector3& pos);
8     ~Node ();
9
10    int getIndex () const { return _index; }
11    string getType () const { return _type; }
12    Ogre::Vector3 getPosition () const { return _position; }
13
14   private:
15    int _index;              // Índice del nodo (id único)
16    string _type;            // Tipo: generador (spawn), sumidero (drain)
17    Ogre::Vector3 _position; // Posición del nodo en el espacio 3D
18  };
```

Respecto al diseño de las cámaras virtuales, las clases **Camera** y **Frame** son las utilizadas para encapsular la información y funcionalidad de las mismas. En esencia, una cámara consiste en un identificador, un atributo que determina la tasa de *frames* por segundo a la que se mueve y una secuencia de puntos clave que conforman el camino asociado a la cámara.

La clase *Importer*

El punto de interacción entre los datos contenidos en el documento XML y la lógica de dominio previamente discutida está representado por la clase *Importer*. Esta clase proporciona la funcionalidad necesaria para **parsear documentos XML** con la estructura planteada anteriormente y *rellenar* las estructuras de datos diseñadas en la anterior sección.

El siguiente listado de código muestra la declaración de la clase *Importer*. Como se puede apreciar, dicha clase hereda de *Ogre::Singleton* para garantizar que solamente existe una instancia de dicha clase, accesible con las funciones miembro *getSingleton()* y *getSingletonPtr()*[12].

Note cómo, además de estas dos funciones miembro, la única función miembro pública es *parseScene()* (línea ⑨), la cual se puede utilizar para *parsear* un documento XML cuya ruta se especifica en el primer parámetro. El efecto de realizar una llamada a esta función tendrá como resultado el segundo parámetro de la misma, de tipo puntero a objeto de clase *Scene*, con la información obtenida a partir del documento XML (siempre y cuando no se produzca ningún error).

Listado 6.35: Clase Importer.

```
1  #include <OGRE/Ogre.h>
2  #include <xercesc/dom/DOM.hpp>
3  #include <Scene.h>
4
5  class Importer: public Ogre::Singleton<Importer> {
6  public:
7    // Única función miembro pública para parsear.
8    void parseScene (const char* path, Scene *scn);
9
10   static Importer& getSingleton ();      // Ogre::Singleton.
11   static Importer* getSingletonPtr ();   // Ogre::Singleton.
12
13 private:
14   // Funcionalidad oculta al exterior.
15   // Facilita el parseo de las diversas estructuras
16   // del documento XML.
17   void parseCamera (xercesc::DOMNode* cameraNode, Scene* scn);
18
19   void addPathToCamera (xercesc::DOMNode* pathNode, Camera *cam);
20   void getFramePosition (xercesc::DOMNode* node,
21                          Ogre::Vector3* position);
22   void getFrameRotation (xercesc::DOMNode* node,
23                          Ogre::Vector4* rotation);
24
25   void parseGraph (xercesc::DOMNode* graphNode, Scene* scn);
26   void addVertexToScene (xercesc::DOMNode* vertexNode, Scene* scn);
27   void addEdgeToScene (xercesc::DOMNode* edgeNode, Scene* scn);
28
29   // Función auxiliar para recuperar valores en punto flotante
30   // asociados a una determinada etiqueta (tag).
31   float getValueFromTag (xercesc::DOMNode* node, const XMLCh *tag);
32 };
```

El código del importador se ha estructurado de acuerdo a la definición del propio documento XML, es decir, teniendo en cuenta las etiquetas más relevantes dentro del mismo. Así, dos de las funciones miembro privadas relevantes son, por ejemplo, las funciones *parseCamera()* y *parseGraph()*, usadas para procesar la información de una cámara virtual y del grafo que determina el escenario de la *demo*.

---

[12]Se podría haber desligado la implementación del patrón *Singleton* y Ogre3D.

La biblioteca Xerces-C++ hace uso de tipos de datos específicos para, por ejemplo, manejar cadenas de texto o los distintos nodos del árbol cuando se hace **uso del API DOM**. De hecho, el API utilizada en este importador es DOM. El siguiente listado de código muestra cómo se ha realizado el procesamiento inicial del árbol asociado al documento XML. El árbol generado por el API DOM a la hora de *parsear* un documento XML puede ser costoso en memoria. En ese caso, se podría plantear otras opciones, como por ejemplo el uso del API SAX.

Aunque se ha omitido gran parte del código, incluido el tratamiento de errores, el esquema de procesamiento representa muy bien la forma de manejar este tipo de documentos haciendo uso del API DOM. Básicamente, la idea general consiste en obtener una referencia a la raíz del documento (líneas 13-14) y, a partir de ahí, ir recuperando la información contenida en cada uno de los nodos del mismo.

El bucle *for* (líneas 20-21) permite recorrer los nodos hijo del nodo raíz. Si se detecta un nodo con la etiqueta *<camera>*, entonces se llama a la función miembro *parseCamera()*. Si por el contrario se encuentra la etiqueta *<graph>*, entonces se llama a la función *parseGraph()*. En ambos casos, estas funciones irán *poblando* de contenido el puntero a objeto de tipo *Scene* que se pasa como segundo argumento.

Listado 6.36: Clase Importer. Función parseScene

```
1   // SE OMITE PARTE DEL CÓDIGO FUENTE (bloques try-catch)
2   void Importer::parseScene (const char* path, Scene *scene) {
3       // Inicialización.
4       XMLPlatformUtils::Initialize();
5
6       XercesDOMParser* parser = new XercesDOMParser();
7       parser->parse(path);
8
9       DOMDocument* xmlDoc;
10      DOMElement* elementRoot;
11
12      // Obtener el elemento raíz del documento.
13      xmlDoc = parser->getDocument();
14      elementRoot = xmlDoc->getDocumentElement();
15
16      XMLCh* camera_ch = XMLString::transcode("camera");
17      XMLCh* graph_ch = XMLString::transcode("graph");
18
19      // Procesando los nodos hijos del raíz...
20      for (XMLSize_t i = 0;
21           i < elementRoot->getChildNodes()->getLength(); ++i ) {
22          DOMNode* node = elementRoot->getChildNodes()->item(i);
23
24          if (node->getNodeType() == DOMNode::ELEMENT_NODE) {
25              // Nodo <camera>?
26              if (XMLString::equals(node->getNodeName(), camera_ch))
27              parseCamera(node, scene);
28                  else
29              // Nodo <graph>?
30              if (XMLString::equals(node->getNodeName(), graph_ch))
31                  parseGraph(node, scene);
32          }
33      }// Fin for
34      // Liberar recursos.
35  }
```

 Estructurando código... Una buena programación estructurada es esencial para facilitar el mantenimiento del código y balancear de manera adecuada la complejidad de las distintas funciones que forman parte del mismo.

## Capítulo 7

Bajo Nivel y Concurrencia

David Vallejo Fernández

Este capítulo realiza un recorrido por los **sistemas de soporte de bajo nivel** necesarios para efectuar diversas tareas críticas para cualquier motor de juegos. Algunos ejemplos representativos de dichos subsistemas están vinculados al arranque y la parada del motor, su configuración y a la gestión de cuestiones de más bajo nivel.

El objetivo principal del presente capítulo consiste en profundizar en dichas tareas y en proporcionar al lector una visión más detallada de los subsistemas básicos sobre los que se apoyan el resto de elementos del motor de juegos.

En concreto, en este capítulo se discutirán los siguientes subsistemas:

- Subsistema de **arranque y parada**.

- Subsistema de **gestión de contenedores**.

- Subsistema de **gestión de cadenas**.

From the ground up!

Los subsistemas de bajo nivel del motor de juegos resultan esenciales para la adecuada integración de elementos de más alto nivel. Algunos de ellos son simples, pero la funcionalidad que proporcionan es crítica para el correcto funcionamiento de otros subsistemas.

El subsistema de gestión relativo a la gestión de contenedores de datos se discutió en el capítulo 5. En este capítulo se llevó a cabo un estudio de la biblioteca STL y se plantearon unos criterios básicos para la utilización de contenedores de datos en el ámbito del desarrollo de videojuegos con C++. Sin embargo, este capítulo dedica una breve sección a algunos aspectos relacionados con los contenedores que no se discutieron anteriormente.

Por otra parte, el subsistema de gestión de memoria se estudiará en el módulo 3, titulado *Técnicas Avanzadas de Desarrollo*, del presente curso de desarrollo de videojuegos. Respecto a esta cuestión particular, se hará especial hincapié en las técnicas y las posibilidades que ofrece C++ en relación a la adecuada gestión de la memoria del sistema.

Así mismo, en este capítulo se aborda la problemática relativa a la **gestión de la concurrencia** mediante un esquema basado en el uso de hilos y de mecanismos típicos de sincronización.

En los últimos años, el desarrollo de los procesadores, tanto de ordenadores personales, consolas de sobremesa e incluso teléfonos móviles, ha estado marcado por un modelo basado en la integración de varios núcleos físicos de ejecución. El objetivo principal de este diseño es la **paralelización** de las tareas a ejecutar por parte del procesador, permitiendo así incrementar el rendimiento global del sistema a través del paralelismo a nivel de ejecución.

Este esquema, unido al concepto de hilo como unidad básica de ejecución de la CPU, ha permitido que aplicaciones tan exigentes como los videojuegos se pueden aprovechar de esta sustancial mejora de rendimiento. Desafortunadamente, no todo son buenas noticias. Este modelo de desarrollo basado en la ejecución concurrente de múltiples hilos de control tiene como consecuencia directa el incremento de la complejidad a la hora de desarrollar dichas aplicaciones.

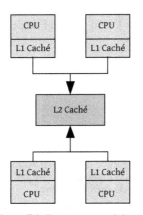

Figura 7.1: Esquema general de una CPU con varios procesadores.

Además de plantear soluciones que sean paralelizables y escalables respecto al número de unidades de procesamiento, un aspecto crítico a considerar es el **acceso concurrente** a los datos. Por ejemplo, si dos hilos de ejecución distintos comparten un fragmento de datos sobre el que leen y escriben indistintamente, entonces el programador ha de integrar soluciones que garanticen la consistencia de los datos, es decir, soluciones que eviten situaciones en las que un hilo está escribiendo sobre dichos datos y otro está accediendo a los mismos.

Con el objetivo de abordar esta problemática desde un punto de vista práctico en el ámbito del desarrollo de videojuegos, en este capítulo se plantean distintos mecanismos de sincronización de hilos haciendo uso de los **mecanismos nativos ofrecidos en C++11** y, por otra parte, de la **biblioteca de hilos de ZeroC** ICE, un *middleware* de comunicaciones que proporciona una biblioteca de hilos que abstrae al desarrollador de la plataforma y el sistema operativo subyacentes.

7.1.   Subsistema de arranque y parada

7.1.1.   Aspectos fundamentales

First things first!

El arranque y la parada de subsistemas representa una tarea básica y, al mismo tiempo, esencial para la correcta gestión de los distintos componentes de la arquitectura de un motor de juegos.

El subsistema de arranque y parada es el responsable de llevar a cabo la **inicialización y configuración** de los distintos subsistemas que forman parte del motor de juegos, así como de realizar la parada de los mismos cuando así sea necesario. Este sistema forma parte de la capa de subsistemas principales que se introdujo brevemente en la sección 1.2.4. La figura 7.2 muestra la interacción del subsistema de arranque y parada con el resto de componentes de la arquitectura general del motor de juegos.

Este subsistema juega un **papel básico** pero fundamental dentro de la arquitectura del motor de juegos, ya que disponer de una entidad software que conozca las interdependencias entre el resto de subsistemas es crucial para efectuar su arranque, configuración y parada de una manera adecuada.

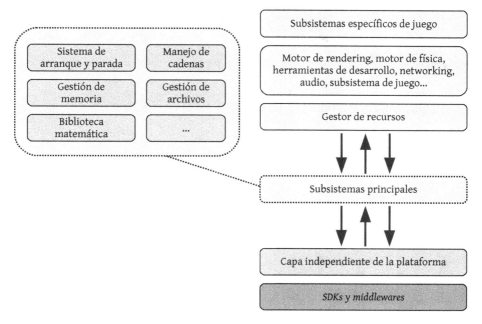

Figura 7.2: Interacción del subsistema de arranque y parada con el resto de subsistemas de la arquitectura general del motor de juegos [5].

Desde un punto de vista general, si un subsistema S tiene una dependencia con respecto a un subsistema T, entonces el subsistema de arranque ha de tener en cuenta dicha dependencia para arrancar primero T y, a continuación, S. Así mismo, la parada de dichos subsistemas se suele realizar generalmente en orden inverso, es decir, primero se pararía S y, posteriormente, T (ver figura 7.3).

En el ámbito del desarrollo de videojuegos, el subsistema de arranque y parada se suele implementar haciendo uso del patrón *singleton*, discutido en la sección 4.3.1, con el objetivo de manejar una única instancia de dicho subsistema que represente el único punto de gestión y evitando la reserva dinámica de memoria. Este planteamiento se extiende a otros subsistemas relevantes que forman parte del motor de juegos. Comúnmente, este tipo de subsistemas también se suelen denominar **gestores o managers**. La implementación típica de este tipo de elementos se muestra en el siguiente listado de código.

Debido a que C++ es el lenguaje estándar para el desarrollo de videojuegos modernos, una posible alternativa para gestionar de manera correcta tanto el arranque como la parada de subsistemas podría consistir en hacer uso de los mecanismos nativos de C++ de construcción y destrucción de elementos.

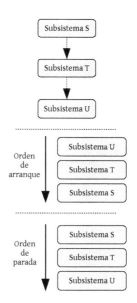

Figura 7.3: Esquema gráfico de orden de arranque y de parada de tres subsistemas dependientes entre sí.

Listado 7.1: Esqueleto básico del subsistema de gestión de memoria.

```
1  class MemoryManager {
2  public:
3    MemoryManager () {
4      // Inicialización gestor de memoria...
5    }
6    ~MemoryManager () {
7      // Parada gestor de memoria...
8    }
9
10   // ...
11 };
12
13 // Instancia única.
14 static MemoryManager gMemoryManager;
```

 Variables globales. Recuerde que idealmente las variables globales se deberían limitar en la medida de lo posible con el objetivo de evitar efectos colaterales.

Desde un punto de vista general, los **objetos globales y estáticos** se instancian de manera previa a la ejecución de la función *main*. Del mismo modo, dichos objetos se destruyen de manera posterior a la ejecución de dicha función, es decir, inmediatamente después de su retorno. Sin embargo, tanto la construcción como la destrucción de dichos objetos se realizan en un **orden impredecible**.

La consecuencia directa del enfoque nativo proporcionado por C++ para la construcción y destrucción de objetos es que no se puede utilizar como solución directa para arrancar y parar los subsistema del motor de juegos. La razón se debe a que no es posible establecer un orden que considere las posibles interdependencias entre subsistemas.

Listado 7.2: Subsistema de gestión de memoria con acceso a instancia única.

```
1  class MemoryManager {
2  public:
3    static MemoryManager& get () {
4      static MemoryManager gMemoryManager;
5      return gMemoryManager;
6    }
7    MemoryManager () {
8      // Arranque de otros subsistemas dependientes...
9      SubsistemaX::get();
10     SubsistemaY::get();
11
12     // Inicialización gestor de memoria...
13   }
14   ~MemoryManager () {
15     // Parada gestor de memoria...
16   }
17   // ...
18 };
```

Una solución directa a esta problemática consiste en declarar la variable estática dentro de una función, con el objetivo de obtenerla cuando así sea necesario. De este modo, dicha instancia no se instanciará antes de la función *main*, sino que lo hará cuando se efectúe la primera llamada a la función implementada. El anterior listado de código muestra una posible implementación de esta solución.

 Variables no locales. La inicialización de variables estáticas no locales se controla mediante el mecanismo que utilice la implementación para arrancar un programa en C++.

Una posible variante de este diseño consiste en reservar memoria de manera dinámica para la instancia única del gestor en cuestión, tal y como se muestra en el siguiente listado de código.

Listado 7.3: Subsistema de gestión de memoria. Reserva dinámica.

```
1  static MemoryManager& get () {
2    static MemoryManager *gMemoryManager = NULL;
3
4    if (gMemoryManager == NULL)
5      gMemoryManager = new MemoryManager();
6
7    assert(gMemoryManager);
8    return *gMemoryManager;
9  }
```

No obstante, aunque existe cierto control sobre el arranque de los subsistemas dependientes de uno en concreto, esta alternativa no proporciona control sobre la parada de los mismos. Así, es posible que C++ destruya uno de los subsistemas dependientes del gestor de memoria de manera previa a la destrucción de dicho subsistema.

Además, este enfoque presenta el inconveniente asociado al momento de la construcción de la instancia global del subsistema de memoria. Evidentemente, la construcción se efectuará a partir de la primera llamada a la función *get*, pero es complicado controlar cuándo se efectuará dicha llamada.

Por otra parte, no es correcto realizar suposiciones sobre la complejidad vinculada a la obtención del *singleton*, ya que los distintos subsistemas tendrán necesidades muy distintas entre sí a la hora de inicializar su estado, considerando las interdependencias con otros subsistemas. En general, este diseño puede ser problemático y es necesario proporcionar un esquema sobre el que se pueda ejercer un mayor control y que simplique los procesos de arranque y parada.

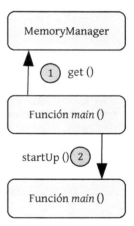

Figura 7.4: Esquema gráfico de obtención de un *singleton* y su posterior utilización.

7.1.2. Esquema típico de arranque y parada

En esta subsección se estudia un enfoque simple [5], aunque ampliamente utilizado, para gestionar tanto el arranque como la parada de los distintos subsistemas que forman la arquitectura de un motor de juegos. La idea principal de este enfoque reside en explicitar el arranque y la parada de dichos subsistemas, que a su vez se gestionan mediante *managers* implementados de acuerdo al patrón *singleton*.

Para ello, tanto el arranque como la parada de un subsistema se implementa mediante funciones explícitas de arranque y parada, típicamente denominadas **startUp** y **shutDown**, respectivamente. En esencia, estas funciones representan al constructor y al destructor de la clase. Sin embargo, la posibilidad de realizar llamadas permite controlar de manera adecuada la inicialización y parada de un subsistema. El orden del arranque, inicialización y parada de subsistemas dependerán de las relaciones entre los mismos. Por ejemplo, el subsistema de gestión de memoria será típicamente uno de los primeros en arrancarse, debido a que gran parte del resto de subsistemas tienen una dependencia directa respecto al primero.

El siguiente listado de código muestra la implementación típica de un subsistema de gestión haciendo uso del enfoque planteado en esta subsección. Observe cómo tanto el constructor y el destructor de clase están vacíos, ya que se delega la inicialización del subsistema en las funciones *startUp()* y *shutDown()*.

Listado 7.4: Implementación de funciones startUp() y shutDown().

```cpp
1   class MemoryManager {
2   public:
3       MemoryManager () {}
4       ~MemoryManager () {}
5
6       void startUp () {
7           // Inicialización gestor de memoria...
8       }
9       void shutDown () {
10          // Parada gestor de memoria...
11      }
12  };
13
14  class RenderManager { /* IDEM */ };
15  class TextureManager { /* IDEM */ };
16  class AnimationManager { /* IDEM */ };
17  // ...
18
19  MemoryManager gMemoryManager;
20  RenderManager gRenderManager;
21  TextureManager gTextureManager;
22  AnimationManager gAnimationManager;
23  // ...
```

Recuerde que la simplicidad suele ser deseable en la mayoría de los casos, aunque el rendimiento o el propio diseño de un programa se vean degradados. Este enfoque facilita el mantenimiento del código. El subsistema de arranque y parada es un caso típico en el ámbito de desarrollo de videojuegos.

Mediante este enfoque, la inicialización y parada de subsistemas es trivial y permite un mayor control sobre dichas tareas. En el siguiente listado de código se muestran de manera explícita las dependencias entre algunos de los subsistemas típicos de la arquitectura de motor, como por ejemplo los subsistemas de gestión de memoria, manejo de texturas, renderizado o animación.

Listado 7.5: Arranque y parada de subsistemas típicos.

```
 1  int main () {
 2      // Arranque de subsistemas en orden.
 3      gMemoryManager.startUp();
 4      gTextureManager.startUp();
 5      gRenderManager.startUp();
 6      gAnimationManager.startUp();
 7      // ...
 8
 9      // Bucle principal.
10      gSimulationManager.run();
11
12      // Parada de subsistemas en orden.
13      // ...
14      gAnimationManager.startUp();
15      gRenderManager.startUp();
16      gTextureManager.startUp();
17      gMemoryManager.startUp();
18
19      return 0;
20  }
```

7.1.3. Caso de estudio. Ogre 3D

Aunque Ogre 3D es en realidad un motor de renderizado en lugar de un completo motor de juegos, dicho entorno proporciona una gran cantidad de subsistemas relevantes para facilitar el desarrollo de videojuegos. Entre ellos, también existe un subsistema de arranque y parada que hace gala de una gran simplicidad y sencillez.

Básicamente, el arranque y la parada en Ogre se realiza a través del uso de la clase **Ogre::Root**, la cual implementa el patrón *singleton* con el objetivo de asegurar una única instancia de dicha clase, la cual actúa como punto central de gestión.

Para ello, la clase *Root* almacena punteros, como variables miembro privadas, a todos los subsistemas soportados por Ogre con el objetivo de gestionar su creación y su destrucción. El siguiente listado de código muestra algunos aspectos relevantes de la declaración de esta clase.

Como se puede apreciar, la clase *Root* hereda de la clase *Ogre::Singleton*, que a su vez hace uso de plantillas y que, en este caso, se utiliza para especificar el *singleton* asociado a la clase *Root*. Así mismo, dicha clase hereda de *RootAlloc*, que se utiliza como superclase para todos los objetos que deseen utilizar un asignador de memoria personalizado.

Ogre::Singleton

La clase *Ogre::Singleton* está basada en el uso de plantillas para poder instanciarla para tipos particulares. Dicha clase proporciona las típicas funciones *getSingleton()* y *getSingletonPtr* para acceder a la referencia y al puntero, respectivamente, de la única instancia de clase creada.

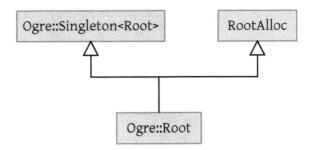

Figura 7.5: Clase *Ogre::Root* y su relación con las clases *Ogre::Singleton* y *RootAlloc*.

Listado 7.6: Clase Ogre::Root.

```
1  class _OgreExport Root : public Singleton<Root>, public RootAlloc
2  {
3      protected:
4          // Más declaraciones...
5          // Gestores (implementan el patrón Singleton).
6          LogManager* mLogManager;
7          ControllerManager* mControllerManager;
8          SceneManagerEnumerator* mSceneManagerEnum;
9          DynLibManager* mDynLibManager;
10         ArchiveManager* mArchiveManager;
11         MaterialManager* mMaterialManager;
12         MeshManager* mMeshManager;
13         ParticleSystemManager* mParticleManager;
14         SkeletonManager* mSkeletonManager;
15         OverlayElementFactory* mPanelFactory;
16         OverlayElementFactory* mBorderPanelFactory;
17         OverlayElementFactory* mTextAreaFactory;
18         OverlayManager* mOverlayManager;
19         FontManager* mFontManager;
20         ArchiveFactory *mZipArchiveFactory;
21         ArchiveFactory *mFileSystemArchiveFactory;
22         ResourceGroupManager* mResourceGroupManager;
23         ResourceBackgroundQueue* mResourceBackgroundQueue;
24         ShadowTextureManager* mShadowTextureManager;
25         RenderSystemCapabilitiesManager* mRenderSystemCapabilitiesManager;
26         ScriptCompilerManager *mCompilerManager;
27      // Más declaraciones...
28 };
```

El objeto *Root* representa el **punto de entrada** de Ogre y ha de ser el primer objeto instanciado en una aplicación y el último en ser destruido. Típicamente, la clase principal de los ejemplos básicos desarrollados tendrán como variable miembro una instancia de la clase *Root*, con el objetivo de facilitar la administración del juego en cuestión.

Desde el punto de vista del renderizado, el objeto de tipo *Root* proporciona la función *startRendering*. Cuando se realiza una llamada a dicha función, la aplicación entrará en un bucle de renderizado continuo que finalizará cuando todas las ventanas gráficas se hayan cerrado o cuando todos los objetos del tipo *FrameListener* finalicen su ejecución (ver módulo 2, *Programación Gráfica*).

La implementación del constructor de la clase *Ogre::Root* tiene como objetivo principal instanciar y arrancar los distintos subsistemas previamente declarados en el anterior listado de código. A continuación se muestran algunos aspectos relevantes de la implementación de dicho constructor.

Listado 7.7: Clase Ogre::Root. Constructor.

```
1  Root::Root(const String& pluginFileName, const String& configFileName,
2        const String& logFileName)
3  // Inicializaciones...
4  {
5    // Comprobación del singleton en clase padre.
6    // Inicialización.
7    // src ...
8
9    // Creación del log manager y archivo de log por defecto.
10   if(LogManager::getSingletonPtr() == 0) {
11       mLogManager = OGRE_NEW LogManager();
12       mLogManager->createLog(logFileName, true, true);
13     }
14
15   // Gestor de biblioteca dinámica.
16   mDynLibManager = OGRE_NEW DynLibManager();
17   mArchiveManager = OGRE_NEW ArchiveManager();
18
19   // ResourceGroupManager.
20   mResourceGroupManager = OGRE_NEW ResourceGroupManager();
21
22   // src...
23
24   // Material manager.
25   mMaterialManager = OGRE_NEW MaterialManager();
26   // Mesh manager.
27   mMeshManager = OGRE_NEW MeshManager();
28   // Skeleton manager.
29   mSkeletonManager = OGRE_NEW SkeletonManager();
30   // Particle system manager.
31   mParticleManager = OGRE_NEW ParticleSystemManager();
32   // src...
33 }
```

Start your engine! Aunque el arranque y la parada de los motores de juegos actuales suelen estar centralizados mediante la gestión de algún elemento central, como por ejemplo la clase *Ogre::Root*, es responsabilidad del desarrollador conocer los elementos accesibles desde dicha entidad de control central.

7.1.4.   Caso de estudio. Quake III

El código fuente de Quake III[1] fue liberado bajo licencia GPLv2 el día 20 de Agosto de 2005. La fecha de liberación del código de Quake III no es casual. En realidad, coincide con el cumpleaños de John Carmack, una de las figuras más reconocidas dentro del ámbito del desarrollo de videojuegos, nacido el 20 de Agosto de 1970.

Desde su liberación, la comunidad *amateur* de desarrollo ha realizado modificaciones y mejoras e incluso el propio motor se ha reutilizado para el desarrollo de otros juegos. El diseño de los motores de Quake es un muy **buen ejemplo** de arquitectura bien estructurada y modularizada, hecho que posibilita el estudio de su código y la adquisición de experiencia por el desarrollador de videojuegos.

Figura 7.6: *Quake III Arena* es un juego multijugador en primera persona desarrollado por IdSoftware y lanzado el 2 de Diciembre de 1999. El modo de juego online fue uno de los más populares en su época.

En esta sección se estudiará desde un punto de vista general el sistema de arranque y de parada de Quake III. Al igual que ocurre en el caso de Ogre, el esquema planteado consiste en hacer uso de funciones específicas para el arranque, inicialización y parada de las distintas entidades o subsistemas involucrados.

El siguiente listado de código muestra el punto de entrada de *Quake III* para sistemas *Windows*™. Como se puede apreciar, la función principal consiste en una serie de casos que determinan el flujo de control del juego. Es importante destacar los casos **GAME_INIT** y **GAME_SHUTDOWN** que, como su nombre indica, están vinculados al arranque y la parada del juego mediante las funciones **G_InitGame()** y **G_ShutdownGame()**, respectivamente.

Listado 7.8: Quake 3. Función vmMain().

```
1   int vmMain( int command, int arg0, int arg1, ..., int arg11  ) {
2     switch ( command ) {
3       // Se omiten algunos casos.
4     case GAME_INIT:
5       G_InitGame( arg0, arg1, arg2 );
6       return 0;
7     case GAME_SHUTDOWN:
8       G_ShutdownGame( arg0 );
9       return 0;
10    case GAME_CLIENT_CONNECT:
11      return (int)ClientConnect( arg0, arg1, arg2 );
12    case GAME_CLIENT_DISCONNECT:
13      ClientDisconnect( arg0 );
14      return 0;
15    case GAME_CLIENT_BEGIN:
16      ClientBegin( arg0 );
17      return 0;
18    case GAME_RUN_FRAME:
19      G_RunFrame( arg0 );
20      return 0;
21    case BOTAI_START_FRAME:
22      return BotAIStartFrame( arg0 );
23    }
24
25    return -1;
26  }
```

[1]https://github.com/id-Software/Quake-III-Arena

Recuerde que Quake III está desarrollado utilizando el lenguaje C. El código fuente está bien diseñado y estructurado. Para tener una visión global de su estructura se recomienda visualizar el archivo *g_local.h*, en el que se explicita el fichero de las funciones más relevantes del código.

A continuación se muestran los aspectos más destacados de la función de inicialización de *Quake III*. Como se puede apreciar, la función *G_InitGame()* se encarga de inicializar los aspectos más relevantes a la hora de arrancar el juego. Por ejemplo, se inicializan punteros relevantes para manejar elementos del juego en *G_InitMemory()*, se resetean valores si la sesión de juego ha cambiado en *G_InitWorldSession()*, se inicializan las entidades del juego, etcétera.

Listado 7.9: Quake 3. Función G_InitGame.

```c
 1  void G_InitGame( int levelTime, int randomSeed, int restart ) {
 2    // Se omite parte del código fuente...
 3
 4    G_InitMemory();
 5
 6    // ...
 7
 8    G_InitWorldSession();
 9
10    // Inicialización de entidades del juego.
11    memset( g_entities, 0, MAX_GENTITIES * sizeof(g_entities[0]) );
12    level.gentities = g_entities;
13
14    // Inicialización de los clientes.
15    level.maxclients = g_maxclients.integer;
16    memset( g_clients, 0, MAX_CLIENTS * sizeof(g_clients[0]) );
17    level.clients = g_clients;
18
19    // Establecimiento de campos cuando entra un cliente.
20    for ( i=0 ; i<level.maxclients ; i++ ) {
21      g_entities[i].client = level.clients + i;
22    }
23
24    // Reservar puntos para jugadores eliminados.
25    InitBodyQue();
26    // Inicialización general.
27    G_FindTeams();
28
29    // ...
30  }
```

La filosofía seguida para parar de manera adecuada el juego es análoga al arranca e inicialización, es decir, se basa en centralizar dicha funcionalidad en sendas funciones. En este caso concreto, la función *G_ShutdownGame()* es la responsable de llevar a cabo dicha parada.

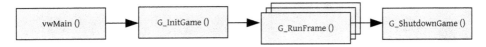

Figura 7.7: Visión abstracta del flujo general de ejecución de *Quake III Arena* (no se considera la conexión y desconexión de clientes).

Listado 7.10: Quake 3. Función G_ShutdownGame.

```
1   void G_ShutdownGame( int restart ) {
2     G_Printf ("==== ShutdownGame ====\n");
3     if ( level.logFile ) {
4       G_LogPrintf("ShutdownGame:\n" );
5       trap_FS_FCloseFile( level.logFile );
6     }
7
8     // Escritura de los datos de sesión de los clientes,
9     // para su posterior recuperación.
10    G_WriteSessionData();
11
12    if ( trap_Cvar_VariableIntegerValue( "bot_enable" ) ) {
13      BotAIShutdown( restart );
14    }
15  }
```

Como se puede apreciar en la función de parada, básicamente se escribe información en el fichero de *log* y se almacenan los datos de las sesiones de los clientes para, posteriormente, permitir su recuperación. Note cómo en las líneas 14-15 se delega la parada de los bots, es decir, de los NPCs en la función *BotAIShutdown()*. De nuevo, el esquema planteado se basa en delegar la parada en distintas funciones en función de la entidad afectada.

A su vez, la función *BotAIShutdown()* delega en otra función que es la encargada, finalmente, de liberar la memoria y los recursos previamente reservados para el caso particular de los jugadores que participan en el juego, utilizando para ello la función *BotAIShutdownClient()*.

Listado 7.11: Quake 3. Funciones BotAIShutdown y BotAIShutdownClient.

```
1   int BotAIShutdown( int restart ) {
2     if ( restart ) { // Si el juego se resetea para torneo...
3       for (i = 0; i < MAX_CLIENTS; i++) // Parar todos los bots en botlib.
4         if (botstates[i] && botstates[i]->inuse)
5         BotAIShutdownClient(botstates[i]->client, restart);
6     }
7   }
8
9   int BotAIShutdownClient(int client, qboolean restart) {
10    // Se omite parte del código.
11    // Liberar armas...
12    trap_BotFreeWeaponState(bs->ws);
13    // Liberar el bot...
14    trap_BotFreeCharacter(bs->character);
15    // ..
16    // Liberar el estado del bot...
17    memset(bs, 0, sizeof(bot_state_t));
18    // Un bot menos...
19    numbots--;
20    // ...
21    // Todo OK.
22    return qtrue;
23  }
```

Programación estructurada. El código de *Quake* es un buen ejemplo de programación estructurada que gira en torno a una adecuada definición de funciones y a un equilibrio respecto a la complejidad de las mismas.

7.2. Contenedores

Como ya se introdujo en el capítulo 5, los contenedores son simplemente objetos que contienen otros objetos. En el mundo del desarrollo de videojuegos, y en el de las aplicaciones software en general, los contenedores se utilizan extensivamente para almacenar las estructuras de datos que conforman la base del diseño que soluciona un determinado problema.

Algunos de los contenedores más conocidos ya se comentaron en las secciones 5.3, 5.4 y 5.5. En dichas secciones se hizo un especial hincapié en relación a la utilización de estos contenedores, atendiendo a sus principales características, como la definición subyacente en la biblioteca STL.

En esta sección se introducirán algunos aspectos fundamentales que no se discutieron anteriormente y se mencionarán algunas bibliotecas útiles para el uso de algunas estructuras de datos que son esenciales en el desarrollo de videojuegos, como por ejemplo los **grafos**. Estos aspectos se estudiarán con mayor profundidad en el módulo 3, *Técnicas Avanzadas de Desarrollo*.

7.2.1. Iteradores

Desde un punto de vista abstracto, un iterador se puede definir como una clase que permite acceder de manera eficiente a los elementos de un contenedor específico. Según [17], un iterador es una abstracción pura, es decir, cualquier elemento que se comporte como un iterador se define como un iterador. En otras palabras, un iterador es una abstracción del concepto de puntero a un elemento de una secuencia. Normalmente, los iteradores se implementan haciendo uso del patrón que lleva su mismo nombre, tal y como se discutió en la sección 4.5.3. Los principales elementos clave de un iterador son los siguientes:

- El elemento al que apunta (desreferenciado mediante los operadores ***** y **->**).
- La posibilidad de apuntar al siguiente elemento (incrementándolo mediante el operador **++**).
- La igualdad (representada por el operador **==**).

De este modo, un elemento primitivo **int*** se puede definir como un iterador sobre un array de enteros, es decir, sobre **int[]**. Así mismo, **std::list<std::string>::iterator** es un iterador sobre la clase **list**.

Un iterador representa la abstracción de un puntero dentro de un array, de manera que no existe el concepto de iterador *nulo*. Como ya se introdujo anteriormente, la condición para determinar si un iterador apunta o no a un determinado elemento se evalúa mediante una comparación al elemento final de una secuencia (*end*).

 Rasgos de iterador. En STL, los tipos relacionados con un iterador se describen a partir de una serie de declaraciones en la plantilla de clase *iterator_traits*. Por ejemplo, es posible acceder al tipo de elemento manejado o el tipo de las operaciones soportadas.

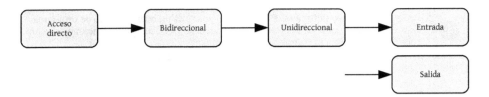

Figura 7.8: Esquema gráfica de las relaciones entre las distintas categorías de iteradores en STL. Cada categoría implementa la funcionalidad de todas las categorías que se encuentran a su derecha.

Categorías de iteradores y operaciones

Categoría	Salida	Entrada	Unidireccional	Bidireccional	Acceso directo
Lectura		=*p	=*p	=*p	=*p
Acceso		->	->	->	->[]
Escritura	*p=		*p=	*p=	*p=
Iteración	++	++	++	++ −	++ − + - += -=
Comparación		== !=	== !=	== !=	== != <><= >=

Tabla 7.1: Resumen de las principales categorías de iteradores en STL junto con sus operaciones [17].

Las principales **ventajas** de utilizar un iterador respecto a intentar el acceso sobre un elemento de un contenedor son las siguientes [5]:

- El acceso directo rompe la encapsulación de la clase contenedora. Por el contrario, el iterador suele ser *amigo* de dicha clase y puede iterar de manera eficiente sin exponer detalles de implementación. De hecho, la mayoría de los contenedores ocultan los detalles internos de implementación y no se puede iterar sobre ellos sin un iterador.

- El iterador simplifica el proceso de iteración. La mayoría de iteradores actúan como índices o punteros, permitiendo el uso de estructuras de bucle para recorrer un contenedor mediante operadores de incremento y comparación.

Dentro de la biblioteca STL existen **distintos tipos de contenedores** y no todos ellos mantienen el mismo juego de operaciones. Los iteradores se clasifican en cinco categorías diferentes dependiendo de las operaciones que proporcionan de manera eficiente, es decir, en tiempo constante ($O(1)$). La tabla 7.1 resume las distintas categorías de iteradores junto con sus operaciones[2].

Recuerde que tanto la lectura como la escritura se realizan mediante el iterador desreferenciado por el operador *****. Además, de manera independiente a su categoría, un iterador puede soportar acceso *const* respecto al objeto al que apunta. No es posible escribir sobre un determinado elemento utilizando para ello un operador *const*, sea cual sea la categoría del iterador.

 No olvide implementar el constructor de copia y definir el operador de asignación para el tipo que se utilizará en un contenedor y que será manipulado mediante iteradores, ya que las lecturas y escrituras copian objetos.

---

[2]http://www.cplusplus.com/reference/std/iterator/

Los iteradores también se pueden aplicar sobre **flujos** de E/S gracias a que la biblioteca estándar proporciona cuatro tipos de iteradores enmarcados en el esquema general de contenedores y algoritmos:

- *ostream_iterator*, para escribir en un *ostream*.

- *istream_iterator*, para leer de un *istream*.

- *ostreambuf_iterator*, para escribir en un *buffer* de flujo.

- *istreambuf_iterator*, para leer de un *buffer* de flujo.

El siguiente listado de código muestra un ejemplo en el que se utiliza un iterador para escribir sobre la salida estándar. Como se puede apreciar, el operador ++ sirve para desplazar el iterador de manera que sea posible llevar a cabo dos asignaciones consecutivas sobre el propio flujo. De no ser así, el código no sería portable.

Listado 7.12: Ejemplo de uso de iteradores para llevar a cabo operaciones de E/S.

```
1  #include <iostream>
2  #include <iterator>
3
4  using namespace std;
5
6  int main () {
7     // Escritura de enteros en cout.
8     ostream_iterator<int> fs(cout);
9
10    *fs = 7;  // Escribe 7 (usa cout).
11    ++fs;     // Preparado para siguiente salida.
12    *fs = 6;  // Escribe 6.
13
14    return 0;
15 }
```

7.2.2. Más allá de STL

Como ya se discutió anteriormente en el capítulo 5, gran parte de los motores de juego tienen sus propias implementaciones de los contenedores más utilizados para el manejo de sus estructuras de datos. Este planteamiento está muy extendido en el ámbito de las consolas de sobremesa, las consolas portátiles, los teléfonos móviles y las PDA (Personal Digital Assistant)s. Los principales motivos son los siguientes:

- **Control total** sobre los contenedores y estructuras de datos desarrolladas, especialmente sobre el mecanismo de asignación de memoria, aunque sin olvidar aspectos como los propios algoritmos. Aunque STL permite crear asignadores de memoria personalizados (*custom allocators*), en ocasiones los propios patrones de los contenedores de STL pueden ser insuficientes.

- **Optimizaciones**, considerando el propio *hardware* sobre el que se ejecutará el motor. STL es un estándar independiente de la plataforma y el sistema operativo, por lo que no es posible aplicar optimizaciones de manera directa sobre la propia biblioteca.

- **Personalización** debido a la necesidad de incluir funcionalidad sobre un contenedor que no esté inicialmente considerada en otras bibliotecas como STL. Por ejemplo, en un determinado problema puede ser necesario obtener los n elementos más adecuados para satisfacer una necesidad.

- **Independencia funcional**, ya que es posible depurar y arreglar cualquier problema sin necesidad de esperar a que sea solucionado por terceras partes.

De manera independiente al hecho de considerar la opción de usar STL, existen otras bibliotecas relacionadas que pueden resultar útiles para el desarrollador de videojuegos. Una de ellas es **STLPort**, una implementación de STL específicamente ideada para ser portable a un amplio rango de compiladores y plataformas. Esta implementación proporciona una funcionalidad más rica que la que se puede encontrar en otras implementaciones de STL.

 Uso comercial de STL. Aunque STL se ha utilizado en el desarrollo de videojuegos comerciales, actualmente es más común que el motor de juegos haga uso de una biblioteca propia para la gestión de contenedores básicos. Sin embargo, es bastante común encontrar esquemas que siguen la filosofía de STL, aunque optimizados en aspectos críticos como por ejemplo la gestión y asignación de memoria.

La otra opción que se discutirá brevemente en esta sección es el proyecto **Boost**, cuyo principal objetivo es extender la funcionalidad de STL. Gran parte de las bibliotecas del proyecto *Boost* están en proceso de estandarización con el objetivo de incluirse en el propio estándar de C++. Las principales características de *Boost* se resumen a continuación:

- Inclusión de funcionalidad no disponible en STL.

- En ocasiones, *Boost* proporciona algunas alternativas de diseño e implementación respecto a STL.

- Gestión de aspectos complejos, como por ejemplos los *smart pointers*.

- Documentación de gran calidad que también incluye discusiones sobre las decisiones de diseño tomadas.

Para llevar a cabo la instalación de *STLPort*[3] y *Boost*[4] (incluída la biblioteca para manejo de grafos) en sistemas operativos Debian y derivados es necesarios ejecutar los siguientes comandos:

```
$ sudo apt-get update
$ sudo apt-get install libstlport5.2-dev
$ sudo apt-get install libboost-dev
$ sudo apt-get install libboost-graph-dev
```

La figura 7.9 muestra un grafo dirigido que servirá como base para la discusión del siguiente fragmento de código, en el cual se hace uso de la biblioteca *Boost* para llevar a cabo el cálculo de los caminos mínimos desde un vértice al resto mediante el algoritmo de *Dijkstra*.

 Las bibliotecas de *Boost* se distribuyen bajo la *Boost Software Licence*, la cual permite el uso comercial y no-comercial.

---

[3]http://www.stlport.org
[4]http://www.boost.org

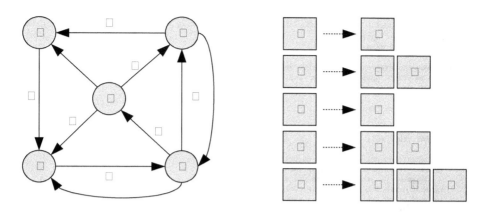

Figura 7.9: Representación gráfica del grafo de ejemplo utilizado para el cálculo de caminos mínimos. La parte derecha muestra la implementación mediante listas de adyacencia planteada en la biblioteca *Boost*.

Recuerde que un **grafo** es un conjunto no vacío de nodos o vértices y un conjunto de pares de vértices o aristas que unen dichos nodos. Un grafo puede ser dirigido o no dirigido, en función de si las aristas son unidireccionales o bidireccionales, y es posible asignar pesos a las aristas, conformando así un grafo valorado.

 Edsger W. Dijkstra. Una de las personas más relevantes en el ámbito de la computación es *Dijkstra*. Entre sus aportaciones, destacan la solución al camino más corto, la notación polaca inversa, el algoritmo del banquero, la definición de semáforo como mecanismo de sincronización e incluso aspectos de computación distribuida, entre otras muchas contribuciones.

A continuación se muestra un listado de código (adaptado a partir de uno de los ejemplos de la biblioteca[5]) que permite la definición básica de un grafo dirigido y valorado. El código también incluye cómo hacer uso de funciones relevantes asociadas los grafos, como el cálculo de los cáminos mínimos de un determinado nodo al resto.

Como se puede apreciar en el siguiente código, es posible diferenciar cuatro bloques básicos. Los tres primeros se suelen repetir a la hora de manejar estructuras mediante la biblioteca *Boost Graph*. En primer lugar, se lleva a cabo la definición de los tipos de datos que se utilizarán, destacando el propio grafo (líneas $\boxed{\text{14-15}}$) y los descriptores para manejar tanto los vértices (línea $\boxed{\text{16}}$) y las aristas (líneas $\boxed{\text{17-18}}$). A continuación se especifican los elementos concretos del grafo, es decir, las etiquetas textuales asociadas a los vértices, las aristas o arcos y los pesos de las mismas. Finalmente, ya es posible instanciar el grafo (línea $\boxed{\text{32}}$), el descriptor usado para especificar el cálculo de caminos mínimos desde A (línea $\boxed{\text{38}}$) y la llamada a la función para obtener dichos caminos ($\boxed{\text{41-42}}$).

---

[5]http://www.boost.org/doc/libs/1_55_0/libs/graph/example/dijkstra-example.cpp

Listado 7.13: Ejemplo de uso de la biblioteca Boost (grafos).

```
 1  #include <boost/config.hpp>
 2  #include <iostream>
 3
 4  #include <boost/graph/graph_traits.hpp>
 5  #include <boost/graph/adjacency_list.hpp>
 6  #include <boost/graph/dijkstra_shortest_paths.hpp>
 7
 8  using namespace boost;
 9
10  int
11  main(int, char *[])
12  {
13      // Definición de estructuras de datos...
14      typedef adjacency_list <listS, vecS, directedS,
15          no_property, property <edge_weight_t, int> > graph_t;
16      typedef graph_traits <graph_t>::vertex_descriptor vertex_descriptor;
17      typedef graph_traits <graph_t>::edge_descriptor edge_descriptor;
18      typedef std::pair<int, int> Edge;
19
20      // Parámetros básicos del grafo.
21      const int num_nodes = 5;
22      enum nodes {A, B, C, D, E};
23      char name[] = "ABCDE";
24      Edge edge_array[] = {
25        Edge(A, C), Edge(B, A), Edge(B, D), Edge(C, D), Edge(D, B),
26        Edge(D, C), Edge(D, E), Edge(E, A), Edge(E, B), Edge(E, C)
27      };
28      int weights[] = {2, 7, 4, 2, 12, 4, 3, 1, 2, 3};
29      int num_arcs = sizeof(edge_array) / sizeof(Edge);
30
31      // Instanciación del grafo.
32      graph_t g(edge_array, edge_array + num_arcs, weights, num_nodes);
33      property_map<graph_t, edge_weight_t>::type weightmap =
34        get(edge_weight, g);
35
36      std::vector<vertex_descriptor> p(num_vertices(g));
37      std::vector<int> d(num_vertices(g));
38      vertex_descriptor s = vertex(A, g); // CAMINOS DESDE A.
39
40      // Algoritmo de Dijkstra.
41      dijkstra_shortest_paths(g, s,
42                  predecessor_map(&p[0]).distance_map(&d[0]));
43
44      std::cout << "Distancias y nodos padre:" << std::endl;
45      graph_traits <graph_t>::vertex_iterator vi, vend;
46      for (boost::tie(vi, vend) = vertices(g); vi != vend; ++vi) {
47        std::cout << "Distancia(" << name[*vi] << ") = "
48            << d[*vi] << ", ";
49        std::cout << "Padre(" << name[*vi] << ") = " << name[p[*vi]]
50            << std:: endl;
51      }
52      std::cout << std::endl;
53
54      return EXIT_SUCCESS;
55  }
```

El último bloque de código (líneas (44-52)) permite obtener la información relevante a partir del cálculo de los caminos mínimos desde A, es decir, la distancia que existe desde el propio nodo A hasta cualquier otro y el nodo a partir del cual se accede al destino final (partiendo de A).

Para generar un ejecutable, simplemente es necesario enlazar con la biblioteca *boost_graph*:

```
$ g++ dijkstra.cpp -o dijkstra -lboost_graph
$ ./dijkstra
```

Al ejecutar, la salida del programa mostrará todos los caminos mínimos desde el vértice especificado; en este caso, desde el vértice A.

```
Distancias y nodos padre:

Distancia(A) = 0, Padre(A) = A
Distancia(B) = 9, Padre(B) = E
Distancia(C) = 2, Padre(C) = A
Distancia(D) = 4, Padre(D) = C
Distancia(E) = 7, Padre(E) = D
```

7.3.   Subsistema de gestión de cadenas

Al igual que ocurre con otros elementos transversales a la arquitectura de un motor de juegos, como por ejemplos los contenedores de datos (ver capítulo 5), las **cadenas de texto** se utilizan extensivamente en cualquier proyecto software vinculado al desarrollo de videojuegos.

Aunque en un principio pueda parecer que la utilización y la gestión de cadenas de texto es una cuestión trivial, en realidad existe una gran variedad de técnicas y restricciones vinculadas a este tipo de datos. Su consideración puede ser muy relevante a la hora de mejorar el rendimiento de la aplicación.

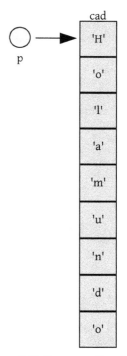

7.3.1.   Cuestiones específicas

Uno de los aspectos críticos a la hora de tratar con cadenas de texto está vinculado con el **almacenamiento y gestión** de las mismas. Si se considera el hecho de utilizar C/C++ para desarrollar un videojuego, entonces es importante no olvidar que en estos lenguajes de programación las cadenas de texto no son un tipo de datos atómica, ya que se implementan mediante un **array de caracteres**.

```
typedef basic_string<char> string;
```

La consecuencia directa de esta implementación es que el desarrollador ha de considerar cómo gestionar la reserva de memoria para dar soporte al uso de cadenas:

Figura 7.10: Esquema gráfico de la implementación de una cadena mediante un array de caracteres.

- De manera **estática**, es decir, reservando una cantidad fija e inicial de memoria para el array de caracteres.

- De manera **dinámica**, es decir, asignando en tiempo de ejecución la cantidad de memoria que se necesite para cubrir una necesidad.

Típicamente, la opción más utilizada por los programadores de C++ consiste en hacer uso de una clase *string*. En particular, la clase *string* proporcionada por la biblioteca estándar de C++. Sin embargo, en el contexto del desarrollo de videojuegos es posible que el desarrollador haya decidido no hacer uso de STL, por lo que sería necesario llevar a cabo una implementación nativa.

Internationalization

La localización, en el ámbito de gestión de múltiples lenguajes, se suele conocer como *internationalization*, o I18N, y es esencial para garantizar la inexistencia de problemas al tratar con diferentes idiomas.

Otro aspecto fundamental relativo a las cadenas es la **localización**, es decir, el proceso de adaptar el software desarrollado a múltiples lenguajes. Básicamente, cualquier representación textual del juego, normalmente en inglés en un principio, ha de traducirse a los idiomas soportados por el juego.

Esta cuestión plantea una problemática variada, como por ejemplo la necesidad de tener en cuenta diversos alfabetos con caracteres específicos (por ejemplo chino o japonés), la posibilidad de que el texto tenga una orientación distinta a la occidental o aspectos más específicos, como por ejemplo que la traducción de un término tenga una longitud significativamente más larga, en términos de longitud de caracteres, que su forma original.

Desde un punto de vista más interno al propio desarrollo, también hay que considerar que las cadenas se utilizan para identificar las distintas entidades del juego. Por ejemplo, es bastante común adoptar un convenio para nombrar a los posibles enemigos del personaje principal en el juego. Un ejemplo podría ser *flying-enemy-robot-02*.

Finalmente, el impacto de las **operaciones típicas** de cadenas es muy importante con el objetivo de obtener un buen rendimiento. Por ejemplo, la comparación de cadenas mediante la función *strcmp()* tiene una complejidad lineal respecto a la longitud de las cadenas, es decir, una complejidad $O(n)$. Del mismo modo, la copia de cadenas también tiene una complejidad lineal, sin considerar la posibilidad de reservar memoria de manera dinámica. Por el contrario, la comparación de tipos de datos más simples, como los enteros, es muy eficiente y está soportado por instrucciones máquina.

 El tratamiento de cadenas en tiempo de ejecución es costoso. Por lo tanto, evaluar su impacto es esencial para obtener un buen rendimiento.

7.3.2. Optimizando el tratamiento de cadenas

El uso de una clase *string* que abstraiga de la complejidad subyacente de la implementación de datos textuales es sin duda el mecanismo más práctico para trabajar con cadenas. Por ejemplo, en el caso de C++, el programador puede utilizar directamente la **clase *string***[6] de la biblioteca estándar. Dicha clase proporciona una gran cantidad de funcionalidad, estructurada en cinco bloques bien diferenciados:

- **Iteradores**, que permiten recorrer de manera eficiente el contenido de las instancias de la clase *string*. Un ejemplo es la función *begin()*, que devuelve un iterador al comienzo de la cadena.

- **Capacidad**, que proporciona operaciones para obtener información sobre el tamaño de la cadena, redimensionarla e incluso modificar la cantidad de memoria reservada para la misma. Un ejemplo es la función *size()*, que devuelve la longitud de la cadena.

---

[6]http://www.cplusplus.com/reference/string/string/

- **Acceso**, que permite obtener el valor de caracteres concretos dentro de la cadena. Un ejemplo es la función *at()*, que devuelve el carácter de la posición especificada como parámetro.

- **Modificadores**, que proporcionan la funcionalidad necesaria para alterar el contenido de la cadena de texto. Un ejemplo es la función *swap()*, que intercambia el contenido de la cadena por otra especificada como parámetro.

- **Operadores de cadena**, que define operaciones auxiliares para tratar con cadenas. Un ejemplo es la función *compare()*, que permite comparar cadenas.

No obstante, tal y como se introdujo anteriormente, la abstracción proporcionada por este tipo de clases puede ocultar el **coste computacional** asociado a la misma y, en consecuencia, condicionar el rendimiento del juego. Por ejemplo, pasar una cadena de texto como parámetro a una función utilizando el estilo C, es decir, pasando un puntero al primer elemento de la cadena, es una operación muy eficiente. Sin embargo, pasar un objeto cadena puede ser ineficiente debido a la generación de copias mediante los constructores de copia, posiblemente provocando reserva dinámica de memoria y penalizando aún más el rendimiento de la aplicación.

Por este tipo de motivos, es bastante común que en el desarrollo profesional de videojuegos se evite el uso de clases *string* [5], especialmente en plataformas de propósito específico como las consolas de sobremesa. Si, por el contrario, en el desarrollo de un juego se hace uso de una clase de esta característica, es importante considerar los siguientes aspectos:

Profiling strings!

El uso de herramientas de *profiling* para evaluar el impacto del uso y gestión de una implementación concreta de cadenas de texto puede ser esencial para mejorar el *frame rate* del juego.

- Realizar un estudio del impacto en complejidad espacial y temporal que tiene la adopción de una determinada implementación.

- Informar al equipo de desarrollo de la opción elegida para tener una perspectiva global de dicho impacto.

- Realizar un estudio de la opción elegida considerando aspectos específicos, como por ejemplo si todos los *buffers* son de sólo-lectura.

En el ámbito del desarrollo de videojuegos, la **identificación de entidades** o elementos está estrechamente ligada con el uso de cadenas de texto. Desde un punto de vista general, la identificación unívoca de objetos en el mundo virtual de un juego es una parte esencial en el desarrollo como soporte a otro tipo de operaciones, como por ejemplo la localización de entidades en tiempo de ejecución por parte del motor de juegos. Así mismo, las entidades más van allá de los objetos virtuales. En realidad, también abarcan mallas poligonales, materiales, texturas, luces virtuales, animaciones, sonidos, etcétera.

En este contexto, las cadenas de texto representan la manera más natural de llevar a cabo dicha identificación y tratamiento. Otra opción podría consistir en manejar una **tabla con valores enteros** que sirviesen como identificadores de las distintas entidadas. Sin embargo, los valores enteros no permiten expresar valores semánticos, mientras que las cadenas de texto sí.

 Como regla general, pase los objetos de tipo *string* como referencia y no como valor, ya que esto incurriría en una penalización debido al uso de constructores de copia.

Debido a la importancia del tratamiento y manipulación de cadenas, las operaciones asociadas han de ser eficientes. Desafortunadamente, este criterio no se cumple en el caso de funciones como *strcmp()*. La solución ideal debería combinar la flexibilidad y poder descriptivo de las cadenas con la eficiencia de un tipo de datos primitivo, como los enteros. Este planteamiento es precisamente la base del esquema que se discute a continuación.

7.3.3. *Hashing* de cadenas

El uso de una estructura asociativa (ver sección 5.4) se puede utilizar para manejar de manera eficiente cadenas textuales. La idea se puede resumir en utilizar una estructura asociativa en la que la clave sea un valor numérico y la clase sea la propia cadena de texto. De este modo, la comparación entre los códigos *hash* de las cadenas, es decir, los enteros, es muy rápida.

Si las cadenas se almacenan en una **tabla *hash***, entonces el contenido original se puede recuperar a partir del código *hash*. Este esquema es especialmente útil en el proceso de depuración para mostrar el contenido textual, ya sea de manera directa por un dispositivo de visualización o mediante los típicos archivos de *log*.

 String id. En el ámbito profesional, el término *string id* se utiliza comúnmente para referirse a la cadena accesible mediante un determinado valor o código *hash*.

Interning the string

El proceso que permite la generación de un identificador número a partir de una cadena de texto se suele denominar *interning*, ya que implica, además de realizar el *hashing*, almacenar la cadena en una tabla de visibilidad global.

Una de las principales cuestiones a considerar cuando se utilizan este tipo de planteamientos es el diseño de la función de *hashing*. En otras palabras, la función que traduce las claves, representadas normalmente mediante tipos de datos numéricos, en valores, representados por cadenas textuales en esta sección. El principal objetivo consiste en **evitar colisiones**, es decir, evitar que dos cadenas distintas tengan asociadas el mismo código o clave. Esta última situación se define como *perfect hashing* y existe una gran cantidad de información en la literatura[7].

Respecto a la implementación de un esquema basado en *hashing* de cadenas, uno de los aspectos clave consiste en decidir cuándo llamar a la función de *hashing*. Desde un punto de vista general, la mayoría de los motores de juegos permiten obtener el identificador asociado a una cadena en tiempo de ejecución. Sin embargo, es posible aplicar algunos trucos para optimizar dicha funcionalidad. Por ejemplo, es bastante común hacer uso de macros para obtener el identificador a partir de una cadena para su posterior uso en una sentencia *switch*.

También es importante tener en cuenta que el resultado de una función de *hashing* se suele almacenar en algún tipo de estructura de datos, en ocasiones global, con el objetivo de incrementar la eficiencia en consultas posteriores. Este planteamiento, parecido a un esquema de caché para las cadenas textuales, permite mejorar el rendimiento de la aplicación. El siguiente listado de código muestra una posible implementación que permite el manejo de cadenas de texto mediante una estructura de datos global.

---

[7]Se recomienda la visualización del curso *Introduction to Algorithms* del MIT, en concreto las clases 7 y 8, disponible en la web.

```
    Listado 7.14: Ejemplo de hashing de cadenas.
 1  static StringId sid_hola = internString("hola");
 2  static StringId sid_mundo = internString("mundo");
 3
 4  // ...
 5
 6  void funcion (StringId id) {
 7    // Más eficiente que...
 8    // if (id == internString ("hola"))
 9    if (id == sid_hola)
10      // ...
11    else if (id == sid_mundo)
12      // ...
13  }
```

7.4. Configuración del motor

Debido a la complejidad inherente a un motor de juegos, existe una gran variedad de variables de configuración que se utilizan para especificar el comportamiento de determinadas partes o ajustar cuestiones específicas. Desde un punto de vista general, en la configuración del motor se pueden distinguir dos grandes bloques:

- **Externa**, es decir, la configuración vinculada al juego, no tanto al motor, que el usuario puede modificar directamente. Ejemplos representativos pueden ser la configuración del nivel de dificultad de un juego, los ajustes más básicos de sonido, como el control de volumen, o incluso el nivel de calidad gráfica.

- **Interna**, es decir, aquellos aspectos de configuración utilizados por los desarrolladores para realizar ajustes que afecten directamente al comportamiento del juego. Ejemplos representativos pueden ser la cantidad de tiempo que el personaje principal puede estar corriendo sin cansarse o la vitalidad del mismo. Este tipo de parámetros permiten completar el proceso de depuración permanecen ocultos al usuario del juego.

 Tricks. En muchos juegos es bastante común encontrar trucos que permiten modificar significativamente algunos aspectos internos del juego, como por ejemplo la capacidad de desplazamiento del personaje principal. Tradicionalmente, la activación de trucos se ha realizado mediante combinaciones de teclas.

7.4.1. Esquemas típicos de configuración

Las variables de configuración se pueden definir de manera trivial mediante el uso de variables globales o variables miembro de una clase que implemente el patrón *singleton*. Sin embargo, idealmente debería ser posible modificar dichas variables de configuración sin necesidad de modificar el código fuente y, por lo tanto, volver a compilar para generar un ejecutable.

Normalmente, las variables o parámetros de configuración residen en algún tipo de dispositivo de almacenamiento externo, como por ejemplo un disco duro o una tarjeta de memoria. De este modo, es posible almacenar y recuperar la información asociada a la configuración de una manera práctica y directa. A continuación se discute brevemente los distintas aproximaciones más utilizadas en el desarrollo de videojuegos.

En primer lugar, uno de los esquemás típicos de recuperación y almacenamiento de información está representado por los **ficheros de configuración**. La principal ventaja de este enfoque es que son perfectamente legibles ya que suelen especificar de manera explícita la variable de configuración a modificar y el valor asociada a la misma. En general, cada motor de juegos mantiene su propio convenio aunque, normalmente, todos se basan en una secuencia de pares clave-valor. Por ejemplo, Ogre3D utiliza la siguiente nomenclatura:

```
Render System=OpenGL Rendering Subsystem

[OpenGL Rendering Subsystem]
Display Frequency=56 MHz
FSAA=0
Full Screen=No
RTT Preferred Mode=FBO
VSync=No
Video Mode= 800 x  600
sRGB Gamma Conversion=No
```

Dentro del ámbito de los ficheros de configuración, los **archivos XML** representan otra posibilidad para establecer los parámetros de un motor de juegos. En este caso, es necesario llevar a cabo un proceso de *parsing* para obtener la información asociada a dichos parámetros.

El lenguaje XML. eXtensible Markup Language es un metalenguaje extensible basado en etiquetas que permite la definición de lenguajes específicos de un determinado dominio. Debido a su popularidad, existen multitud de herramientas que permiten el tratamiento y la generación de archivos bajo este formato.

Tradicionalmente, las plataformas de juego que sufrían restricciones de memoria, debido a limitaciones en su capacidad, hacían uso de un **formato binario** para almacenar la información asociada a la configuración. Típicamente, dicha información se almacenaba en tarjetas de memoria externas que permitían salvar las partidas guardadas y la configuración proporcionada por el usuario de un determinado juego.

Este planteamiento tiene como principal ventaja la eficiencia en el almacenamiento de información. Actualmente, y debido en parte a la convergencia de la consola de sobremesa a estaciones de juegos con servicios más generales, la limitación de almacenamiento en memoria permanente no es un problema, normalmente. De hecho, la mayoría de consolas de nueva generación vienen con discos duros integrados.

Los propios **registros** del sistema operativo también se pueden utilizar como soporte al almacenamiento de parámetros de configuración. Por ejemplo, los sistemas operativos de la familia de *Microsoft Windows*^{TM} proporcionan una base de datos global implementada mediante una estructura de árbol. Los nodos internos de dicha estructura actúan como directorios mientras que los nodos hoja representan pares clave-valor.

También es posible utilizar la **línea de órdenes** o incluso la definición de variables de entorno para llevar a cabo la configuración de un motor de juegos.

Finalmente, es importante reflexionar sobre el futuro de los esquemas de almacenamiento. Actualmente, es bastante común encontrar servicios que permitan el almacenamiento de partidas e incluso de preferencias del usuario en la red, haciendo uso de **servidores en Internet** normalmente gestionados por la propia compañía de juegos. Este tipo de aproximaciones tienen la ventaja de la redundancia de datos, sacrificando el control de los datos por parte del usuario.

7.4.2. Caso de estudio. Esquemas de definición.

Una técnica bastante común que está directamente relacionada con la configuración de un motor de juegos reside en el uso de esquemas de definición de datos. Básicamente, la idea general reside en hacer uso de algún tipo de **lenguaje de programación declarativo**, como por ejemplo LISP, para llevar a cabo la definición de datos que permitan su posterior exportación a otros lenguajes de programación. Este tipo de lenguajes son muy flexibles y proporcionan una gran potencia a la hora de definir estructuras de datos. Junto con Fortran, LISP es actualmente uno de los lenguajes de programación más antiguos que se siguen utilizando comercialmente. Sus orígenes están fuertemente ligados con la Inteligencia Artificial y fue pionero de ideas fundamentales en el ámbito de la computación, como los árboles, la gestión automática del almacenamiento o el *tipado* dinámico.

A continuación se muestra un ejemplo real del videojuego *Uncharted: Drake's Fortune*, desarrollado por *Naughty Dog* para la consola de sobremesa *Playstation 3*™, y discutido en profundidad en [5]. En dicho ejemplo se define una estructura básica para almacenar las propiedades de una animación y dos instancias vinculadas a un tipo particular de animación, utilizando para ello un lenguaje propietario.

```
Listado 7.15: Definición de una animación básica [5]
 1  ;; Estructura básica de animación.
 2  (define simple-animation ()
 3    (
 4      (name              string)
 5      (speed             float     :default 1.0)
 6      (fade-in-seconds   float     :default 0.25)
 7      (fade-out-seconds  float     :default 0.25)
 8    )
 9  )
10
11  ;; Instancia específica para andar.
12  (define-export anim-walk
13    (new simple-animation
14        :name "walk"
15        :speed 1.0
16    )
17  )
18  ;; Instancia específica para andar rápido.
19  (define-export anim-walk-fast
20    (new simple-animation
21        :name "walk-fast"
22        :speed 2.0
23    )
24  )
```

Evidentemente, la consecuencia directa de definir un lenguaje propio de definición de datos implica el desarrollo de un **compilador específico** que sea capaz de generar de manera automática código fuente a partir de las definiciones creadas. En el caso de la definición básica de animación planteada en el anterior listado de código, la salida de dicho compilador podría ser similar a la mostrada a continuación.

```
1   // Código generado a partir del compilador.
2   // Estructura básica de animación.
3
4   struct SimpleAnimation {
5     const char*  m_name;
6     float        m_speed;
7     float        m_fadeInSeconds;
8     float        m_fadeOutSeconds;
9   };
```

7.5.   Fundamentos básicos de concurrencia

7.5.1.   El concepto de hilo

Los sistemas operativos modernos se basan en el principio de **multiprogramación**, es decir, en la posibilidad de manejar distintos hilos de ejecución de manera simultánea con el objetivo de paralelizar el código e incrementar el rendimiento de la aplicación. Un hilo está compuesto por un identificador único de hilo, un contador de programa, un conjunto de registros y una pila.

Esta idea también se plasma a nivel de lenguaje de programación. Algunos ejemplos representativos son las APIs de las bibliotecas de hilos *Pthread*, *Win32* o *Java*. Incluso existen bibliotecas de gestión de hilos que se enmarcan en capas software situadas sobre la capa del sistema operativo, con el objetivo de independizar el modelo de programación del propio sistema operativo subyacente.

Este último planteamiento es uno de los más utilizados en el desarrollo de videojuegos con el objetivo de evitar posibles problemas a la hora de portarlos a diversas plataformas. Recuerde que en la sección 1.2.3, donde se discutió la arquitectura general de un motor de juegos, se justificaba la necesidad de incluir una **capa independiente de la plataforma** con el objetivo de garantizar la portabilidad del motor. Evidentemente, la inclusión de una nueva capa software degrada el rendimiento final de la aplicación.

Es importante considerar que, a diferencia de un proceso, los hilos que pertenecen a un mismo proceso comparten la sección de código, la sección de datos y otros recursos proporcionados por el sistema operativo (ver figura 7.11), como los manejadores de los archivos abiertos. Precisamente, esta diferencia con respecto a un proceso es lo que supone su principal ventaja a la hora de utilizar un elemento u otro.

Informalmente, un hilo se puede definir como un *proceso ligero* que tiene la misma funcionalidad que un *proceso pesado*, es decir, los mismos estados: *nuevo*, *ejecución*, *espera*, *preparado* y *terminado*. Por ejemplo, si un hilo abre un fichero, éste estará disponible para el resto de hilos de una tarea. Las **ventajas de la programación multihilo** se pueden resumir en las tres siguientes:

- **Capacidad de respuesta**, ya que el uso de múltiples hilos proporciona un enfoque muy flexible. Así, es posible que un hilo se encuentre atendiendo una petición de E/S mientras otro continúa con la ejecución de otra funcionalidad distinta. Además, es posible plantear un esquema basado en el paralelismo no bloqueante en llamadas al sistema, es decir, un esquema basado en el bloqueo de un hilo a nivel individual.

- **Compartición de recursos**, posibilitando que varios hilos manejen el mismo espacio de direcciones.

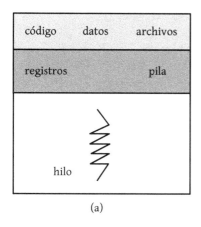

Figura 7.11: Esquema gráfico de los modelos de programación monohilo (a) y multihilo (b).

- **Eficacia**, ya que tanto la creación, el cambio de contexto, la destrucción y la liberación de hilos es un orden de magnitud más rápida que en el caso de los procesos pesados. Recuerde que las operaciones más costosas implican el manejo de operaciones de E/S. Por otra parte, el uso de este tipo de programación en arquitecturas de varios procesadores (o núcleos) incrementa enormemente el rendimiento de la aplicación.

7.5.2. El problema de la sección crítica

El segmento de código en el que un proceso puede modificar variables compartidas con otros procesos se denomina sección crítica. Un ejemplo típico en el ámbito de la orientación a objetos son las variables miembro de una clase, suponiendo que las instancias de la misma pueden atender múltiples peticiones de manera simultánea mediante distintos hilos de control.

Para **evitar inconsistencias**, una de las ideas que se plantean es que cuando un hilo está ejecutando su sección crítica, ningún otro hilo puede acceder a dicha sección crítica. Así, si un objeto puede manera múltiples peticiones, no debería ser posible que un cliente modifique el estado de dicha instancia mientras otro intenta leerlo.

Condición de carrera

Si no se protege adecuadamente la sección crítica, distintas ejecuciones de un mismo código pueden generar distintos resultados, generando así una condición de carrera.

El **problema de la sección crítica** consiste en diseñar algún tipo de solución para garantizar que los elementos involucrados puedan operar sin generar ningún tipo de inconsistencia. Una posible estructura para abordar esta problemática se plantea en la figura 7.12, en la que el código se divide en las siguientes secciones:

- **Sección de entrada**, en la que se solicita el acceso a la sección crítica.

- **Sección crítica**, en la que se realiza la modificación efectiva de los datos compartidos.

- **Sección de salida**, en la que típicamente se hará explícita la salida de la sección crítica.

■ **Sección restante**, que comprende el resto del código fuente.

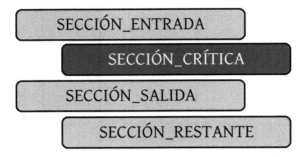

Figura 7.12: Estructura general del código vinculado a la sección crítica.

7.6.   La biblioteca de hilos de ICE

7.6.1.   Internet Communication Engine

ICE (Internet Communication Engine) es un *middleware* de comunicaciones orientado a objetos, es decir, ICE proporciona herramientas, APIs, y soporte de bibliotecas para construir aplicaciones distribuidas cliente-servidor orientadas a objetos (ver figura 7.13).

Una aplicación ICE se puede usar en entornos heterogéneos. Los clientes y los servidores pueden escribirse en diferentes lenguajes de programación, pueden ejecutarse en distintos sistemas operativos y en distintas arquitecturas, y pueden comunicarse empleando diferentes tecnologías de red. La tabla 7.2 resume las principales características de ICE.

Los principales **objetivos de diseño** de ICE son los siguientes:

■ *Middleware* listo para usarse en sistemas heterogéneos.

■ Proveee un conjunto completo de características que soporten el desarrollo de aplicaciones distribuidas reales en un amplio rango de dominios.

■ Es fácil de aprender y de usar.

■ Proporciona una implementación eficiente en ancho de banda, uso de memoria y CPU.

■ Implementación basada en la seguridad.

Para instalar ICE en sistemas operativos Debian GNU/Linux, ejecute los siguientes comandos:

```
$ sudo apt-get update
$ sudo apt-get install zeroc-ice35
```

En el módulo 4, *Desarrollo de Componentes*, se estudiarán los aspectos básicos de este potente *middleware* para construir aplicaciones distribuidas. Sin embargo, en la presente sección se estudiará la **biblioteca de hilos** que proporciona ICE para dar soporte a la gestión de la concurrencia y al desarrollo multihilo cuando se utiliza el lenguaje de programación C++.

Nombre	Internet Communications Engine (ICE)
Definido por	ZeroC Inc. (http://www.zeroc.com)
Documentación	http://doc.zeroc.com/display/Doc/Home
Lenguajes	C++, Java, C#, Visual Basic, Python, PHP, Ruby
Plataformas	Windows, Windows CE, Unix, GNU/Linux, *BSD OSX, Symbian OS, J2RE 1.4 o superior, J2ME
Destacado	APIs claras y bien diseñadas Conjunto de servicios muy cohesionados Despliegue, persistencia, cifrado...
Descargas	http://zeroc.com/download.html

Tabla 7.2: ZeroC ICE. Resumen de características.

El objetivo principal de esta biblioteca es abstraer al desarrollador de las capas inferiores e independizar el desarrollo de la aplicación del sistema operativo y de la plataforma hardware subyacentes. De este modo, la portabilidad de las aplicaciones desarrolladas con esta biblioteca se garantiza, evitando posibles problemas de incompatibilidad entre sistemas operativos.

7.6.2. Manejo de hilos

ICE proporciona distintas utilidades para la gestión de la concurrencia y el manejo de hilos. Respecto a este último aspecto, ICE proporciona una **abstracción** muy sencilla para el manejo de hilos con el objetivo de explotar el paralelismo mediante la creación de hilos dedicados. Por ejemplo, sería posible crear un hilo específico que atienda las peti-

Thread-safety

ICE maneja las peticiones a los servidores mediante un *pool* de hilos con el objetivo de incrementar el rendimiento de la aplicación. El desarrollador es el responsable de gestionar el acceso concurrente a los datos.

ciones de una interfaz gráfica o crear una serie de hilos encargados de tratar con aquellas operaciones que requieren una gran cantidad de tiempo, ejecutándolas en segundo plano.

En este contexto, ICE proporciona una abstracción de hilo muy sencilla que posibilita el desarrollo de aplicaciones multihilo altamente portables e independientes de la plataforma de hilos nativa. Esta abstracción está representada por la clase **IceUtil::Thread**.

Como se puede apreciar en el siguiente listado de código, *Thread* es una clase abstracta con una función virtual pura denominada **run**(). El desarrollador ha de implementar esta función para poder crear un hilo, de manera que *run()* se convierta en el punto de inicio de la ejecución de dicho hilo. Note que no es posible arrojar excepciones desde esta función. El núcleo de ejecución de ICE instala un manejador de excepciones que llama a la función *::std::terminate()* si se arroja alguna excepción.

El resto de funciones de *Thread* son las siguientes:

- **start**(), cuya responsabilidad es arrancar al hilo y llamar a la función *run()*. Es posible especificar el tamaño en *bytes* de la pila del nuevo hilo, así como un valor de prioridad. El valor de retorno de *start()* es un objeto de tipo *ThreadControl*, el cual se discutirá más adelante.

- **getThreadControl**(), que devuelve el objeto de la clase *ThreadControl* asociado al hilo.

- **id**(), que devuelve el identificador único asociado al hilo. Este valor dependerá del soporte de hilos nativo (por ejemplo, POSIX *pthreads*).

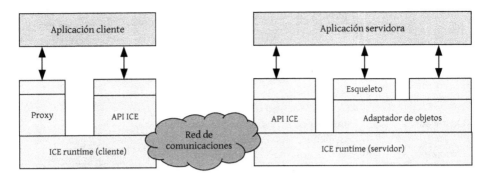

Figura 7.13: Arquitectura general de una aplicación distribuida desarrollada con el *middleware* ZeroC ICE.

- **isAlive()**, que permite conocer si un hilo está en ejecución, es decir, si ya se llamó a *start()* y la función *run()* no terminó de ejecutarse.

- La **sobrecarga de los operadores** de comparación permiten hacer uso de hilos en contenedores de STL que mantienen relaciones de orden.

Para mostrar cómo llevar a cabo la implementación de un hilo específico a partir de la biblioteca de ICE se usará como ejemplo uno de los problemas clásicos de sincronización: el problema de los **filósofos comensales**.

Básicamente, los filósofos se encuentran comiendo o pensando. Todos comparten una mesa redonda con cinco sillas, una para cada filósofo. Cada filósofo tiene un plato indivi-dual con arroz y en la mesa sólo hay cinco palillos, de manera que cada filósofo tiene un palillo a su izquierda y otro a su derecha.

Listado 7.17: La clase IceUtil::Thread

```
 1  class Thread :virtual public Shared {
 2    public:
 3
 4      // Función a implementar por el desarrollador.
 5      virtual void run () = 0;
 6
 7      ThreadControl start (size_t stBytes = 0);
 8      ThreadControl start (size_t stBytes, int priority);
 9      ThreadControl getThreadControl () const;
10      bool isAlive () const;
11
12      bool operator== (const Thread&) const;
13      bool operator!= (const Thread&) const;
14      bool operator<  (const Thread&) const;
15  };
16
17  typedef Handle<Thread> ThreadPtr;
```

```
 1  #ifndef __FILOSOFO__
 2  #define __FILOSOFO__
 3
 4  #include <iostream>
 5  #include <IceUtil/Thread.h>
 6  #include <Palillo.h>
 7
 8  #define MAX_COMER 3
 9  #define MAX_PENSAR 7
10
11  using namespace std;
12
13  class FilosofoThread : public IceUtil::Thread {
14
15   public:
16    FilosofoThread (const int& id, Palillo* izq, Palillo *der);
17
18    virtual void run ();
19
20   private:
21    void coger_palillos ();
22    void dejar_palillos ();
23    void comer () const;
24    void pensar () const;
25
26    int _id;
27    Palillo *_pIzq, *_pDer;
28  };
29
30  #endif
```

Cuando un filósofo piensa, entonces se abstrae del mundo y no se relaciona con ningún otro filósofo. Cuando tiene hambre, entonces intenta coger a los palillos que tiene a su izquierda y a su derecha (necesita ambos). Naturalmente, un filósofo no puede quitarle un palillo a otro filósofo y sólo puede comer cuando ha cogido los dos palillos. Cuando un filósofo termina de comer, deja los palillos y se pone a pensar.

La solución que se discutirá en esta sección se basa en implementar el filósofo como un hilo independiente. Para ello, se crea la clase *FilosofoThread* que se expone en el anterior listado de código.

La implementación de la función *run()* es trivial a partir de la descripción del enunciado del problema.

```
 1  void
 2  FilosofoThread::run ()
 3  {
 4    while (true) {
 5      coger_palillos();
 6      comer();
 7      dejar_palillos();
 8      pensar();
 9    }
10  }
```

El problema de concurrencia viene determinado por el acceso de los filósofos a los palillos, los cuales representan la sección crítica asociada a cada uno de los hilos que implementan la vida de un filósofo. En otras palabras, es necesario establecer algún tipo de mecanismo de sincronización para garantizar que dos filósofos no cogen un mismo palillo de manera simultánea.

Figura 7.14: Abstracción gráfica del problema de los filósofos comensales, donde cinco filósofos piensan y comparten cinco palillos para comer.

Antes de abordar esta problemática, se mostrará cómo lanzar los hilos que representan a los cinco filósofos. El siguiente listado de código muestra el código básico necesario para lanzar los filósofos (hilos). Note cómo en la línea 25 se llama a la función *start()* de *Thread* para comenzar la ejecución del mismo. Los objetos de tipo *ThreadControl* devueltos se almacenan en un vector para, posteriormente, *unir* los hilos creados. Para ello, se hace uso de la función *join()* de la clase *ThreadControl*, tal y como se muestra en la línea 31.

7.6.3. Exclusión mutua básica

El problema de los filósofos plantea la necesidad de algún tipo de mecanismo de sincronización básico para garantizar el acceso exclusivo sobre cada uno de los palillos. La opción más directa consiste en asociar un **cerrojo** a cada uno de los palillos de manera individual. Así, si un filósofo intenta coger un palillo que está libre, entonces lo cogerá adquiriendo el cerrojo, es decir, *cerrándolo*. Si el palillo está ocupado, entonces el filósofo esperará hasta que esté libre.

Listado 7.20: Creación y control de hilos con ICE

```
 1  #include <IceUtil/Thread.h>
 2  #include <vector>
 3  #include <Palillo.h>
 4  #include <Filosofo.h>
 5
 6  #define NUM 5
 7
 8  int main (int argc, char *argv[]) {
 9    std::vector<Palillo*> palillos;
10    std::vector<IceUtil::ThreadControl> threads;
11    int i;
12
13    // Se instancian los palillos.
14    for (i = 0; i < NUM; i++)
15      palillos.push_back(new Palillo);
16
17    // Se instancian los filósofos.
18    for (i = 0; i < NUM; i++) {
19      // Cada filósofo conoce los palillos
20      // que tiene a su izda y derecha.
21      IceUtil::ThreadPtr t =
22        new FilosofoThread(i, palillos[i], palillos[(i + 1) % NUM]);
23      // start sobre hilo devuelve un objeto ThreadControl.
24      threads.push_back(t->start());
25    }
26
27    // 'Unión' de los hilos creados.
28    std::vector<IceUtil::ThreadControl>::iterator it;
29    for (it = threads.begin(); it != threads.end(); ++it)
30      it->join();
31
32    return 0;
33  }
```

Locking and unlocking. Típicamente, las operaciones para adquirir y liberar un cerrojo se denominan *lock()* y *unlock()*, respectivamente. La metáfora de cerrojo representa perfectamente la adquisición y liberación de recursos compartidos.

ICE proporciona la clase **Mutex** para modelar esta problemática de una forma sencilla y directa. Las funciones miembro más importantes de esta clase son las que permiten adquirir y liberar el cerrojo:

- **lock()**, que intenta adquirir el cerrojo. Si éste ya estaba cerrado, entonces el hilo que invocó a la función se suspende hasta que el cerrojo quede libre. La llamada a dicha función retorna cuando el hilo ha adquirido el cerrojo.

- **tryLock()**, que intenta adquirir el cerrojo. A diferencia de *lock()*, si el cerrojo está cerrado, la función devuelve *false*. En caso contrario, devuelve *true* con el cerrojo cerrado.

- **unlock()**, que libera el cerrojo.

Listado 7.21: La clase IceUtil::Mutex

```
1  class Mutex {
2   public:
3    Mutex   ();
4    Mutex   (MutexProtocol p);
5    ~Mutex ();
6
7    void lock    () const;
8    bool tryLock () const;
9    void unlock  () const;
10
11   typedef LockT<Mutex> Lock;
12   typedef TryLockT<Mutex> TryLock;
13  };
```

Es importante considerar que la clase *Mutex* proporciona un mecanismo de exclusión mutua básico y no recursivo, es decir, no se debe llamar a *lock()* más de una vez desde un hilo, ya que esto provocará un comportamiento inesperado. Del mismo modo, no se debería llamar a *unlock()* a menos que un hilo haya adquirido previamente el cerrojo mediante *lock()*. En la siguiente sección se estudiará otro mecanismo de sincronización que mantiene una semántica recursiva.

La clase *Mutex* se puede utilizar para gestionar el acceso concurrente a los palillos. En la solución planteada a continuación, un palillo es simplemente una especialización de *IceUtil::Mutex* con el objetivo de incrementar la semántica de dicha solución.

Listado 7.22: La clase Palillo

```
1  #ifndef __PALILLO__
2  #define __PALILLO__
3
4  #include <IceUtil/Mutex.h>
5
6  class Palillo : public IceUtil::Mutex {
7  };
8
9  #endif
```

Para que los filósofos puedan utilizar los palillos, habrá que utilizar la funcionalidad previamente discutida, es decir, las funciones *lock()* y *unlock()*, en las funciones *coger_palillos()* y *dejar_palillos()*. La solución planteada garantiza que no se ejecutarán dos llamadas a *lock()* sobre un palillo por parte de un mismo hilo, ni tampoco una llamada sobre *unlock()* si previamente no se adquirió el palillo.

Listado 7.23: Acceso concurrente a los palillos

```
 1  void
 2  FilosofoThread::coger_palillos ()
 3  {
 4    _pIzq->lock();
 5    _pDer->lock();
 6  }
 7
 8  void
 9  FilosofoThread::dejar_palillos ()
10  {
11    _pIzq->unlock();
12    _pDer->unlock();
13  }
```

La solución planteada es poco flexible debido a que los filósofos están inactivos durante el periodo de tiempo que pasa desde que dejan de pensar hasta que cogen los dos palillos. Una posible variación a la solución planteada hubiera sido continuar pensando (al menos hasta un número máximo de ocasiones) si los palillos están ocupados. En esta variación se podría utilizar la función *tryLock()* para modelar dicha problemática.

 Riesgo de interbloqueo. Si todos los filósofos cogen al mismo tiempo el palillo que está a su izquierda se producirá un interbloqueo ya que la solución planteada no podría avanzar hasta que un filósofo coja ambos palillos.

Evitando interbloqueos

El uso de las funciones *lock()* y *unlock()* puede generar problemas importantes si, por alguna situación no controlada, un cerrojo previamente adquirido con *lock()* no se libera posteriormente con una llamada a *unlock()*. El siguiente listado de código muestra esta problemática.

En la línea [8], la sentencia *return* implica abandonar *mi_funcion()* sin haber liberado el cerrojo previamente adquirido en la línea [6]. En este contexto, es bastante probable que se genere una potencial situación de interbloqueo que paralizaría la ejecución del programa. La generación de excepciones no controladas representa otro caso representativo de esta problemática.

Gestión del *deadlock*

Aunque existen diversos esquemas para evitar y recuperarse de un interbloqueo, los sistemas operativos modernos suelen optar por asumir que nunca se producirán, delegando en el programador la implementación de soluciones seguras.

Para evitar este tipo de problemas, la clase *Mutex* proporciona las definiciones de tipo *Lock* y *TryLock*, que representan plantillas muy sencillas compuestas de un constructor en el que se llama a *lock()* y *tryLock()*, respectivamente. En el destructor se llama a *unlock()* si el cerrojo fue previamente adquirido cuando la plantilla quede fuera de ámbito.

En el ejemplo anterior, sería posible garantizar la liberación del cerrojo al ejecutar *return*, ya que quedaría fuera del alcance de la función. El siguiente listado de código muestra la modificación realizada para evitar interbloqueos.

Listado 7.24: Potencial interbloqueo

```
 1  #include <IceUtil/Mutex.h>
 2
 3  class Test {
 4  public:
 5    void mi_funcion () {
 6      _mutex.lock();
 7      for (int i = 0; i < 5; i++)
 8        if (i == 3) return; // Generará un problema...
 9      _mutex.unlock();
10    }
11
12  private:
13    IceUtil::Mutex _mutex;
14  };
15
16  int main (int argc, char *argv[]) {
17    Test t;
18    t.mi_funcion();
19    return 0;
20  }
```

Listado 7.25: Evitando interbloqueos con Lock

```
 1  #include <IceUtil/Mutex.h>
 2
 3  class Test {
 4  public:
 5    void mi_funcion () {
 6      IceUtil::Mutex::Lock lock(_mutex);
 7      for (int i = 0; i < 5; i++)
 8        if (i == 3) return; // Ningún problema...
 9    } // El destructor de lock libera el cerrojo.
10
11  private:
12    IceUtil::Mutex _mutex;
13  };
```

 Es recomendable usar siempre *Lock* y *TryLock* en lugar de las funciones *lock()* y *unlock* para facilitar el entendimiento y la mantenibilidad del código.

7.6.4. Flexibilizando el concepto de *mutex*

Además de proporcionar cerrojos con una semántica no recursiva, ICE también proporciona la clase *IceUtil::RecMutex* con el objetivo de que el desarrollador pueda manejar cerrojos *recursivos*. La interfaz de esta nueva clase es exactamente igual que la clase *IceUtil::Mutex*.

No olvides...

Liberar un cerrojo sólo si fue previamente adquirido y llamar a *unlock()* tantas veces como a *lock()* para que el cerrojo quede disponible para otro hilo.

Sin embargo, existe una diferencia fundamental entre ambas. Internamente, el cerrojo recursivo está implementado con un contador inicializado a cero. Cada llamada a *lock()* incrementa el contador, mientras que cada llamada a *unlock()* lo decrementa. El cerrojo estará disponible para otro hilo cuando el contador alcance el valor de cero.

Listado 7.26: La clase IceUtil::RecMutex

```
1   class RecMutex {
2    public:
3     RecMutex  ();
4     RecMutex  (MutexProtocol p);
5     ~RecMutex ();
6
7     void lock     () const;
8     bool tryLock () const;
9     void unlock  () const;
10
11    typedef LockT<RecMutex> Lock;
12    typedef TryLockT<RecMutex> TryLock;
13   };
```

7.6.5. Introduciendo monitores

Tanto la clase *Mutex* como la clase *MutexRec* son mecanismos de sincronización básicos que permiten que sólo un hilo esté activo, en un instante de tiempo, dentro de la sección crítica. En otras palabras, para que un hilo pueda acceder a la sección crítica, otro ha de abandonarla. Esto implica que, cuando se usan cerrojos, no resulta posible suspender un hilo dentro de la sección crítica para, posteriormente, despertarlo cuando se cumpla una determinada condición.

Para tratar este tipo de problemas, la biblioteca de hilos de Ice proporciona la **clase Monitor**. En esencia, un monitor es un mecanismo de sincronización de más alto nivel que, al igual que un cerrojo, protege la sección crítica y garantiza que solamente pueda existir un hilo activo dentro de la misma. Sin embargo, un monitor permite suspender un hilo dentro de la sección crítica posibilitando que otro hilo pueda acceder a la misma. Este segundo hilo puede abandonar el monitor, liberándolo, o suspenderse dentro del monitor. De cualquier modo, el hilo original se despierta y continua su ejecución dentro del monitor. Este esquema es escalable a múltiples hilos, es decir, varios hilos pueden suspenderse dentro de un monitor.

Desde un punto de vista general, los monitores proporcionan un mecanismo de sincronización más flexible que los cerrojos, ya que es posible que un hilo compruebe una condición y, si ésta es falsa, el hilo se pause. Si otro hilo cambia dicha condición, entonces el hilo original continúa su ejecución.

El siguiente listado de código muestra la declaración de la clase **IceUtil::Monitor**. Note que se trata de una clase que hace uso de plantillas y que requiere como parámetro bien *Mutex* o *RecMutex*, en función de si el monitor mantendrá una semántica no recursiva o recursiva, respectivamente.

 Solución de alto nivel. Las soluciones de alto nivel permiten que el desarrollador tenga más flexibilidad a la hora de solucionar un problema. Este planteamiento se aplica perfectamente al uso de monitores.

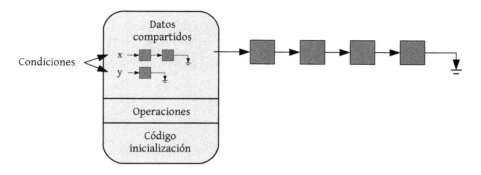

Figura 7.15: Representación gráfica del concepto de monitor.

Listado 7.27: La clase IceUtil::Monitor

```
1  template <class T>
2  class Monitor {
3   public:
4    void lock    () const;
5    void unlock  () const;
6    bool tryLock () const;
7
8    void wait () const;
9    bool timedWait (const Time&) const;
10   void notify ();
11   void notifyAll ();
12
13   typedef LockT<Monitor<T> > Lock;
14   typedef TryLockT<Monitor<T> > TryLock;
15 };
```

Las funciones miembro de esta clase son las siguientes:

- **lock()**, que intenta adquirir el monitor. Si éste ya estaba cerrado, entonces el hilo que la invoca se suspende hasta que el monitor quede disponible. La llamada retorna con el monitor cerrado.

- **tryLock()**, que intenta adquirir el monitor. Si está disponible, la llamada devuelve *true* con el monitor cerrado. Si éste ya estaba cerrado antes de relizar la llamada, la función devuelve *false*.

- **unlock()**, que libera el monitor. Si existen hilos bloqueados por el mismo, entonces uno de ellos se despertará y cerrará de nuevo el monitor.

- **wait()**, que suspende al hilo que invoca a la función y, de manera simultánea, libera el monitor. Un hilo suspendido por *wait()* se puede despertar por otro hilo que invoque a la función *notify()* o *notifyAll()*. Cuando la llamada retorna, el hilo suspendido continúa su ejecución con el monitor cerrado.

- **timedWait()**, que suspende al hilo que invoca a la función hasta un tiempo especificado por parámetro. Si otro hilo invoca a *notify()* o *notifyAll()* despertando al hilo suspendido antes de que el *timeout* expire, la función devuelve *true* y el hilo suspendido resume su ejecución con el monitor cerrado. En otro caso, es decir, si el *timeout* expira, *timedWait()* devuelve *false*.

- **notify()**, que despierta a un único hilo suspendido debido a una invocación sobre *wait()* o *timedWait()*. Si no existiera ningún hilo suspendido, entonces la invocación sobre *notify()* se *pierde*. Llevar a cabo una notificación no implica que otro hilo reanude su ejecución inmediatamente. En realidad, esto ocurriría cuando el hilo que invoca a *wait()* o *timedWait()* libera el monitor.

- **notifyAll()**, que despierta a todos los hilos suspendidos por *wait()* o *timedWait()*. El resto del comportamiento derivado de invocar a esta función es idéntico a *notify()*.

> ⚠ **No olvides...** Comprobar la condición asociada al uso de *wait* siempre que se retorne de una llamada a la misma.

Ejemplo de uso de monitores

Imagine que desea modelar una situación en un videojuego en la que se controlen los **recursos disponibles** para acometer una determinada tarea. Estos recursos se pueden manipular desde el punto de vista de la generación o producción y desde el punto de vista de la destrucción o consumición. En otras palabras, el problema clásico del productor/consumidor.

Por ejemplo, imagine un juego de acción de tercera persona en el que el personaje es capaz de **acumular** *slots* para desplegar algún tipo de poder especial. Inicialmente, el personaje tiene los *slots* vacíos pero, conforme el juego evoluciona, dichos *slots* se pueden rellenar atendiendo a varios criterios independientes. Por ejemplo, si el jugador acumula una cantidad determinada de puntos, entonces obtendría un *slot*. Si el personaje principal vence a un enemigo con un alto nivel, entonces obtendría otro *slot*. Por otra parte, el jugador podría hacer uso de estas habilidades especiales cuando así lo considere, siempre y cuando tenga al menos un *slot* relleno.

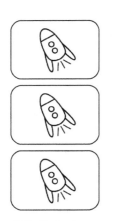

Figura 7.16: En los juegos arcade de aviones, los poderes especiales se suelen representar con cohetes para denotar la potencia de los mismos.

Este supuesto plantea la problemática de sincronizar el acceso concurrente a dichos *slots*, tanto para su consumo como para su generación. Además, hay que tener en cuenta que sólo será posible consumir un *slot* cuando haya al menos uno disponible. Es decir, la problemática discutida también plantea ciertas restricciones o condiciones que se han de satisfacer para que el jugador pueda lanzar una habilidad especial.

En este contexto, el uso de los monitores proporciona gran **flexibilidad** para modelar una solución a este supuesto. El siguiente listado de código muestra una posible implementación de la estructura de datos que podría dar soporte a la solución planteada, haciendo uso de los monitores de la biblioteca de hilos de Ice.

Como se puede apreciar, la clase definida es un tipo particular de monitor sin semántica recursiva, es decir, definido a partir de *IceUtil::Mutex*. Dicha clase tiene como variable miembro una cola de doble entrada que maneja tipos de datos genéricos, ya que la clase definida hace uso de una plantilla. Además, esta clase proporciona las dos operaciones típicas de *put()* y *get()* para añadir y obtener elementos. Hay, sin embargo, dos características importantes a destacar en el **diseño** de esta estructura de datos:

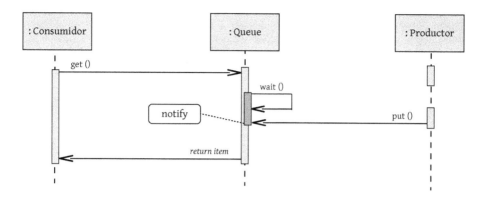

Figura 7.17: Representación gráfica del uso de un monitor.

Listado 7.28: Utilizando monitores

```cpp
#include <IceUtil/Monitor.h>
#include <IceUtil/Mutex.h>
#include <deque>

using namespace std;

template<class T>
class Queue : public IceUtil::Monitor<IceUtil::Mutex> {
public:
  void put (const T& item) { // Añade un nuevo item.
    IceUtil::Monitor<IceUtil::Mutex>::Lock lock(*this);
    _queue.push_back(item);
    notify();
  }

  T get () { // Consume un item.
    IceUtil::Monitor<IceUtil::Mutex>::Lock lock(*this);
    while (_queue.size() == 0)
      wait();
    T item = _queue.front();
    _queue.pop_front();
    return item;
  }

private:
  deque<T> _queue; // Cola de doble entrada.
};
```

1. El acceso concurrente a la variable miembro de la clase se controla mediante el propio monitor, haciendo uso de la función *lock()* (líneas 11 y 17).

2. Si la estructura no contiene elementos, entonces el hilo se suspende mediante *wait()* (líneas 18-19) hasta que otro hilo que ejecute *put()* realice la invocación sobre *notify()* (línea 13).

Recuerde que para que un hilo bloqueado por *wait( )* reanude su ejecución, otro hilo ha de ejecutar *notify( )* y liberar el monitor mediante *unlock( )*. Sin embargo, en el anterior listado de código no existe ninguna llamada explícita a *unlock( )*. ¿Es incorrecta la solución? La respuesta es no, ya que la liberación del monitor se delega en *Lock* cuando la función *put( )* finaliza, es decir, justo después de ejecutar la operación *notify( )* en este caso particular.

 No olvides... Usar *Lock* y *TryLock* para evitar posibles interbloqueos causados por la generación de alguna excepción o una terminación de la función no prevista inicialmente.

Volviendo al ejemplo anterior, considere dos hilos distintos que interactúan con la estructura creada, de manera genérica, para almacenar los *slots* que permitirán la activación de habilidades especiales por parte del jugador virtual. Por ejemplo, el **hilo asociado al productor** podría implementarse como se muestra en el siguiente listado.

Listado 7.29: Hilo productor de slots

```
 1  class Producter : public IceUtil::Thread {
 2  public:
 3    Productor (Queue<string> *_q):
 4      _queue(_q) {}
 5
 6    void run () {
 7      for (int i = 0; i < 5; i++) {
 8        IceUtil::ThreadControl::sleep
 9        (IceUtil::Time::seconds(rand() % 7));
10        _queue->put("TestSlot");
11      }
12    }
13
14  private:
15    Queue<string> *_queue;
16  };
```

Suponiendo que el código del consumidor sigue la misma estructura, pero extrayendo elementos de la estructura de datos compartida, entonces sería posible lanzar distintos hilos para comprobar que el acceso concurrente sobre los distintos *slots* se realiza de manera adecuada. Además, sería sencillo visualizar, mediante mensajes por la salida estándar, que efectivamente los hilos consumidores se suspenden en *wait( )* hasta que hay al menos algún elemento en la estructura de datos compartida con los productores.

Antes de pasar a discutir en la sección 7.9 un caso de estudio para llevar a cabo el procesamiento de alguna tarea en segundo plano, resulta importante volver a discutir la solución planteada inicialmente para el manejo de monitores. En particular, la implementación de las funciones miembro *put( )* y *get( )* puede generar **sobrecarga** debido a que, cada vez que se añade un nuevo elemento a la estructura de datos, se realiza una invocación. Si no existen hilos esperando, la notificación se pierde. Aunque este hecho no conlleva ningún efecto no deseado, puede generar una reducción del rendimiento si el número de notificaciones se dispara.

Una posible solución a este problema consiste en llevar un **control explícito** de la existencia de consumidores de información, es decir, de hilos que invoquen a la función *get()*. Para ello, se puede incluir una variable miembro en la clase *Queue*, planteando un esquema mucho más eficiente.

Información adicional

Una vez el más, el uso de alguna estructura de datos adicional puede facilitar el diseño de una solución. Este tipo de planteamientos puede incrementar la eficiencia de la solución planteada aunque haya una mínima sobrecarga debido al uso y procesamiento de datos extra.

Como se puede apreciar en el siguiente listado de código, el hilo productor sólo llevará a cabo una notificación en el caso de que haya algún hilo consumidor en espera. Para ello, consulta el valor de la variable miembro *_consumidoresEsperando*.

Por otra parte, los hilos consumidores, es decir, los que invoquen a la función *get()* incrementan dicha variable antes de realizar un *wait()*, decrementándola cuando se despierten.

Note que el acceso a la variable miembro *_consumidoresEsperando* es exclusivo y se garantiza gracias a la adquisición del monitor justo al ejecutar la operación de generación o consumo de información por parte de algún hilo.

Listado 7.30: Utilizando monitores (II)

```
1  #include <IceUtil/Monitor.h>
2  #include <IceUtil/Mutex.h>
3  #include <deque>
4  using namespace std;
5
6  template<class T>
7  class Queue : public IceUtil::Monitor<IceUtil::Mutex> {
8  public:
9    Queue () : _consumidoresEsperando(0) {}
10
11   void put (const T& item) { // Añade un nuevo item.
12     IceUtil::Monitor<IceUtil::Mutex>::Lock lock(*this);
13     _queue.push_back(item);
14     if (_consumidoresEsperando) notify();
15   }
16
17   T get () { // Consume un item.
18     IceUtil::Monitor<IceUtil::Mutex>::Lock lock(*this);
19     while (_queue.size() == 0) {
20       try {
21     _consumidoresEsperando++;
22     wait();
23     _consumidoresEsperando--;
24       }
25       catch (...) {
26     _consumidoresEsperando--;
27     throw;
28       }
29     }
30     T item = _queue.front();
31     _queue.pop_front();
32     return item;
33   }
34
35  private:
36    deque<T> _queue; // Cola de doble entrada.
37    int _consumidoresEsperando;
38  };
```

7.7.   Concurrencia en C++11

Una de las principales mejoras aportadas por C++11 es el soporte a la programación concurrente. De hecho, la creación de hilos resulta trivial, gracias a la **clase *Thread***[8], y sigue la misma filosofía que en otras bibliotecas más tradicionales (como *pthread*):

Listado 7.31: Uso básico de la clase Thread

```
1  #include <iostream>
2  #include <thread>
3  using namespace std;
4
5  void func (int x) {
6      cout << "Dentro del hilo " << x << endl;
7  }
8
9  int main() {
10     thread th(&func, 100);
11     th.join();
12     cout << "Fuera del hilo" << endl;
13     return 0;
14 }
```

Para poder compilar este programa con la última versión del estándar puede utilizar el siguiente comando:

```
$ g++ -std=c++11 Thread_c++11.cpp -o Thread -pthread
```

El **concepto de mutex**[9] como mecanismo básico de exclusión mutua también está contemplado por el lenguaje y permite acotar, de una manera sencilla y directa, aquellas partes del código que solamente deben ejecutarse por un hilo en un instante de tiempo (sección crítica). Por ejemplo, el siguiente fragmento de código muestra cómo utilizar un mutex para controlar el acceso exclusivo a una variable compartida por varios hilos:

Listado 7.32: Uso básico de la clase Mutex

```
1  int contador = 0;
2  mutex contador_mutex;
3
4  void anyadir_doble (int x) {
5      int tmp = 2 * x;
6      contador_mutex.lock();
7      contador += tmp;
8      contador_mutex.unlock();
9  }
```

C++11 ofrece incluso mecanismos que facilitan y simplifican el código de manera sustancial. Por ejemplo, la funcionalidad asociada al listado anterior se puede obtener, de manera alternativa, mediante el contenedor *atomic*:

---

[8]http://es.cppreference.com/w/cpp/thread
[9]http://es.cppreference.com/w/cpp/thread/mutex

> **Listado 7.33: Utilizando el contenedor atomic**

```
1  #include <atomic>
2
3  atomic<int> contador(0);
4
5  void anyadir_doble (int x) {
6      contador += 2 * x;
7  }
```

7.7.1. Filósofos comensales en C++11

En esta sección se discutirá una posible implementación del problema de los filósofos comensales utilizando la funcionalidad proporcionada, desde el punto de vista de la programación concurrente, de C++11. Así mismo, también se introducirá el uso de algunas de las mejoras que incluye esta nueva versión del estándar, las cuales se discutirán con mayor profundidad en el módulo 3, *Técnicas Avanzadas de Desarrollo*.

El siguiente listado de código muestra la implementación de la **clase Palillo**. A diferencia del esquema planteado en la sección 7.6.3, esta implementación se basa en la composición en lugar de herencia con el objetivo de discutir las diferencias existentes entre ambos enfoques a la hora de manipular mutex. En principio, la primera opción a considerar debería ser la composición, es decir, un esquema basado en incluir una variable miembro de tipo mutex dentro de la declaración de la clase asociada al recurso compartido. Recuerde que las relaciones de herencia implican fuertes restricciones desde el punto de vista del diseño y se deberían establecer cuidadosamente.

> **Listado 7.34: Filósofos comensales en C++11 (Palillo)**

```
1  class Palillo {
2  public:
3     mutex _mutex;
4  };
```

A continuación se muestra la función *comer()*, la cual incluye la funcionalidad asociada a coger los palillos. Note cómo esta función lambda o función anónima se define dentro del propio código de la función *main* (en línea) y propicia la generación de un código más claro y directo. Además, el uso de *auto* oculta la complejidad asociada al manejo de punteros a funciones.

Esta función recibe como argumentos (líneas ④-⑤) apuntadores a dos palillos, junto a sus identificadores, y el identificador del filósofo que va a intentar cogerlos para comer. En primer lugar, es interesante resaltar el uso de **std::lock** sobre los propios palillos en la línea ⑦ para evitar el problema clásico del interbloqueo de los filósofos comensales. Esta función hace uso de un algoritmo de evasión del interbloqueo y permite adquirir dos o más mutex mediante una única instrucción. Así mismo, también se utiliza el wrapper *lock_guard* (líneas ⑫ y ⑰) con el objetivo de indicar de manera explícita que los mutex han sido adquiridos y que éstos deben adoptar el propietario de dicha adquisición.

El resto del código de esta función muestra por la salida estándar mediante *std::cout* mensajes que indican el filósofo ha adquirido los palillos.

Una vez definida la funcionalidad general asociada a un filósofo, el siguiente paso consiste en instanciar los palillos a los propios filósofos.

Listado 7.35: Filósofos comensales en C++11 (Función comer)

```
1  int main () {
2     /* Función lambda (función anónima) */
3     /* Adiós a los punteros a funciones con auto */
4     auto comer = [](Palillo* pIzquierdo, Palillo* pDerecho,
5            int id_filosofo, int id_pIzquierdo, int id_pDerecho) {
6        /* Para evitar interbloqueos */
7        lock(pIzquierdo->_mutex, pDerecho->_mutex);
8
9        /* Wrapper para adquirir el mutex en un bloque de código */
10       /* Indica que el mutex ha sido adquirido y que debe
11        adoptar al propietario del cierre */
12       lock_guard<mutex> izquierdo(pIzquierdo->_mutex, adopt_lock);
13       string si = "\tFilósofo " + to_string(id_filosofo) +
14              " cogió el palillo " + to_string(id_pIzquierdo) + ".\n";
15       cout << si.c_str();
16
17       lock_guard<mutex> derecho(pDerecho->_mutex, adopt_lock);
18       string sd = "\tFilósofo " + to_string(id_filosofo) +
19              " cogió el palillo " + to_string(id_pDerecho) + ".\n";
20       cout << sd.c_str();
21
22       string pe = "Filósofo " + to_string(id_filosofo) + " come.\n";
23       cout << pe;
24
25       std::chrono::milliseconds espera(1250);
26       std::this_thread::sleep_for(espera);
27
28       /* Los mutex se desbloquean al salir de la función */
29    };
```

El listado que se muestra a continuación lleva a cabo la **instanciación de los palillos** (ver línea ⑨). Éstos se almacenan en un contenedor *vector* que inicialmente tiene una capacidad igual al número de filósofos (línea ①). Resulta interesante destacar el uso de *unique_ptr* en la línea 4 para que el programador se *olvide* de la liberación de los punteros asociados, la cual tendrá lugar, gracias a este enfoque, cuando queden fuera del ámbito de declaración. También se utiliza la función *std::move* en la línea ⑫, novedad en C++11, para copiar el puntero a *p1* en el vector *palillos*, anulándolo tras su uso.

Listado 7.36: Filósofos comensales en C++11 (Creación palillos)

```
1  static const int numero_filosofos = 5;
2
3  /* Vector de palillos */
4  vector< unique_ptr<Palillo> > palillos(numero_filosofos);
5
6  for (int i = 0; i < numero_filosofos; i++) {
7     /* El compilador infiere el tipo de la variable :-) */
8     /* unique_ptr para destrucción de objetos fuera del scope */
9     auto p1 = unique_ptr<Palillo>(new Palillo());
10    /* move copia c1 en la posición adecuada de palillos y
11       lo anula para usos posteriores */
12    palillos[i] = move(p1);
13 }
```

Finalmente, el código restante que se expone a continuación es el responsable de la **instanciación de los filósofos**. Éstos se almacenan en un vector que se instancia en la línea ②, el cual se rellena mediante un bucle for a partir de la línea ㉒. Sin embargo, antes se inserta el filósofo que tiene a su derecha el primer palillo y a su izquierda el último (líneas ⑥-⑰).

Note cómo en cada iteración de este bucle se crea un nuevo hilo, instanciando la clase *thread* (línea ㉑). Cada instancia de esta clase maneja un apuntador a la función *comer*, la cual recibe como argumentos los apuntadores a los palillos que correspondan a cada filósofo y los identificadores correspondientes para mostrar por la salida estándar los mensajes reflejan la evolución de la simulación.

La última parte del código, en las líneas ㉜-㉞, lleva a cabo la ejecución efectiva de los hilos y la espera a la finalización de los mismos mediante la función *thread::join()*.

Listado 7.37: Filósofos comensales en C++11 (Creación filósofos)

```
1  /* Vector de filósofos */
2  vector<thread> filosofos(numero_filosofos);
3
4  /* Primer filósofo */
5  /* A su derecha el palillo 1 y a su izquierda el palillo 5 */
6  filosofos[0] = thread(comer,
7                  /* Palillo derecho (1) */
8                  palillos[0].get(),
9                  /* Palillo izquierdo (5) */
10                 palillos[numero_filosofos - 1].get(),
11                 /* Id filósofo */
12                 1,
13                 /* Id palillo derecho */
14                 1,
15                 /* Id palillo izquierdo */
16                 numero_filosofos
17                 );
18
19 /* Restos de filósofos */
20 for (int i = 1; i < numero_filosofos; i++) {
21   filosofos[i] = (thread(comer,
22                 palillos[i - 1].get(),
23                 palillos[i].get(),
24                 i + 1,
25                 i,
26                 i + 1
27                 )
28              );
29 }
30
31 /* A comer... */
32 for_each(filosofos.begin(),
33      filosofos.end(),
34      mem_fn(&thread::join));
```

7.8. *Multi-threading* en Ogre3D

Desde un punto de vista general, la posible integración de hilos de ejecución adicionales con respecto al núcleo de ejecución de Ogre se suele plantear con aspectos diferentes al meramente gráfico. De hecho, es poco común que el proceso de *rendering* se delegue en un segundo plano debido a la propia naturaleza asíncrona de la GPU (Graphic Processing Unit).

Por lo tanto, no existe una necesidad real de utilizar algún esquema de sincronización para evitar condiciones de carrera o asegurar la exclusión mutua en determinadas partes del código.

Figura 7.18: Ogre proporciona mecanismos para llevar a cabo la carga de recursos en segundo plano.

Sin embargo, sí que es posible delegar en un **segundo plano** aspectos tradicionalmente independientes de la parte gráfica, como por ejemplo el módulo de Inteligencia Artificial o la carga de recursos. En esta sección, se discutirán las características básicas que Ogre3D ofrece para la carga de recursos en segundo plano.

En primer lugar, puede ser necesario compilar Ogre con soporte para *multi-threading*, típicamente soportado por la biblioteca *boost*. Para ejemplificar este problema, a continuación se detallan las instrucciones para compilar el código fuente de *Ogre 1.8.1*[10].

Antes de nada, es necesario asegurarse de que la biblioteca de hilos de *boost* está instalada y es recomendable utilizar *cmake* para generar el *Makefile* que se utilizará para compilar el código fuente. Para ello, en sistemas operativos Debian GNU/Linux y derivados, hay que ejecutar los siguientes comandos:

```
$ sudo apt-get install libboost-thread-dev
$ sudo apt-get install cmake cmake-qt-gui
```

A continuación, es necesario descomprimir el código de Ogre y crear un directorio en el que se generará el resultado de la compilación:

```
$ tar xjf ogre_src_v1-8-1.tar.bz2
$ mkdir ogre_build_v1-8-1
```

El siguiente paso consiste en ejecutar la interfaz gráfica que nos ofrece *cmake* para hacer explícito el soporte multi-hilo de Ogre. Para ello, simplemente hay que ejecutar el comando *cmake-gui* y, a continuación, especificar la ruta en la que se encuentra el código fuente de Ogre y la ruta en la que se generará el resultado de la compilación, como se muestra en la figura 7.19. Después, hay que realizar las siguientes acciones:

1. Hacer *click* en el botón *Configure*.

2. Ajustar el parámetro *OGRE_CONFIG_THREADS*[11].

3. Hacer *click* de nuevo en el botón *Configure*.

4. Hacer *click* en el botón *Generate* para generar el archivo *Makefile*.

Es importante recalcar que el **parámetro *OGRE_CONFIG_THREADS*** establece el tipo de soporte de Ogre respecto al modelo de hilos. Un valor de 0 desabilita el soporte de hilos. Un valor de 1 habilita la carga completa de recursos en segundo plano. Un valor de 2 activa solamente la preparación de recursos en segundo plano[12].

Finalmente, tan sólo es necesario compilar y esperar a la generación de todos los ejecutables y las bibliotecas de Ogre. Note que es posible optimizar este proceso indicando el número de procesadores físicos de la máquina mediante la opción $-j$ de *make*.

```
$ cd ogre_build_v1-8-1
$ make -j 2
```

---

[10]http://www.ogre3d.org/download/source

[11]http://www.ogre3d.org/tikiwiki/tiki-index.php?page=Building+Ogre+With+CMake

[12]Según los desarrolladores de Ogre, sólo se recomienda utilizar un valor de 0 o de 2 en sistemas GNU/Linux

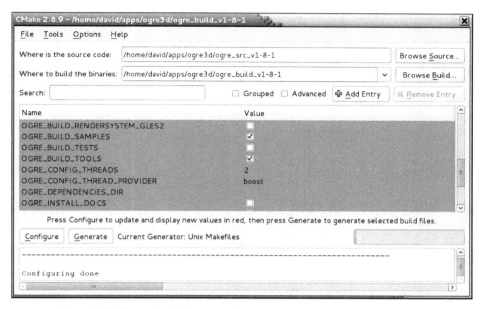

Figura 7.19: Generando el fichero *Makefile* mediante *cmake* para compilar Ogre 1.8.1.

Para ejemplificar la carga de recursos en segundo plano, se retomará el ejemplo discutido en la sección 6.2.2. En concreto, el siguiente listado de código muestra cómo se ha modificado la carga de un *track* de música para explicitar que se haga en segundo plano.

Como se puede apreciar, en la línea 13 se hace uso de la función *setBackgroundLoaded()* con el objetivo de indicar que el recurso se cargará en segundo plano.

A continuación, en la siguiente línea, se añade un objeto de la clase *MyListener*, la cual deriva a su vez de la clase **Ogre::Resource::Listener** para controlar la notificación de la carga del recurso en segundo plano.

 Callbacks. El uso de funciones de retrollamada permite especificar el código que se ejecutará cuando haya finalizado la carga de un recurso en segundo plano. A partir de entonces, será posible utilizarlo de manera normal.

En este ejemplo se ha sobreescrito la función *backgroundLoadingComplete()* que permite conocer cuándo se ha completado la carga en segundo plano del recurso. La documentación relativa a la clase *Ogre::Resource::Listener*[13] discute el uso de otras funciones de retrollamada que resultan útiles para cargar contenido en segundo plano.

---

[13]http://www.ogre3d.org/docs/api/1.9/class_ogre_1_1_resource.html

---

Listado 7.38: Carga en segundo plano de un recurso en Ogre

```
 1  TrackPtr
 2  TrackManager::load
 3  (const Ogre::String& name, const Ogre::String& group)
 4  {
 5    // Obtención del recurso por nombre...
 6    TrackPtr trackPtr = getByName(name);
 7
 8    // Si no ha sido creado, se crea.
 9    if (trackPtr.isNull())
10      trackPtr = create(name, group);
11
12    // Carga en segundo plano y listener.
13    trackPtr->setBackgroundLoaded(true);
14    trackPtr->addListener(new MyListener);
15
16    // Escala la carga del recurso en segundo plano.
17    if (trackPtr->isBackgroundLoaded())
18      trackPtr->escalateLoading();
19    else
20      trackPtr->load();
21
22    return trackPtr;
23  }
```

Otra posible variación en el diseño podría haber consistido en delegar la notificación de la función de retrollamada a la propia clase *TrackPtr*, es decir, que esta clase heredase de *Ogre::Resource::Listener*.

Listado 7.39: Clase MyListener

```
 1  #ifndef __MYLISTENERH__
 2  #define __MYLISTENERH__
 3
 4  #include <OGRE/OgreResource.h>
 5  #include <iostream>
 6
 7  using namespace std;
 8
 9  class MyListener : public Ogre::Resource::Listener {
10
11    void backgroundLoadingComplete (Ogre::Resource* r) {
12      cout << "Carga en segundo plano completada..." << endl;
13    }
14
15  };
16
17  #endif
```

7.9. Caso de estudio. Procesamiento en segundo plano mediante hilos

En esta sección se discute cómo llevar a cabo un procesamiento adicional al hilo de control manejado por Ogre. Para ello, se hace uso de las herramientas proporcionadas por la biblioteca de hilos de ZeroC ICE, estudiadas en las secciones anteriores.

En concreto, el problema que se plantea consiste en diseñar e implementar un sencillo **módulo de Inteligencia Artificial** para un juego de tipo *Simon*[14], el cual será el responsable de la generación de las distintas secuencias de juego. Más allá de la complejidad del módulo de IA, resulta más interesante en este punto afrontar el problema de la creación y gestión de hilos de control adicionales. En el módulo 4, *Desarrollo de Componentes*, se discuten diversas técnicas de IA que se pueden aplicar a la hora de implementar un juego.

Figura 7.20: Aspecto gráfico de un juego tipo *Simon*.

Antes de pasar a discutir la implementación planteada, recuerde que en el juego *Simon* el jugador ha de ser capaz de memorizar y repetir una secuencia de colores generada por el dispositivo de juego. En este contexto, el módulo de IA sería el encargado de ir generando la secuencia a repetir por el jugador.

El siguiente listado de código muestra la declaración del hilo dedicado al módulo de IA. Como se puede apreciar, la clase *AIThread* hereda de *IceUtil::Thread*. Las variables miembro de esta clase son las siguientes:

- **_delay**, que mantiene un valor temporal utilizado para *dormir* al módulo de IA entre actualizaciones.

- **_mutex**, que permite controlar el acceso concurrente al estado de la clase.

- **_seq**, que representa la secuencia de colores, mediante valores enteros, generada por el módulo de IA.

En la solución planteada se ha optado por utilizar el mecanismo de exclusión mutua proporcionado por ICE para sincronizar el acceso concurrente al estado de *AIThread* con un doble propósito: i) ilustrar de nuevo su utilización en otro ejemplo y ii) recordar que es posible que distintos hilos de control interactúen con el módulo de IA.

Note cómo en la línea ㉓ se ha definido un manejador para las instancias de la clase *AIThread* utilizando *IceUtil::Handle* con el objetivo de gestionar de manera inteligente dichas instancias. Recuerde que la función miembro *run()* especificará el comportamiento del hilo y es necesario implementarla debido al contracto funcional heredado de la clase *IceUtil::Thread*.

 Updating threads... Idealmente, el módulo de IA debería aprovechar los recursos disponibles, no utilizados por el motor de *rendering*, para actualizar su estado. Además, se debería contemplar la posibilidad de sincronización entre los mismos.

---

[14]http://code.google.com/p/videojuegos-2011-12

Listado 7.40: Clase AIThread

```
1  #ifndef __AI__
2  #define __AI__
3
4  #include <IceUtil/IceUtil.h>
5  #include <vector>
6
7  class AIThread : public IceUtil::Thread {
8
9  public:
10   AIThread (const IceUtil::Time& delay);
11   int getColorAt (const int& index) const;
12   void reset ();
13   void update ();
14
15   virtual void run ();
16
17  private:
18   IceUtil::Time _delay;  // Tiempo entre actualizaciones.
19   IceUtil::Mutex _mutex; // Cerrojo para acceso exclusivo.
20   std::vector<int> _seq; // Secuencia de colores.
21  };
22
23  typedef IceUtil::Handle<AIThread> AIThreadPtr; // Smart pointer.
24
25  #endif
```

Actualmente, las **responsabilidades** del hilo encargado de procesar la IA del juego *Simon* son dos. Por una parte, actualizar periódicamente la secuencia de colores a repetir por el usuario. Esta actualización se llevaría a cabo en la función *run()*, pudiendo ser más o menos sofisticada en función del nivel de IA a implementar. Por otra parte, facilitar la obtención del siguiente color de la secuencia cuando el jugador haya completado la subsecuencia anterior.

El siguiente listado de código muestra una posible implementación de dichas funciones. Básicamente, el hilo de IA genera los colores de manera aleatoria, pero sería posible realizar una implementación más sofisticada para, por ejemplo, modificar o invertir de algún modo la secuencia de colores que se va generando con el paso del tiempo.

Considere que el *delay* de tiempo existente entre actualización y actualización del módulo de IA debería estar condicionado por la actual tasa de *frames* por segundo del juego. En otras palabras, la tasa de actualización del módulo de IA será más o menos exigente en función de los recursos disponibles con el objetivo de no penalizar el rendimiento global del juego.

También es muy importante considerar la **naturaleza del juego**, es decir, las necesidades reales de actualizar el módulo de IA. En el caso del juego *Simon*, está necesidad no sería especialmente relevante considerando el intervalo de tiempo existente entre la generación de una secuencia y la generación del siguiente elemento que extenderá la misma. Sin embargo, en juegos en los que intervienen un gran número de *bots* con una gran interactividad, la actualización del módulo de IA se debería producir con mayor frecuencia.

 Uso de hilos. Considere el uso de hilos cuando realmente vaya a mejorar el rendimiento de su aplicación. Si desde el hilo de control principal se puede atender la lógica de IA, entonces no sería necesario delegarla en hilos adicionales.

Listado 7.41: AIThread::run() y AIThread::update()

```
1  int AIThread::getColorAt (const int& index) const {
2    IceUtil::Mutex::Lock lock(_mutex);
3    return _seq[index];
4  }
5
6  void AIThread::update () {
7    IceUtil::Mutex::Lock lock(_mutex);
8    // Cálculos complejos del módulo de IA.
9    _seq.push_back(rand() % 4);
10  }
11
12  void AIThread::run () {
13    while (true) {
14      // Calcular nueva secuencia...
15      std::cout << "Updating..." << std::endl;
16      update();
17      IceUtil::ThreadControl::sleep(_delay);
18    }
19  }
```

La siguiente figura muestra el diagrama de interacción que refleja la gestión del hilo de IA desde la clase principal *MyApp* (en este ejemplo no se considera el esquema discutido en la sección 6.1.4 relativo a los estados de juego con Ogre). Como se puede apreciar, desde dicha clase principal se crea la instancia de *AIThread* y se ejecuta la función *start()*. A partir de ahí, el hilo continuará su ejecución de acuerdo al comportamiento definido en su función *run()*.

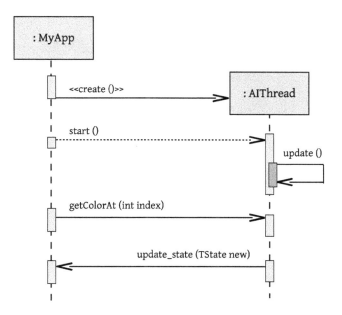

Típicamente, el módulo de IA actualizará parte del estado del juego en cuestión, en función de las características de éste. Por ejemplo, en un juego de acción, el comportamiento internos de los personajes, implementado en el módulo de IA, gobernará parte de las acciones de los mismos, como por ejemplo la disposición para avanzar físicamente hacia un objetivo. Evidentemente, este tipo de acciones implican una **interacción** con el motor gráfico.

El siguiente listado de código muestra la parte de la clase *MyApp* desde la que se crea el hilo responsable del procesamiento de la IA.

Note cómo en este ejemplo se utiliza la función *detach()* para desligar el hilo de la IA respecto del hilo de control principal. Este planteamiento implica que, para evitar comportamientos inesperados, el desarrollador ha de asegurarse de que el hijo previamente *desligado* termine su ejecución antes de que el programa principal lo haga. En el código fuente desarrollado esta condición se garantiza al utilizar el manejador *IceUtil::Handle* para la clase *AIThread*.

Listado 7.42: MyApp::start(); creación de AIThread

```
 1  int MyApp::start() {
 2    _root = new Ogre::Root();
 3    if(!_root->restoreConfig())
 4    {
 5      _root->showConfigDialog();
 6      _root->saveConfig();
 7    }
 8
 9    _AI = new AIThread(IceUtil::Time::seconds(1));
10    IceUtil::ThreadControl tc = _AI->start();
11    // Se desliga del hilo principal.
12    tc.detach();
13
14    // ...
15  }
```

 Rendimiento con hilos. El uso de hilos implica cambios de contexto y otras operaciones a nivel de sistema operativo que consumen miles de ciclos de ejecución. Evalúe siempre el impacto de usar una solución multi-hilo.

Bibliografía

[1] T. Akenine-Moller, E. Haines, and N. Hoffman. *Real-Time Rendering (3rd Edition)*. AK Peters, 2008.

[2] Linux Kernel Community. *Git Tutorial*. 2013.

[3] M.J. Dickheiser. *C++ for Game Programmers (2nd Edition)*. Charles River Media, 2007.

[4] E. Gamma. *Design Patterns: Elements of Reusable Object-Oriented Software*. Addison-Wesley Professional, 1995.

[5] J Gregory. *Game Engine Architecture*. AK Peters, 2009.

[6] R. Ierusalimschy. *Programming in LUA (2nd Edition)*. Lua.org, 2006.

[7] G. Junker. *Pro OGRE 3D Programming*. Apress, 2006.

[8] J. McC. Smith. *Elemental Design Patterns*. Addison Wesley, 2012.

[9] S.D. Meyers. *Effective STL: 50 specific ways to improve your use of the standard template library*. Addison-Wesley professional computing series. Addison-Wesley, 2001.

[10] I. Millington and J. Funge. *Artificial Intelligence for Games*. Morgan Kaufmann, 2009.

[11] R.J. Rost and J.M. Kessenich. *OpenGL Shading Language*. Addison-Wesley Professional, 2006.

[12] S.J. Russell and Norvig. *Artificial Intelligence: A Modern Approach*. Pearson Education, 1998.

[13] H. Schildt. *C++ from the Ground Up (3rd Edition)*. McGraw-Hill Osborne, 2003.

[14] A. Silberschatz, P.B. Galvin, and G. Gagne. *Fundamentos de Sistemas Operativos.* McGraw Hill, 2006.

[15] R.M. Stallman and GCC Developer Community. *Using GCC: The GNU Compiler Collection Reference Manual.* GNU Press, 2003.

[16] R.M. Stallman, R. Pesch, and S. Shebs. *Debugging with GDB: The GNU Source-Level Debugger.* GNU Press, 2002.

[17] B. Stroustrup. *El lenguaje de programaci'on C++.* Pearson Education, 2001.

[18] G. Weiss. *Multiagent Systems: a Modern Approach to Distributed Artificial Intelligence.* The MIT Press, 1999.

*Este manual fue maquetado en
una máquina GNU/Linux en
Septiembre de 2015*